21世紀落語史

すべては志ん朝の死から始まった

広瀬和生

光文社新書

はじめに

「落語ブーム」って、ホント？

数年前から、マスコミなどで「落語ブーム」と言われることが増えた。

本当にブームならば、テレビで毎日のように落語が放送され、落語会は1000人規模の会場で連日各地で行なわれて超満員、誰もが何人もの落語家の名を得意演目と共に挙げることが出来る、という状況でなければおかしい。あの漫才ブームのときに、日本中がツービートやB&B、紳助《しんすけ》・竜介《りゅうすけ》、ザ・ぼんちのネタを熟知していたように。

だが実際には、「落語」という芸能に日常的に親しんでいる人口は極めて少ない。一般人が知っている落語家と言えばまず『笑点』メンバーと春風亭小朝《しゅんぷうていこあさ》、笑福亭鶴瓶《しょうふくていつるべ》、桂文枝《かつらぶんし》あたり。もちろん日本一の観客動員数を誇る立川志の輔《たてかわしのすけ》の知名度は抜群だが、それは必ずしも

『徂徠豆腐』や『百年目』を得意とする落語家としてではなく、一般的には『ガッテン!』の司会者としてだろう。情報バラエティでの辛口コメンテーターからテレビタレントとして大ブレイクした立川志らくにしても、彼の落語を聴いたことがある人がどれだけいるだろうか。

そもそも、なぜマスコミは「落語ブーム」と言うのか。

それは、いまだに落語を「年寄りのための古臭い娯楽」もしくは「歌舞伎や能狂言みたいな古典芸能」と思っているマスコミ人が多いからだ。

今のこの程度の状態を「落語ブーム」と騒ぐ人は大抵、落語をほとんど知らない。だから、若者が渋谷の落語会に詰めかけていると聞くと驚く。「落語なんて古臭いモノが若者にウケてる!? ブームか!」と思うわけだ。言ってしまえば単なる無知。勉強不足なのである。実際、「落語ブームだから」と出演や執筆をオファーしてくる人たちの「勉強不足」には驚かされることが多い。

ただ、ここでハタと気づくことがある。

「勉強不足」という言葉だ。

これだけマスコミが「落語ブーム」と騒ぐと、「それならちょっと聴いてみようかな」と思う人は出てくる。でも、そういう人たちの少なからぬ割合が、ある種の「ハードルの高さ」を感じてしまうらしい。

「ちゃんと勉強してから寄席に行かないと恥ずかしい」もしくは「勉強しないと落語がわからない」、みたいな。

落語というのは、演者が同時代の観客に語りかける大衆芸能だ。だから本来、落語を楽しむために「落語とは何か」を勉強する必要はまったくない。

「勉強しなきゃ楽しめない大衆芸能」なんてあるわけがない。

ただし、演者と観客側の共通認識がないと楽しめない、ということはあるだろう。それは漫才やコントでも顕著だ。あるあるネタとか、パロディとか。「〇〇かよ！」というツッコミで笑えるか笑えないかは、まさにその「共通認識」の問題だ。

そう考えると落語は、初心者にとって演者との共通認識を持つまでのハードルが若干高いかもしれない、という気もする。

そして実は、落語の愉しみのひとつに「特殊な認識の共有」という要素はある。立川談志は「落語には、落語通にとって堪らないフレーズがキラ星のごとくある。わからない奴にはわからない」と言っていた。この「落語はフレーズだ」という感覚を共有できるかどうかが「落語通」かどうかの境目になる、というのだ。

その感覚はよくわかる。談志は文楽、志ん生、三木助といった昭和の名人たちを引き合いに出し、「家元（＝談志）にもそれがある」と言っていたが、今の優れた演者たちにもいるはずだ。

「堪らないフレーズ」がある。落語ファンは、たとえ意識せずとも必ずその感覚を共有して

談志は晩年、落語の将来を案じていた。

落語は大衆芸能だ。だから、観客と価値観を共有することが前提となる。では、どちら側から歩み寄るのか。談志にとっては「落語の世界に観客が引き寄せられる」ことが大事だった。すると、そこにハードルを感じる大衆も出てくる。

現代の大衆に合わせるためにそのハードルをまったくなくしてしまうと、それはもはや落語ではなくなってしまう。晩年の談志の「落語は江戸の風が吹く中で演じる芸」といった発言の真意はそこに集約される。五代目柳家《やなぎや》小《こ》さんは「落語はわかる奴のためのものだ。大衆に合わせるとダメになる」と言っていたと聞くが、それも同じことだ。

とは言うものの、落語におけるハードルはそんなに高くない。わりと簡単に越えられる。その「意外に簡単にハードルを越えられた」ことに喜びを見出す若者が増えたこと、それがすなわち今の「落語ブーム」の正体なのだろう。

今、この程度の状況で「落語ブーム」と言われるのは、かつて落語という芸能が、一般的にはほとんど忘れ去られたかのような時期があったことの裏返しだ。

昭和30年代に黄金時代を迎えた落語界は、昭和が終わり平成に入ると、どんどん活気を失っていった。20世紀末の10年間は史上最も落語が低迷した時代と言っていいだろう。

そして21世紀最初の年、当代随一の人気と実力を誇る古今亭志ん朝《ここんていしんちょう》が、63歳の若さで亡くなってしまう。

三遊亭圓楽《さんゆうていえんらく》（五代目）、立川談志といった有力な旗頭《はたがしら》が縁を切った寄席の保守本流の世界を、その圧倒的な存在感で牽引する志ん朝の早すぎる死は、落語界に決定的なダメージを与えた……はずだった。

しかし、そこから落語は奇跡的に盛り返した。落語界が一丸となって「志ん朝の死」という悲劇を乗り越える中で「落語ブーム」が訪れ、それが今の活況に結びついている。

いわば、「すべては志ん朝の死から始まった」のだ。

本書は、「志ん朝の死」で幕を開けた21世紀の落語界の現在に至るまでの出来事を、落語ファンとして客席に足を運び続けた立場から振り返り、落語史の折り返し地点とも言える「激動の時代」の記録を後世に伝えるために書かれたものである。

21世紀落語史　目次

カバー写真　相澤琢磨

第一章　すべては志ん朝の死から始まった

志ん朝の死がもたらしたもの

今、確かに「最近落語を聴き始めた」という新規参入の落語ファンが多いのは事実。いろんな落語会の客席にいて見聞きすることから、それは実感する。

しかし、この数年で突然「落語ブーム」がやって来た、とは思わない。

20世紀末に低迷した落語は21世紀に入ると活況を取り戻し、今に至っている。

大きな転機が訪れたのは2001年10月1日。この日、古今亭志ん朝が肝臓ガンのため亡くなった。享年63。この訃報はあまりにも衝撃的だった。誰もが認める「ミスター落語」、当代随一の名人、万人に愛されたスター、「昭和の名人」古今亭志ん生の倅《せがれ》にして「名人に二代あり」を体現した天才……志ん朝を褒め称える言葉ならいくらでも出せる。正真正銘の

「理想の落語家」だった。

その志ん朝が63歳の若さで亡くなったのは落語界にとってこの上ない悲劇だ。いずれは父の名跡《みょうせき》を継ぎ、落語協会会長となって業界を引っ張っていってほしかった。

2010年に柳家《やなぎや》小三治《こさんじ》にインタビューしたとき、志ん朝の死に関して尋ねると、彼はこう言った。

「『なんで死んじゃうんだバカヤロウ！』と……志ん朝は、死んじゃいけない。あの人は生きてなきゃいけない。それはファンのためにじゃなくて、噺家のために」

志ん朝の死は、まさに「事件」だった。

そして、その「事件」を境に落語界と、それを取り囲む空気が変わった。

当然のように「これで落語の灯が消えた」とコメントした作家もいたが、意外なことに現実は逆だった。志ん朝の死という悲劇は結果的に、停滞していた落語界を活性化させた。数年後に爆発する「落語ブーム」は春風亭小朝の仕掛けたイベントやテレビドラマ『タイガー&ドラゴン』等によるところが大きいが、それらも含めて、「すべては志ん朝の死から始まった」のである。

志ん朝の死がもたらしたものとは何か。

まず何より、マスコミに「落語」が大々的に取り上げられたということだ。

春風亭小朝は2000年2月に出版した『苦悩する落語』(光文社)の中で、「今、落語が話題になるのは、高田文夫《たかだふみお》さんか立川流が絡んでいるときだけ。この10年間、もしも『笑点』と立川流がなかったら、落語がマスコミに取り上げられることはなかった」と指摘した。

放送作家でタレントの高田文夫氏は日本大学芸術学部の落語研究会出身。笑芸プロデューサーとして1992年に旗揚げした「関東高田組」には春風亭昇太《しゅんぷうていしょうた》、立川志らく、立川談春《たてかわだんしゅん》といった落語家が名を連ねていたが、自身も立川流Bコース(有名人コース)の真打「立川藤志楼《たてかわとうしろう》」として90年代半ばまで積極的に高座に上がっており、実質的には立川流の人でもある。

立川流とは、1983年に落語協会を脱退した談志が自ら家元と名乗って創設した「落語立川流」のこと。東京に4軒ある寄席の定席《じょうせき》のうち上野鈴本演芸場は落語協会のみ出演、他の3軒(新宿末廣亭、浅草演芸ホール、池袋演芸場)は落語協会と落語芸術協会の交互出演となっていて、立川流は寄席の定席には出演しない。

また2000年当時の『笑点』の司会は五代目三遊亭圓楽。1978年に師匠の三遊亭圓生《さんゆうていえんしょう》が落語協会を脱退して「落語三遊協会」を創設、圓生没後は圓楽一門を除いて落語協会に復帰し、圓楽率いる「五代目圓楽一門会」(通称「圓楽党」)は寄席の定席に出演しない独立小団体となった。

当の小朝自身はマスコミに出ずっぱりではあったけれども、この指摘で彼が言いたかったのは「寄席の世界はマスコミに相手にされていない」ということだ。

だがその翌年、「寄席の世界」の頂点に君臨する古今亭志ん朝の名が、「死」という悲劇を伴いながらではあるにせよ、全マスコミを席巻した。その取り上げられ方は有名タレントとしてではなく、あくまでも「古典落語の名人」としてのもの。マスコミは、彼の死によって「志ん朝の落語」が失われたことを悼み、悲しんだ。これが大きな意味を持つ。

「名人の早すぎる死」を悼む声の大きさに驚き、それまで存在すら念頭になかった落語なるものに初めて関心を持った人もいれば、かつては好きだったけれどいつしか聴かなくなった落語に再び目を向けた人もいただろう。「志ん朝の早すぎる死」という悲報が与えたインパクトの大きさは、忘れられていた「落語」を思い出させるに充分だった。

だが、それだけでは「落語ブーム」は来ない。デヴィッド・ボウイが亡くなって大回顧展が盛況となり、遺作が全米1位に輝いてグラミー賞5部門を獲得したように、志ん朝のCDやDVDが売れまくるだけだ。

それが単なる一時的な「志ん朝ブーム」、もしくは「物故名人回顧ブーム」で終わらず「落語界の活性化」に結びついたのには、理由があった。実はすでに、「機は熟していた」のである。

「充実した中堅層」と「イキのいい若手」

落語界が低迷した1990年代、大きな飛躍を見せたのが立川志の輔、立川志らくの2人だ。

1990年に真打昇進、マスコミでも売れた志の輔は1996年に「志の輔らくご　両耳のやけど」と題した落語CD全10枚を発売し、同年末には「志の輔らくご　in　PARCO」をスタート。1994年から赤坂の草月ホールで始めた月例独演会「志の輔らくごのばあい」は2000年に新宿の安田生命ホール（後の明治安田生命ホール）に場所を移して「志の輔らくご　20世紀は20日」となり、翌年以降の「志の輔らくご　21世紀は21日」に繋がっていく。

1995年に真打昇進した志らくはシネマ落語で注目され、独演会「志らくのピン」の名を冠したCDを3枚（1995年、1997年、1998年）リリース。2000年9月には初の著書『全身落語家読本』（新潮社）を出版する。

マルチに活躍する談志や小朝以外で1990年代に落語家として話題になっていたのは、（小さん、志ん朝、圓楽、小三治といったビッグネームを別格とすると）この2人と春風亭昇太くらい。1997年に真打昇進した立川談春が将来の落語界を背負って立つべき逸材であることは当時から明らかだったが、人気という面で彼が飛躍するのは21世紀に入ってからのことだ。

では、20世紀末の「それ以外」はどういう状況だったか。

寄席の世界で鎬《しのぎ》を削っていたのが柳家《やなぎや》さん喬《きょう》・柳家権太楼《やなぎやごんたろう》の2人。前者は1981年、後者は1982年に真打昇進した中堅世代で、今に続く上野鈴本演芸場での特別興行「さん喬・権太楼 特選集」は1999年に始まっている。同世代では五街道雲助《ごかいどうくもすけ》、春風亭一朝《しゅんぷうていいっちょう》、古今亭志ん五《ここんていしんご》らが寄席通に人気だった。

その少し下の世代では、1985年に真打昇進している古今亭志ん輔《ここんていしんすけ》が15年間レギュラーを務めたNHKの『おかあさんといっしょ』を1999年4月に卒業、寄席での存在感を高め始める。同じく1985年昇進組の春風亭正朝《しゅんぷうていしょうちょう》、入船亭扇遊《いりふねていせんゆう》らも寄席の重要な戦力となっていた。その下には談志をして「あいつは天下を取る」と言わしめた「昭和最後の真打」古今亭右朝《ここんていうちょう》（1988年昇進）がいたが、21世紀に入ろうとする頃に病に倒れ、2001年4月に52歳の若さで亡くなった。いまだに「右朝が生きていれば……」という声があるほど、彼の死は落語界にとって痛かった。

めきめきと頭角を現わしてきた若手真打が柳家喜多八《やなぎやきたはち》（1993年昇進）、柳亭市馬《りゅうていいちば》（1993年昇進）、柳家花緑《やなぎやかろく》（1994年昇進）ら。その下の橘家圓太郎《たちばなやえんたろう》（1997年昇進）、三遊亭歌武蔵《さんゆうていうたむさし》（1998年昇進）らも後を追う。

今まで挙げたのはすべて落語協会所属の落語家だが、落語芸術協会には突出した面白さの春風亭鯉昇《しゅんぷうていりしょう》（１９９０年真打昇進／現・瀧川鯉昇《たきがわりしょう》）、江戸落語の伝統を体現する若手の桂《かつら》平治《へいじ》（１９９９年真打昇進／現・十一代目桂文治《かつらぶんじ》）らがおり、評論家筋に注目されていた。

五代目圓楽率いる圓楽党は鳳楽《ほうらく》（１９７９年真打昇進）・圓橘《えんきつ》（１９８０年真打昇進）・好《こう》楽《らく》（林家九蔵《はやしやくぞう》で１９８１年真打昇進／１９８３年圓楽一門に移籍）・楽太郎《らくたろう》（１９８１年真打昇進／現・六代目圓楽）ら幹部が組織を固める「四天王」体制で独自の活動をしていたが、次世代のエース不在が立川流と対照的だった。

今まで見てきたのは真打だが、実はこの時期、次代を担う有望な二ツ目たちがすでに注目を集め始めていた。林家《はやしや》たい平《へい》、柳家喬太郎《やなぎやきょうたろう》、三遊亭新潟《さんゆうていにいがた》（現・白鳥《はくちょう》）、橘家文吾《たちばなやぶんご》（現・文蔵《ぶんぞう》）、柳家三太楼《やなぎやさんたろう》（現・三遊亭遊雀《さんゆうていゆうじゃく》）、横目家助平《よこめやすけへい》（現・柳家一琴《やなぎやいっきん》）、入船亭扇辰《いりふねていせんたつ》、林家彦《はやしやひこ》いち、古今亭菊之丞《ここんていきくのじょう》らである。

20世紀最後の年である２０００年の３月に林家たい平と柳家喬太郎の２人が抜擢で真打昇進。そして21世紀最初の年である２００１年の９月、新潟改め白鳥、文吾改め文左衛門《ぶんざえもん》、三太楼、横目家助平改め柳家一琴らが真打昇進した。翌２００２年３月に扇辰と彦いちが真打となり、２００３年９月には菊之丞が単独真打昇進で話題を呼ぶ。さらに言えば、２００５年９月に桃月庵白酒《とうげつあんはくしゅ》として真打昇進する五街道喜助《ごかいどうきすけ》、２００６年３月に真打昇進する柳家《やなぎや》三三《さんざ》の2人は、もっと前の2004年頃に抜擢で昇進していてもおかしくないと思われていたのである。

先に述べた「機は熟していた」というのは、そういうことだ。「志ん朝の死」で世間の目が落語という芸能に向いたとき、そこにはビッグネームや立川流以外にも「充実した中堅層」と「イキのいい若手」がいた。世間が知らなかっただけで、この時期の落語界には豊富な人材が揃っていたのだ。

そのことを、小朝も『苦悩する落語』の中で指摘していた。「これからはユニットの時代だ」と主張する項では、「昇太、志の輔、志らく、談春、花緑、新潟、たい平、喬太郎」他の名を挙げて「お客様を呼べる若手がこんなにいるじゃないですか」と言っている。それに続けて「これを放っておくのはもったいないと考えるのが普通でしょう」と言っているのは、だから所属団体の壁を超えて興行を打てばいいのに、との意だ。

ちなみに志らくの『全身落語家読本』にも面白い若手落語家として「談春、花緑、たい平、喬太郎、新潟、三太楼、助平、文吾」といった名前が列挙されている。

小朝、志らくの著書にやや遅れて目覚ましく動き出したのが、そこに名の挙がった一人、柳家花緑だ。

落語界の新たな顔・柳家花緑

志ん朝が亡くなった翌月の2001年11月、柳家花緑が初めての著書『僕が、落語を変える。』（新潮社）を出版した。

正確に言えば作家の小林照幸《こばやしてるゆき》氏との共著で、形式は小林氏が花緑に密着取材したドキュメンタリーだが、実質的には花緑の「21世紀に生きる落語家としての決意」を語った、一種の告白本のようなもの。そこに書かれていたのは五代目柳家小さんの孫として生まれたがゆえの苦悩と葛藤を乗り越えて「花緑が花緑であり続けるために頑張るしかない」と前向きに落語に取り組むに至った、彼の赤裸々な思いだった。

1994年に31人抜きの大抜擢で戦後最年少（22歳）の真打昇進を果たした花緑は、「小さんの孫」というプレッシャーと闘いながら努力を重ね、国立演芸場花形演芸大賞や彩の国落語大賞などの受賞で落語家としての実力を証明する一方で、演劇など多方面での活躍で「今一番忙しい落語家」と評されていた。シェークスピアの戯曲を江戸を舞台とする落語にアレンジし、得意のクラシックピアノ演奏と合体させたCD「じゃじゃ馬ならし」を2001年2月にソニーからリリースすると、NHK『トップランナー』、テレビ朝日系『徹子の部屋』、TBS系『情熱大陸』といったテレビ番組がこぞって花緑を取り上げ、知名度も一段とアップ。「人間国宝の孫」というキャッチフレーズも相まって、花緑は落語界の新たな

「顔」となっていた。

その花緑が、志ん朝が亡くなった翌月に『僕が、落語を変える。』というタイトルの本を出したのだから、インパクトは絶大だ。

もっともこの本自体は志ん朝の死とは関係ない。21世紀最初の日の寄席に向かう花緑のドキュメンタリーから始まる『僕が、落語を変える。』は、新潮社の編集者との食事会で作家の吉川潮《よしかわうしお》氏が「今の花緑さんに足りないのは自身の本だ」と言ったことがきっかけで生まれた企画で（河出文庫版「まえがき」より）、同年1月3日に四代目桂三木助が亡くなったことについては言及されているけれども、志ん朝の死には触れられていない。

だが偶然とはいえ、花緑がここで『僕が、落語を変える。』と宣言したことは、業界的にも大きな意味を持っていた。花緑は、当時の落語協会の噺家としては異例と言えるほど、立川流との関係が深かったからだ。

1993年4月からフジテレビ系で始まった『落語のピン』は立川談志の高座をメインとしたテレビ番組で、小朝や志の輔、昇太といった真打の他に二ツ目の有望株も出演、中でも志らくが一気に人気を高めたことで知られるが、花緑（当時まだ二ツ目で柳家小緑《やなぎやころく》と名乗っていた）もここに参加、それが談志と直接話をした最初の機会だったという。

この『落語のピン』に出演していた若手のうち昇太、談春、志らく、小緑、三遊亭新潟

（現・白鳥）、橘家文吾（現・文蔵）、横目家助平（現・柳家一琴）らが「らくご奇兵隊」というユニットを結成したのは1993年5月のこと。スローガンは「うまい落語家と言われるよりも面白い落語家と言われること」で、後見人が談志と山藤《やまふじ》章二《しょうじ》氏。この「らくご奇兵隊」で受けた衝撃が、花緑の落語観を変えた。２００９年に僕が行なったインタビューで、花緑はこう言っている。

「それまで僕は、うちの祖父や小三治師匠が落語として『正解』の形で、あれに向かっていくんだと思っていました。とにかく稽古を重ねていれば、あれに近づいていけるんじゃないかと。そんな僕の前で、昇太兄さんや志らく兄さんは、僕の彼女や親友をバカウケさせたんです。で、僕の芸は彼女や親友には通じなかった。同世代の人間に、僕の芸は面白くなかったんですよ。そして昇太・志らくという、僕より年上の人たちがウケさせていた。それが一番ショックでした。そのショックを談春兄貴が見抜いて、『おまえはな、死に物狂いで彼女をウケさせろ。彼女がウケる芸だけをやれ』と言ったんです」

昇太・志らく・談春への憧れが、後の花緑落語の原点となった。とはいえ、彼が「小さんの孫」である事実に変わりはなく、葛藤は続いたという。そんな花緑が吹っ切れるきっかけを与えたのは、真打昇進時に交わした談志との「一時間の立ち話」だったと『僕が、落語を変える。』に書かれている。いろいろと言われた中で最も感銘を受けたのは「落語がダメなんだと思うな、おまえがダメなんだと思え」という言葉だったという。

小さんと絶縁状態にある談志は、花緑にとっても絶縁状態であるべき、というのが当時の落語協会の「常識」だったはず。だが花緑は志らくや談春との交流を深め、談志にも可愛がられ、２００１年には立川企画で「花緑飛翔」なる独演会まで始めている。その花緑が、『僕が、落語を変える。』と宣言した。ではどう「変える」のか。

花緑は翌２００２年11月に『柳家花緑と落語へ行こう』（旬報社）、さらに２００３年８月には『東西落語がたり』（旬報社）という２冊の書籍を立て続けに出版、そこにはより具体的な「提言」が示されていた。それは小朝が『苦悩する落語』で語っていたプランとも一部符合するものであり、ある意味、その後の落語ブームを予見するものでもあった。

落語界における「危機意識の芽生え」

春風亭小朝の２０００年の著書『苦悩する落語』に「宙に浮いたままのある企画」という項がある。そこにはこう書かれていた。

「実は数年前、高田文夫さんと二人で『銀座落語祭』という大イベントを企画したことがありました。ニッポン放送と、銀座の旦那衆のバックアップで、歌舞伎座、新橋演舞場、有楽町朝日ホール、博品館劇場、ガスホールなど、銀座の主要ホールをつかって三日間、朝から夜までの大落語祭を開催しようというのです」

言うまでもなくこれは、後に「大銀座落語祭」として実現することになるアイディアだが、この時点で小朝は4団体（落語協会・落語芸術協会・落語立川流・五代目圓楽一門会）の壁を超えて「東京の落語界が総力を結集したイベント」にすることは不可能と判断、企画は頓挫したと言っている。

この構想は小朝の「日本全国から注目されるイベントが行なわれないと落語界にはますます陽が当たらなくなる」という危惧から生まれた。もちろんこの時点では2001年に「志ん朝の死」という悲劇によって落語が注目を集めることになるとは小朝が知る由もない。

『苦悩する落語』の背景にあるのは一種の「諦観《ていかん》」である。小朝は演者の立場から低迷する落語界の現状を分析し、プロデューサーの立場から「何をなすべきか」を提言しながらも、終章で「どうせ何も変わらない」「空しい」という冷めた心情を吐露し、変わらない理由は「落語界はひとつのものに向かって力を結集することができない」からだと断言している。

それからたった数年で「大銀座落語祭」を含む様々な提言が実現することになったのはなぜか。まず指摘できる最大の要因は、落語界（特に落語協会）における「危機意識の芽生え」である。

2001年に古今亭志ん朝が63歳の若さで亡くなり、翌年には人間国宝の五代目柳家小さんが逝去。どちらも落語協会が誇る看板だ。その２人が亡くなったことで「古典落語の灯が消えた」という紋切り型の表現がマスコミを賑わす中、「なんとかしなければいけない」という空気が、特に中堅・若手から生まれてきたのは間違いない。

その象徴的な存在が柳家花緑だ。彼は21世紀初頭、紛れもなく「落語界のスポークスマン」だった。

２００２年11月に出版した『柳家花緑と落語へ行こう』の「おわりに」で花緑は「最近の落語界は、とても動きが早い。10年かけて出来なかったことが数ヵ月で現実になったりする」と指摘、「落語界を良くしていこうというみんなの気持ちが、そちらに向かわせているのだと思います。志ん朝師匠、そして祖父・小さんの死も、大きな影響を与えているのでしょう。もちろん私を含めてそうです。だから、この本を出版するのにも熱い思いがあるのです」と書いている。

「熱い思い」。この時期の花緑の活躍ぶりは、まさにその一言に集約される。志らくや昇太の落語が若者にウケているのを身近に知っている花緑は、落語が他のジャンルのエンターテインメントに比べて引けを取るはずがないという信念のもと、「寄席に来てほしい」というメッセージを発信し続けた。

『柳家花緑と落語へ行こう』では落語の基礎知識と演目紹介、芸人紹介などに続き、最終章では東京の4派の壁を超えたオールスター・ラインナップによる「夢の寄席」のプログラム案を掲載、それを見せながら談志・小遊三《こゆうざ》・小朝・圓楽と各団体のトップランナーにインタビューを敢行している。

はっきりと「危機意識を持っている」と口にしながら団体の壁を超える必要性を真剣に考えている花緑に対し、談志は「こういうの考えるの楽しいだろ? やってみたらいいじゃねぇか」とエールを贈り、圓楽は「全面的に賛成します」、小遊三は「道は遠いね」としながらも「こういうのを見せられると説得力があるね。階段を上っていけば、また別の形があるかもしれない」と言った。

小朝は、数多くの演者を入れ代わり立ち代わり登場させる花緑案を見て「僕だったら思いっきりメンバーを厳選する」(これは翌年スタートすることになる「東西落語研鑽会《けんさん》」の基本理念だろう)と意見を述べた後、「でもあなたはまず自分のために走って全国制覇を狙うべき」と忠告した。これが翌年の花緑の著書『東西落語がたり』で宣言する「花緑メジャー化計画」に結びついていくのだが、ここで小朝が説く「まずは個々の使命感で動いて、それぞれが実力をつけておいてほしい。将来的に落語にスポットが当たったとき、それに応えられる人材がいなかった、じゃ困る」というのは、2005年以降の落語ブームの実態を考えるとき、先見の明があったという他ない。

ここで大きなポイントは、「夢の寄席」案を持ってきた花緑に対して小朝が「これ自体は遠くない」「5年のうちに落語界は大きく変わる」と言い、「そんなに時間かからない、大丈夫」と励ましていること。2年前には「団体の壁を超えるのは不可能」「空しい」と語った小朝が、である。

この小朝の発言から見えてくるのは「志ん朝の死」がもたらしたもうひとつの要素、「重石が取れた」という側面だ。

重石が取れて動きやすくなった

落語協会所属のある中堅落語家がこう語っていたことがある。

「うちの協会では志ん朝師匠が絶対的な存在で、みんな志ん朝師匠にひれ伏していた感じ。今の小三治師匠（この発言当時は落語協会会長）も特別な存在ではあるけれど、全然違う。あの頃は、志ん朝師匠にダメって言われたら本当にダメ。立川流で談志師匠がいいと言ったらいい、というのと一緒で、志ん朝師匠に逆らうってことはもうここにはいられない、っていうくらい」

肩書こそ副会長だったが、立川流における家元と比較されるくらいの存在だったという志ん朝が亡くなったとき、落語協会には「これでもうおしまい」というムードが蔓延していたのだという。

柳家権太楼は2006年の著書『権太楼の大落語論』（彩流社）の中で志ん朝の死を「司令官の死」にたとえた。小さんは参謀本部にいる元帥みたいなもので戦場の兵士にとっては遠い存在、だが志ん朝は最前線で戦う部隊を指揮する司令官だった、その司令官を突然失った部隊は戦場でどう動いていいのかわからなくなってしまった、と。

その「絶対的なエース」を失ったことで危機意識が生まれ、中堅・若手の奮起を促したことは前にも指摘したが、志ん朝存命中から危機意識を持っていた小朝にとっては、「重石が取れて動きやすくなった」という側面があったことは否めない。

断っておくが、志ん朝自身は小朝の目指す改革に反対する立場ではなく、むしろ積極的に応援していた。2006年の著書『いま、胎動する落語』（ぴあ）の中で小朝が明かしているところによれば、志ん朝が亡くなる少し前、池袋演芸場で小朝が立てた企画に横槍が入って中止になったことを聞いた志ん朝が、小朝に連絡してきて、「おまえのやりたいことはよくわかっているから、これから何かあったら、まずおれのところへ話を持ってこい。そうしたらおれが、それを通してやるから」と言ったのだという。なんと頼もしい言葉だろう。さらに志ん朝は小朝に「おれが上になったら（＝会長になったら）、いろいろと助けてもらいたいから、力を貸してくれよな」とも言ったというのだ。

だから、もしも志ん朝がもっと長生きして落語協会の会長になった場合、それこそ志ん朝の「鶴の一声」で、小朝の提案の数々がスムーズに実現した可能性もある。だがそれはあくまでも「志ん朝のお墨付きをもらう」のが前提になっているわけで、小朝がなんでもかんでも自由に行動できるわけではないし、落語協会全体を背負う立場になったときの志ん朝と小朝の思惑がすべて一致するとは限らない。

いずれにしろ、現実には志ん朝は落語協会会長の座に就くことなく病没し、小朝は独自の道を歩むことになる。2002年、団体の壁を超える「夢」を語る花緑に対して「これ自体はそんなに遠くない。僕は5年のうちに落語界は大きく変わると言ってて、それは変える意志があるからそう言ってるんだけど、そんなに時間かからない、大丈夫」ときっぱり言ってのけた小朝は、もはや『苦悩する落語』を書いたときの「どうせ変わらない」「空しい」と言っていた小朝ではない。「変えることができる」という確信に満ちている。

これを「志ん朝が死んで重石が取れた」と解釈するのは志ん朝に対しても小朝に対しても失礼かもしれないが、絶対的な存在が失われた以上、小朝が矢面に立って改革を進めることを否定できる人間がいなくなったのは事実。だからこそ小朝は堂々と、誰に憚《はばか》ることもなく「六人の会」で「団体の壁」を超えてみせた。『柳家花緑と落語へ行こう』で花緑は「最近の落語界は、とても動きが早い。10年かけてもできなかったことが数ヵ月で現実になったりする」と書いたが、「動きが早い」のは志ん朝や小さんといった絶対的な権威（＝重石）がなくなったからだ、と解釈するべきではないだろうか。

志ん朝を失った落語界。そのとき、新たなリーダーとして名乗りを上げたのが小朝であり、「なんとかしなくてはいけない」との使命感に突き動かされたのが花緑、そして「まだ俺がいるじゃねぇかバカヤロウ！」と闘志を燃やしたのが立川談志だったのである。

いわゆる「落語ブーム」がマスコミで喧伝されるようになった2006年、小朝は『苦悩する落語』の続編とも言うべき『いま、胎動する落語』を出版し、「まだ全然ブームじゃない」「本当のスタート地点は2010年。そこでようやく他のジャンルと闘っていけるだけの人材が揃う」と書いた。2010年と言えば「こんなに面白いのにまだ二ツ目⁉」と春風亭一之輔《しゅんぷうていいちのすけ》の抜擢待望論が高まり、2008年に真打昇進した三遊亭兼好《さんゆうていけんこう》がメキメキと頭角を現わし、ついでに言うと僕が「ヘタだけど面白い立川こしら」を推し始めた時期だから、つくづく小朝の慧眼《けいがん》には頭が下がるが、その著書の締めくくりで小朝はこう述べている。

「そう遠くない将来、協会という枠はあっても、噺家たちはかなり自由に行動するようになります。そのとき、多少実力のある人たちが先輩風を吹かせて若手をおさえようとするでしょうが、圧倒的な実力を持っているわけではないので、結局はおさえきれません。力と人気のある若手たちは、そんな圧力にイヤ気がさし、自分たちで好きなように活動しようとします」

「志ん朝の死」という衝撃で幕を開けた21世紀。落語界は大きな喪失感に囚われながらも、否応なしに「新しい時代」に向き合わなければならなくなった。それはある意味、敗戦後の日本国にも似ている。それまでのすべてがいったんリセットされ、どん底にあった落語界はここから「復興から繁栄へ」の時代に突入していくのだった。

古今亭右朝の死

ところで、志ん朝の死を乗り越えて落語界が繁栄期に向かう道のりを振り返る前に、その志ん朝より5ヵ月早く亡くなった弟子について触れておきたい。古今亭右朝。あの談志をして「あいつは天下を取る」と言わしめた逸材だったが、2001年4月29日に肺ガンのため52歳の若さで亡くなった。

1948年生まれで、日大芸術学部の落語研究会では高田文夫氏と同期。在学中から寄席文字の橘《たちばな》右近《うこん》に師事し、橘右朝と名乗った。1971年に大学を卒業後、紆余曲折を経て1975年に志ん朝に入門。2年の見習い期間を経て1977年に古今亭志ん八《ここんていしんぱち》で前座、同名で1980年に二ツ目昇進。メキメキと頭角を現わした志ん八は1985年のNHK新人落語コンクール最優秀賞とにっかん飛切落語会努力賞を皮切りに1986年、1987年と連続でにっかん飛切落語会奨励賞、1987年には国立演芸場花形若手演芸会新人賞金賞など二ツ目対象のあらゆる賞を獲得した。評論家の保田武宏《やすだたけひろ》氏はCD「古今亭右朝1」(2011年/キントトレコード)のライナーノーツで「この頃の志ん八は他を圧倒していた」と書いている。

その志ん八がまさかの「真打試験不合格」となったのが1987年5月のこと。落語協会では1980年から真打認定試験制度を導入、1983年に立川談四楼《たてかわだんしろう》、立川小談志《たてかわこだんし》が不合格となったことが師匠談志の落語協会脱退の引き金になったことはよく知られている。この1987年には「林家《はやしや》こぶ平《へい》が合格して志ん八が不合格」という結果に落語ファンからブーイングが起こり、マスコミも「疑惑の判定」と騒いだが、寄席の席亭たちからも協会に対して抗議の申し入れがあったため、協会はすぐに追試を行なって志ん八を含む前回の不合格者3人の昇進を認めた。これを最後に真打認定試験制度は廃止。志ん八改め古今亭右朝の昇進披露興行は翌年5月1日から6月10日まで一枚看板で行なわれ、志ん朝は40日間欠かさず口上を述べた。

聴き心地の好い軽妙な語り口で古典落語の魅力を見事に引き出した右朝。ネタ数も豊富で、2002年に有志により自主製作された3枚組CD「追善古今亭右朝」のブックレットに記載されたネタ帳には202席の演目が書かれていた。加えて仲間内でも落語博士と異名を取るほどの博識ぶりで、落語界屈指の理論派として知られ、後輩からの人望も厚かったという。

そんな右朝が90年代の落語界においてそれほど存在感を発揮しなかった最大の原因は、寄席を中心とする落語界全体の低迷にあったとは思うが、当人の「今は実力を蓄える時期」という思いもあったのではないだろうか。録音エンジニアで落語研究家の草柳俊一《くさやなぎしゅんいち》氏はCD「古今亭右朝1」のブックレットでこう書いた。

「真打になってから、どこか妙におとなしく感じられた。もっと表へ出て行けばいいのに、独演会も開いたらいいのに、と思ったファンも多かったのではないか。そう言うといつも決まって言うのが、『もうちょっと待ってください』だった」

右朝の逝去直後、30年来の付き合いだった立川談四楼は雑誌の連載コラムで「落語界は本当に惜しい男を失った」とその死を悼み、故人を「落語一筋であえてマスコミに背を向ける傾向にあった男」「ガツガツしたところは少しもなかった」と評した。夥《おびただ》しい数の弔問客でごった返す通夜の場で誰もが右朝の芸を讃《たた》え、数々のエピソードが披露されるのを聞いていた談四楼の脳裏に浮かんだのは「決して人にこびへつらうことのない、右朝の胸を反らした姿だった。そして『実力をつけるのが先です。人気やマスコミはあとからついてきます』という彼の自信にあふれた言葉だった」という。（シンコーミュージック刊『そこでだ、若旦那！』より）

21世紀に入ると共に亡くなった右朝は、本来、21世紀の落語界を牽引すべき男だった。落語ブームで大量の「新たな落語ファン」が寄席の世界へと流れ込んできたとき右朝がそこにいたならば、間違いなく彼に「人気やマスコミがついてくる」時代がやってきたはずだ。たとえば作家の色川武大《いろかわたけひろ》氏はかつて「談志は60代の高座をターゲットにしている」と言ったというが、右朝が生きていたなら60歳になるのは２００８年。彼の言う「もうちょっと」が「60歳になる頃」だったと仮定するなら、それはまさに落語ブーム真っ只中ということになる。

右朝の通夜で悲しみに暮れ、ガックリと肩を落としていた志ん朝の姿が忘れられない、と関係者は口を揃える。５ヵ月後、その志ん朝も亡くなってしまうわけだが、古今亭の一門にとっては、それに先立ち志ん朝の信頼厚かった右朝をも失っているということが、ダメージを何倍にもしたことだろう。

右朝と同じ１９４８年生まれの現役落語家には柳家さん喬、五街道雲助がいる。柳家権太楼は１歳上の１９４７年生まれ。「今、右朝がいたら……」在りし日の彼を知る人間はいまだにそう嘆く。もしも志ん朝亡き後の落語界に右朝がいたならば、その勢力図はだいぶ違っていただろう。談志の予言した「右朝が天下を取る日」を、ぜひともこの目で見たかった。

第二章　21世紀の「談志全盛期」の始まり

「志ん朝の分も頑張るか」

「志ん朝の死」という悲劇に打ちのめされた落語界にあって、俄然《がぜん》ファイトを剥き出しにしたのが立川談志だった。

志ん朝の死に際し「志ん朝の不幸はライバルがいなかったこと。自称ライバルはいたが、真のライバルはいなかった」と書いた作家がいた。「談志ファンは志ん朝も聴くが、志ん朝ファンには談志嫌いが多い」とはよく言われることだが、この作家はまさにそのタイプ。「自称ライバル」とは明らかに談志を念頭に置いての皮肉で、志ん朝在りし日からこの人は「志ん朝にライバルがいないのは良くない。志ん生になったつもりの自称天才はいるが、実質が伴わない」などと書いていた。

だが、若き日から互いを認め合ってきた談志と志ん朝の間には、当事者にしかわからない様々な想いがあったに違いないし、キャリアを通じての「談志・志ん朝」の関係性を、客観的に見て「ライバル」と位置付けるのは何ら不自然なことではないと僕は思う。

談志没後の2012年に出た『DNA対談　談志の基準』（立川志らく・松岡弓子《まつおかゆみこ》／亜紀書房）という本の中で、談志の長女である松岡弓子氏が、こんなエピソードを明かしている。談志が亡くなる数年前に彼女はテレビで初めて志ん朝の『火焔太鼓《かえんだいこ》』を聴いてその素晴らしさに感激し、談志に電話してそのことを伝えたところ、談志は「いいだろう？　俺、涙出てきちゃったよ」と言ったというのだ。

この「志ん朝の『火焔太鼓』に涙した」件は、談志が晩年の著書『談志　最後の落語論』（梧桐書院／2009年）で自ら書いている。

「暮れにテレビを見ていたら（略）〝その頃の芸人〟が大勢出ていた。（略）みんな〝上手く〟演《や》っている。（略）けど、面白くない。（略）最後に志ん朝が出た。助かった。『火焔太鼓』を演っている。涙が出てきた。志ん朝、助かったよ、これが落語なんだ。これがちゃんとした落語なんだ。私の演ってきた落語とは違う。けど、これが落語というものなのだ。志ん朝の明るさ、綺麗《きれい》さ、落語のテンポ、文句ない。これは何度も書いたことだが、もう一度書く。もし、この談志が金を払って落語を聴かなければならないとしたら、志ん朝しかいない」

談志は志ん朝が亡くなる前日の2001年9月30日、千葉で開催された「圓歌《えんか》・志ん朝二人会」に、病気療養中の志ん朝の代演として出演し、マクラで「俺が志ん朝じゃなくて圓歌の代演だったらよかったって思ってるだろ?」と言って笑わせた。

翌日、NHKに仕事で出かけた談志は志ん朝逝去についてのコメントを求められ、「いいときに死んだよ。良かったよ」と言った。

当時の談志は、翌年1月から順次刊行されることになる『立川談志遺言大全集』(講談社/全14巻)の執筆に取り組んでいた。その第14巻『芸人論二　早めの遺言』の第一部「狂気と破滅と芸の道」は第七章までで成り立つ芸人論だが、その第四章は「志ん朝へ」と題され、丸々一章分、志ん朝のことを書いている。

この「志ん朝へ」は、現代の作品派の最高峰としての志ん朝の課題について触れ、「〝病気になった〟と聞いた。病床でゆっくりと楽しむべきだ、とアドバイスまで」と締めくくった後、段落を変えて「と書いたら、志ん朝が死んだ」と続く。ここで談志は、NHKでのコメントの真意を説明している。

志ん朝の華麗な芸が肉体の老いと共に衰えていくのは見たくない。肉体の衰えを精神で補うことが出来たかもしれない、という仮定の話をしたところで、死んだ者が生き返るわけではない。「惜しい」と言ったところで、もう落語は演れないのだから、「これで充分だよ、良かったよ」と言ってあげたほうが、当人は安心できるのではないか。だから「いいときに死んだよ」とコメントしたのだ、と談志は言う。志ん朝の華麗な芸を愛した談志ゆえの、最大級の敬意を込めたコメントだったのだ。

ちなみに、スポーツ新聞などに寄せた談志のコメントは以下のとおり。

「志ん朝の芸は華麗で元気いっぱいなところが魅力だったが、最近それが欠けているというので気にしていた。現在の演芸で金を払っても見たいというのは志ん朝だけ。志ん生を継いだときには口上を述べてやると約束していたので、継げなくなったのは残念だが、現在の落語界で最高の芸を見せた見事な人生だったと言ってやりたい」

「志ん朝へ」の中で談志は「落語の本道（略）をやって、家元を反省させてくれるのは、志ん朝だけだと思っていた」「ああいう噺家が、もっといたら落語界は談志の御託《ごたく》を許さなかったかも知れない」と書き、「綺麗な芸を残して見事に死んだ。結構でしたよ」と志ん朝を讃えている。

志ん朝が亡くなって1ヵ月後の2001年10月31日、西新井文化ホールでの独演会で談志は「志ん朝の分も頑張るか」と言った。それまでの数年間、落語の高座よりも執筆など多方面での活躍が目立っていた感もあった談志だが、志ん朝の死を境に、明らかに落語の比重が高まった。ライバルの死によって、天才が覚醒したのである。

大ホールでの独演会を即日ソールドアウトにし、高座で特大ホームランを連発する談志の〝全盛期〟が、ここから始まった。

幻の「談志・志ん朝二人会」

談志が志ん朝に真打昇進で抜かれた悔しさに関しては、談志自身何度となく書いているし、それが三遊亭圓生を戴《いただ》いての落語協会分裂騒動や立川流設立などにも関係している、とも言われている。

二ツ目の柳家小《やなぎやこ》ゑん時代から売れていて評価も高かった談志は、5年遅れで落語界に入ってきた「志ん生の倅」古今亭朝太《ここんていちょうた》(後の志ん朝)が、たとえテレビドラマなどでタレントとして売れていて芸も見事だとはいえ、まさか自分より先に真打になるとは思わなかっただろう。

落語家にとって、真打になった順番がそのまま香盤《こうばん》の序列になり、それは生涯変わらない。36人抜きで真打昇進が決まった志ん朝に「真打断れよ」と談志が直談判、志ん朝はそれを撥ねつけた、というのは有名な話だ。

1978年の圓生による新協会構想の中心にいた談志が、「次の会長は談志ではなく志ん朝」との圓生の発言に腹を立てて落語協会に戻ったことについては、三遊亭圓丈《さんゆうていえんじょう》の『御乱心』（主婦の友社）、立川談之助《たてかわだんのすけ》の『立川流騒動記』（ぶんがく社）、志ん朝一門の『よってたかって古今亭志ん朝』（文藝春秋）、川戸貞吉《かわとさだきち》氏の『新現代落語家論』（弘文出版）、吉川潮氏の談志インタビュー『人生、成り行き―談志一代記―』（新潮社）といった書籍で、それぞれの角度から語られている。

談志が新協会での序列にこだわったのは、真打昇進時に「抜かれた」ことが尾を引いていたから、というのは自身も認めているところだが（談志によればこのときも談志は志ん朝に「俺に会長を譲れ」と持ちかけたが拒絶されたという）、志ん朝はこのとき談志が協会に戻ったことを「裏切り」と捉え、直接談志に抗議している。（その間の事情は談之助の著書に詳しい）

結局、自身も協会に戻ることになった志ん朝はこの一件で深く傷つき、談志を恨んだともいう。だが、そんな談志に対するわだかまりも、年月が経つにつれて消えていった……と、これは『よってたかって古今亭志ん朝』での弟子たちの証言だ。

『立川談志遺言大全集14　芸人論二　早めの遺言』の「志ん朝へ」では、数年前に志ん朝から「協会へ戻ってくれないか」と頼まれたこと、「二人会をやろう」と提案されたこと、「志ん生になれよ」「兄さん、口上を言ってくれるかい」「喜んで言うよ。だけど、もう少し、上手くなれよな」という会話があったこと等が明かされている。

協会復帰も二人会も志ん生襲名も実現しなかったが、志ん朝の晩年に二人がこうした会話を交わす間柄になっていたことに、ファンとして感慨を覚えずにはいられない。「なぜ会長にならないんだよ」「だって、圓歌さんが譲らないんだもの」「とりゃいいじゃないか」「そうはいかないよ」なんて会話もあったという。志ん朝の企画による浅草演芸ホールの住吉踊りに誘われ、その後一緒に飲んで「兄さん、久しぶりで旨い酒が飲めたよ」と言われたこと、2年ほど前に「兄さん、俺のコート着てくれよ」と和服のハーフコートをプレゼントされたことも書かれていた。

その「志ん朝へ」で、談志はこんな言い方をしている。

「志ん朝、いい時に死んだよ。いろ〳〵と想い出を感謝。でもまさか志ん朝が死ぬとは……、いや人間、いつかは死ぬものなのだ」

この「まさか志ん朝が死ぬとは」に、当時の談志の思いが集約されているように思う。

談志にとって、同時代に活躍する落語家として志ん朝が存在したことは、きわめて大きな意味を持っていたに違いない。「作品派」の頂点に志ん朝を位置付け、自らはそれとは異なる「己派《おのれ》」の道で頂点を極める……そうはっきり意識したのはいつなのか。『人生、成り行き―談志一代記―』で語っているように、「政務次官をしくじった談志」を寄席の客が大歓迎するのを体験し、「今の芸は上手いか拙いかより演者のパーソナリティだ」と痛感した

（談志曰く「芸に開眼した」）ときかもしれない。ともあれ、談志は「志ん朝には出来ない落語」を追究することに生涯を賭けていた。

「誰よりも落語を愛した」談志は、「理屈抜きに上手い落語」を体現する演者としての志ん朝の存在があればこそ、自分は安心して「業の肯定」だの「イリュージョン」だのといった落語論（自身の表現で言えば「御託」）を述べる家元としての道を歩むことが出来たのだと思う。

生前の志ん朝に対して談志が「人間が描けてない」などと批評した（さらには面と向かって「もっと上手くなれ」と言った）のは、志ん朝に「有無を言わせぬ上手い落語」を極めてほしいという、切なる思いがあったからこそだろう。

「談志落語」と「志ん朝落語」。同時代に生きた僕たち落語ファンにとって、その2つは「対」になっていた。

山本益博《やまもとますひろ》氏の著書『立川談志を聴け』（プレジデント社）には、同氏のプロデュースで2000年末までに「談志・志ん朝二人会」を開く構想があったと書かれており、それは二日間で2人が『富久《とみきゅう》』『文七元結《ぶんしちもっとい》』を交互に演じるという企画だったという。まさに、こういう「聴き比べ」で落語の真髄がわかるのが「談志と志ん朝」という「対の存在」だった。

（言うまでもなくこの企画は実現しなかったわけだが……）

談志は志ん朝の死を「若い頃から『談志・志ん朝』と称された相方の死」と表現している。その相方が「まさか死ぬとは」。この衝撃は談志にとってどれほど大きかったことか。

「一人になってしまった」談志が当時、高座で「志ん朝の分も頑張る」と口にしたのは本心だろう。もはや「どちらが上か」を競う相手は存在しない。はからずも頂点に立ってしまった者としての孤独を覚えつつ、談志は自分の落語ともう一度向き合い、唯一無二の「談志落語」を極めようと、決意を新たにした……というのは推測に過ぎないが、ここからの談志の活躍ぶりを目の当たりにした追っかけファンの一人として、僕にはそう思えてならない。

「落語をやめられっこない」

今となってはもう忘れ去っている人も多いと思うが、立川談志は2000年1月に「俺はあと2年で落語をやめる」と宣言、ファンを驚かせた。

もちろん、結果から見れば談志は落語を「やめる」どころか、2011年に声を失うまでは、(「もう駄目だ」などと言うことは多かったけれども)高座を務め続けた。いや、「高座を務めた」というより、「立川談志であり続けた」と言うべきだろう。談志は「誰よりも落語を愛した男」であり、様々なドキュメントも含めて、最後まで「落語家」だった。

ただ、2000年の時点では、健康面の不安から相当落ち込んでいたのは事実のようだ。

例えば、談志は2000年3月をもって、長年続けた「談志ひとり会」を終了させている。1965年に紀伊國屋ホールで開始、1987年からは国立演芸場に場所を移した「ひとり会」は談志にとってホームグラウンドであり、ファンにとっては〝聖地〟。それをやめるというのは、「2年後に落語をやめる」宣言以上の衝撃だった。

2000年に入ってからの、ラスト3回の「ひとり会」のプログラムには、当時の談志の心境が（〝照れ〟から自嘲的な表現が多い談志らしい筆致ながら）率直に綴られている。

1月のプログラムを見てみると、談志は「もういい、もう疲れた」「あとは人生の整理である。未練を言ったらキリがない」「体力が精神の言うことを聞かなくなった」と書き、この後どうなるかは「人生成り行き」として、「2000年正月、いい区切りでもある」と結んでいる。

2月のプログラムでは「〝老人は捨てられるもの〟、それが〝現代に居座ろう〟というムリ……これがヒシヒシと家元自身に感じるのだ」と書き、「ひとり会もあと2回……立川談志、伝統の世界では生きられないのだ」と結んだ。

そして最終回。すべてのことがつまらなくなったという談志は「落語とて疲れている。普段ふと思いつくときには〝面白いな〟〝こうやりゃいいんだ〟等々はあるけれど……これまた疲れる」と言い、落語を続けてないと駄目ンなっちゃうよと忠告する人もいるが「言ったって聞かないよ、聞くもんか。人生そういうもんなんだ」と言う。

もっとも、その直後に「言っとくが別にもう〝やァめた〟と決めた訳でもないが」と書いているので、談志自身揺れ続けていた時期なのだろう。「人生惜しまれて去る」という表現も見られる。

2002年以降の談志は「あと2年で死ぬと決めて、2年単位で生きることにした。2年後にもし死んでなかったら、その2年後に死ぬものと決めて、次の2年間を生きる」という〝2ヵ年計画〟を口にするようになった。2000年1月の「あと2年で落語をやめる」宣言も、その〝2ヵ年計画〟の前身（?）のようなものだったのかもしれない。2002年1月から順次刊行されていくことになる『立川談志遺言大全集』全14巻も、その一環として見るとわかりやすい。

雑誌『東京人』2001年11月号では「落語いいねえ!」と題する落語特集を組んでおり、そこには川戸貞吉氏による談志のロングインタビューが掲載されていた。見出しに「俺は落語をやめられっこないんだ」とある。

その中で川戸氏に、2年前の「俺はあと2年で落語をやめる」宣言は本心だったのかと訊かれた談志は、こう答えている。

「本心ってのは、難しいもんだね。例えば、こいつとは二度と会わないって思う。それは本心だ。でも、どっかで会いたい。（中略）その、会いたい、会いたくないということを考えることによって、自己をクリアにしているんですよ。落語に対しても同じこと。俺が落語をやめるとするとするじゃないですか。でも、いつかは落語をやりにいくと思うんですよ。それで、10年後に『この人昔、落語やめるなんて言っていたな』と思われるかもしれない。でも、毎度言うけど、精神と肉体の問題もあるでしょ。精神はやろうと思っていても、体がついてこられないかもしれない。それを技術によってやっていく方法もあるけどね」

そして川戸氏に「これだけ落語にのめり込んだ人が、すぐにはやめられっこないっていうのが、私の考えです」と言われると、談志は即座にこう応じた。

「やるよ。俺は、落語をやめられっこないんだ」

なお、この雑誌が発売されたのは10月3日。志ん朝が亡くなって2日後だ。この号には志ん朝と林家こぶ平（現・正蔵《しょうぞう》）の対談が目玉記事として掲載されていた。校了は発売日より10日ほど前だろうから、当然、志ん朝の死には触れられていない。

「落語をやめられっこない」と明言した談志が、『芝浜《しばはま》』の演出を大きく変えて自ら大いに満足したと川戸氏に語ったのは、この雑誌が発売されてから2ヵ月半後のこと。21世紀の「談志全盛期」の始まりだった。

落語を超えた落語

作家の色川武大氏が書いた有名な談志評に「談志の落語は60代をターゲットにしている」というものがある。1988年に書かれたエッセイの中にあったもので、正確には次のような言い方だった。

「(談志は) 六十歳ぐらいになったら、まちがいなく大成する落語家だと思う。放っておいてもそうなる。彼自身、将来の大成にポイントをおいて、現在の高座をつとめているふしがある。だから、私は落語家談志の現状を、言葉でくくろうとは思わない。どんな高座をつとめていたって、見逃しておけばいいと思っている。出来がよくてもわるくてもいい。大きな能力というものは、完成がおくれるものだし、烈しく揺れたり脱線するプロセスがありがちである」(ちくま文庫『色川武大・阿佐田哲也エッセイズ3　交遊』所収「立川談志さん」より)

これが書かれた時点で談志は52歳。立川流創設から5年、ややもすると落語家というより「元国会議員の大物タレント」「文化人枠の毒舌タレント」といった位置付けに傾きかけていた(と世間には見えていた) 談志に対して、いわゆる落語通から「談志は小ゑんの頃のほうが上手かった」という声が出始めていた時期だ。(ちなみに「談志ひとり会」1988年のプログラムを見ると、談志の代わりに2月は手塚治虫《てづかおさむ》氏、3月は大林宣彦《おおばやしのぶひこ》氏、4月は田村《たむら》

能里子《のりこ》氏、5月は山本晋也《やまもとしんや》氏がエッセイを寄稿している)

談志自らが芸人としての自己の変遷を振り返って分析したところによると、50代前半は「落語に疑問を感じ始めた」時期から「落語の持つ非常識を肯定にかかる」時期への過渡期であり、持ちネタの再構築を始めた時期でもある。

要するに、談志はこの時期、試行錯誤を繰り返していた。実はその「試行錯誤」は終生続くのだが、そんな談志への「なんだ今の高座は、昔のほうが上手かったじゃねぇか」という声に対しての、色川武大氏による談志評が「今だけ見て語るな、60代の談志が楽しみだ」というものだったのである。

そして、その予言は的中した。60代で談志は「全盛期」を迎えることになる。

もっとも厳密には談志は1996年に60代に突入、2001年の段階ではすでに65歳だったが、助走が長くなった分、飛躍も大きかった。それまで「毒舌タレント」として世間に認知されていた談志は、志ん朝の死を境に「落語界の頂点に君臨する演者」として快進撃を始めた。「志ん朝が死んで落語の灯が消えた? 冗談言うな、俺がいるじゃねェか!」と、談志の「落語家魂」に火がついたのだろう。

「名演」を連発する「全盛期」の談志。その幕開けとなったのは2001年12月21日の東京・有楽町のよみうりホールにおける『芝浜』。この翌月、談志は川戸貞吉氏に「こないだキザな部分をいっさい演らず、ほとんどが成り行き任せ、ごくごく普通に『芝浜』をしゃべってみた。ところがそれが馬鹿に良かったんだ」と語り、「音が残っているものの中で最高の出来」と断言したという。

魚屋夫婦だけがそこにいる、21世紀の談志の『芝浜』の誕生だ。

このときの『芝浜』について、吉川潮氏は「この日は落語の神様が立川談志に乗り移って、登場人物に言葉を発しさせたとしか思えない。天才が葛藤を繰り返した末に行き着いた究極の感情注入によって、芸が神業まで昇華したとも言える」と絶賛、山藤章二氏も「人間大技を突き抜けた、鬼神がその身体に入り込んだとしか思えぬ〝気〟に圧倒された。『立川談志の到達点』をそこに感じた」と書いている。

これ以降、談志は次々に「名演」を連発、聴き手を圧倒する。その「談志ここにあり！」という気迫は新たなファン層を生み、それまでの狭い落語通の世界に見られた「アンチ談志」の風潮は、いつしか時代の波に飲み込まれ、消えていくことになる。

21世紀初頭に世間が落語というエンターテインメントを「再発見」したとき、その頂点には「全盛期」の談志が君臨し、落語の「凄さ」を見せつけた。立川志の輔や春風亭昇太に代表される「エンターテインメント性の高い落語」に魅力を感じて入門してきた人々は、高座に登場しただけで空気が変わる立川談志という特異な演者の存在を知り、「落語を超えた落語」の世界を垣間見たとき、落語という芸能の奥深さを実感したはずだ。

２０１１年３月に最後の高座を務め、同年11月に亡くなった談志は、今現在の「遅れてきた落語ファン」にとって伝説である。今なお談志という落語家に対する世間の関心は高い。それは、生前には本人の強烈なキャラに邪魔されて見えにくかった「落語そのもの」が客観的に評価されるようになったからでもある。だが重要なのは、談志が21世紀初頭の落語界において「スーパースター」だったということだ。

談志は、桂文楽や三遊亭圓生、柳家小さん、古今亭志ん朝といった「わかりやすい名人」の系譜にはない。むしろ異端とさえいえる。その「反逆児」が、あの落語ブームの頂点に君臨したことは、（本人が望むと望まざるとにかかわらず）落語というジャンルの可能性を大きく広げた。一昔前の「名人芸を極める」というイメージから大きく逸脱した談志の活躍こそが、20世紀とは一線を画する「21世紀の落語界」の空気感を生み出した。

かつて落語が「能のようになる」ことを阻止した談志は、「全盛期」の活躍で落語を「21世紀の芸能」として推し進めたのである。

第三章　小朝が動いた――2003年「六人の会」旗揚げ

目玉は鶴瓶――小朝の「六人の会」

2003年、小朝が動いた。「六人の会」の旗揚げである。

その前年の2002年、小朝は落語協会の理事となっている。今でこそ理事の若返りが積極的に進められている落語協会だが、当時は「異例の若手抜擢」というニュアンスだった。志ん朝を失った落語協会の危機意識がもたらした人事だろう。

落語協会の幹部となった小朝が、かつて断念した「団体の壁を超えてのイベント」を具現化するために結成したのが「六人の会」で、メンバーは小朝の他に笑福亭鶴瓶（上方落語協会）、立川志の輔（落語立川流）、春風亭昇太（落語芸術協会）、柳家花緑（落語協会）、林家こぶ平（落語協会）。全員、一般的な知名度があり、しかも（ここが大事だが）小朝より後輩だ。

この人選の意図は明確だ。まず、世間に広くアピールするためにはマスコミで発信力のある人間（売れてる人）を集める必要がある。ただ、小朝がリーダーシップを取って物事を進める以上、いくら知名度があっても立川談志や桂三枝《かつらさんし》（現・文枝）、桂歌丸《かつらうたまる》といった大御所を入れるわけにはいかない。その意味で立川流から志の輔、芸協から昇太、上方から鶴瓶という人選は絶妙だ。

圓楽党（五代目圓楽一門会）からの参加がないのは、この団体に「小朝よりも後輩で志の輔や昇太に匹敵する知名度を持つ落語家」がいなかったからだろう。『笑点』でお馴染みの三遊亭楽太郎（現・六代目圓楽）は小朝の同期だが、もしも彼が小朝より4～5年後輩だったら参加を要請されていたかもしれない。

だが小朝は抜かりなく団体トップの五代目圓楽から「『六人の会』のやることには何でも協力する」という約束を取り付けていた。圓楽は弟子たちに「小朝に協力するように」と言ったのだという。圓楽党は組織がしっかりしているので、トップと話がつけばそれで充分だ。

花緑が参加しているのは、彼が「落語界を変える」と宣言していたことを知る者にとっては当然の成り行きだが、穿った見方をすれば、落語協会で非主流派の小朝が「小さんの孫」を保守本流の「柳家」の代表として参加させた、という図式でもある。

人選の目玉は鶴瓶だろう。タレントとして抜群の人気を誇る鶴瓶の「六人の会」への参加は絶大なインパクトがあった。彼は長年「落語を演らない落語家」だったからだ。

鶴瓶は、2002年の小朝との二人会で『子《こ》は鎹《かすがい》』を演って以来、小朝の強い勧めで古典落語に真剣に取り組み始めていた。小朝は、もしも鶴瓶が古典を演ればそれ自体が大きな話題になると踏んだ。この着想は見事だ。小朝は鶴瓶に具体的なアドバイス（課題）を与え、「鶴瓶の古典」を世間にアピールした。

「鶴瓶が落語を⁉」という話題性は「六人の会」にとって大きな力となったが、一方で鶴瓶自身もこれがきっかけで落語家として開花していくことになるのだから、鶴瓶にとってもメリットはあった。

問題は小朝、花緑に次ぐ「落語協会3人目」のこぶ平の存在だが、これは2年後の「九代目正蔵襲名」とセットで考えなければいけない。「六人の会」の旗揚げがマスコミに発表されたのは2003年の2月だが、「2005年春に九代目正蔵をこぶ平が襲名する」と正式発表されたのはその1ヵ月後、2003年3月である。「六人の会」旗揚げは2年後の「正蔵襲名イベント」への布石だった、とさえ言えそうなタイミングである。

こぶ平の「正蔵襲名」は数年前から既定路線となっており、「こぶ平の義兄」である小朝が「タレントこぶ平」を「落語家」として鍛えていたのは周知の事実。小朝は落語家としての実績の乏しいこぶ平に、正蔵襲名に向けて「古典50席を覚えろ」と命じたと聞く。当時は「小朝独演会」に行くと大抵こぶ平が付いてきた。たとえば僕は2002年4月に国立大劇場で「小朝独演会」を観たのだが、こぶ平も出演して『首提灯《くびぢょうちん》』を演じている。

小朝は自分だけが矢面に立つと物事が進まないことを知っていたからこそ、鶴瓶、志の輔、昇太、花緑の名前を借りて「改革派グループの旗揚げ」という体裁を整えた。それだけなら、そこに「タレントこぶ平」は不要だが、2年後の正蔵襲名イベントを見据えての「六人の会」だったとすれば、こぶ平はマストだろう。イベントの主役たるべきこぶ平には、ここにいてもらわなければならない。世間から「二世タレント」としか認識されていなかったこぶ平にとって、「六人の会」参加は彼にとっての「落語家宣言」のようなものだった。

「三平の長男だからって、こぶ平が正蔵を襲名するのはおかしい」と感じる向きは、彼が「六人の会」に名を連ねていることに違和感を覚えたと思うが、そういう「落語通」は圧倒的な少数派。落語に関心のないマスコミや世間一般は「知名度」だけが物差しなので、志の輔や昇太とこぶ平が肩を並べることに何の抵抗もなかっただろう。そして、その「タレントとしての知名度」を持つこぶ平が、気を遣う必要がない身内だという「使い勝手の良さ」は、小朝にとって大きな安心材料だったと思われる。

志ん朝なき21世紀の落語界のニューリーダーとして名乗りを上げた小朝は、過去の挫折も踏まえて「団体の壁を超えたグループ」という体裁を重視した。そんな「六人の会」に対して、いや、小朝に対して、立川談志は「雑魚は群れたがる」と痛烈な一言を浴びせた。

「六人の会」結成と「東西落語研鑽会」のスタート

小朝は2003年2月に記者会見を開いて「六人の会」結成と翌3月の「東西落語研鑽会」の開催を発表した。「六人の会」結成の目的は落語界を活性化すること。その最初の企画として打ち出したのが有楽町のよみうりホール（客席数1100）で隔月に行なわれる「東西落語研鑽会」で、小朝はこれを「かつての東横落語会のように若手の憧れの場となる理想的なホール落語」にしたいと語り、下駄履きでフラッと行く寄席とは異なる「ハレの日」としてのイベントにする、とも言った。

この時点ではまだ「大銀座落語祭」の構想は語られず、ただ「新しいホール落語を我々が開催する」と発表したに過ぎない。しかし芸能人として知名度の高い小朝、鶴瓶、志の輔、昇太、花緑らが所属団体の壁を超えて新会派を結成したことのニュースバリューは高く、「六人の会」結成と「東西落語研鑽会」のスタートは、マスコミで大々的に扱われた。「名人の死」以外でこれほどマスコミが「落語」を取り上げたのは久々だ。

小朝が引き合いに出した「東横落語会」は、文楽、志ん生、圓生、三木助、小さん、馬《ば》生《しょう》、志ん朝、談志、圓楽、小三治といった錚々たるレギュラー陣が鎬を削った「夢の寄席」である。2003年の落語界でそれに似た「オールスター」的なホール落語を、それも隔月で開催するなんて、現実には不可能だ。志ん朝は既にこの世を去り、圓楽は健康上の理由から高座を務めることがめっきり少なくなった。独立独歩の談志はその手のイベントに出るはずがない。小三治はともかく、それに匹敵する大看板となると……要するに「コマ不足」なのである。

だが、それは「落語通」の言い分だ。落語に興味のない一般大衆にとっては、小朝が「そういう会にする」と言い切ったことに意味がある。極論すれば内容や質は問題ではなく、一般人にとって「参加することに意義があるイベント」に思えることが重要なのだ。「六人の会」なるユニットは、その「イベント性」を最もわかりやすくアピールするために小朝が仕掛けた作戦だ。

小朝が賢いのは、上方落語を取り込んで「東西落語研鑽会」という打ち出し方をしたこと。東京と上方すべてをひっくるめての「オール落語」ということにしてしまえば、東京4団体の「壁」の持つ意味が希薄になるし、上方の大看板を呼ぶことで「コマ不足」の問題もある程度クリアできる。

具体的に、最初の1年間の出演者を見てみよう。

まず２００３年３月の「第１回東西落語研鑽会」は、「六人の会」から小朝、鶴瓶、こぶ平が出演し、上方から三代目桂春團治《かつらはるだんじ》を迎えている。トップバッターは立川談春だ。

同年５月の「第２回」は志の輔、鶴瓶、花緑に加え、上方から五代目桂文枝と笑福亭三喬《しょうふくていさんきょう》を迎えたラインナップ。

７月の「第３回」は小朝、昇太に加えて東京側から柳家小三治、上方からは月亭八方《つきていはっぽう》と笑福亭笑瓶《しょうふくていしょうへい》が参加。

９月の「第４回」は志の輔、昇太、こぶ平、上方から春團治と桂《かつら》つく枝《し》。

11月の「第５回」は鶴瓶、こぶ平の他、東京から柳亭市馬、上方から桂三枝（現・六代目文枝）と桂小米朝《かつらこべいちょう》（現・米團治《よねだんじ》）。

そして２００４年１月の「第６回」は小朝、こぶ平に加えて東京から柳家喜多八、上方から桂文珍《かつらぶんちん》と桂雀々《かつらじゃくじゃく》が参加した。

プロデューサー小朝の腕の見せ所は、談春、市馬、喜多八といった「これからの東京落語を背負って立つ逸材」を抜擢して世に知らしめるところにあり、その点での小朝の「人材の見極め」はさすがだ。

とはいえ、毎回のプログラムを単体で見れば、それほど贅沢なものではない。春團治、文枝、三枝、文珍、八方といった、普段東京では観ることの出来ない「上方の大物たち」の参加がある程度の豪華さを担保しているものの、鶴瓶や志の輔、昇太が頻繁に出ること以外は、ごく普通のホール落語だ。「こぶ平で一枠が潰れる」ことが度々あるのは、明らかにプログラムの充実度を損ねている。

だが、そんなことを言う人種を小朝は相手にしていない。小朝はあくまでも「落語をナマで観たことがない」人たち相手に「東西落語研鑽会」という「新しいイベント」を用意したのである。この「東西落語研鑽会」が従来のホール落語、例えば1999年にスタートした「朝日名人会」(有楽町・朝日ホール)などと異なるのは、言ってみれば「六人の会」が主催するという一点のみ。だが、それは決定的な相違だった。有名落語家がユニットを組んでイベントを主催するという画期的な発想とその派手なプレゼンテーションによって、「六人の会」は閉鎖的な落語界の生温い空気感とは無縁の「新しさ」を感じさせた。小朝が「辣腕プロデューサー」たる所以である。

小朝の目論見《もくろみ》は見事に的を射ていた。「六人の会」が主催する「東西落語研鑽会」は大盛況となり、今まで「落語を観に行く」という行為に無縁だった世間の人々の幾ばくかの関心を、「現役の落語家」に向けさせることに成功した。

そう、この「現役の落語家」というところが重要だ。昔を懐かしむ落語通とも、志の輔ファンや昇太ファンとも異なる、「初めて落語を聴く人たち」という新たな客層を掘り起こした「東西落語研鑽会」は、来たるべき落語ブームへ向けての最初の地ならしの役割を果たすことになったのである。

「大銀座落語祭」

小朝がかつて企画しながらも頓挫したという「銀座落語祭」構想は、「六人の会」の主催による「大銀座落語祭」という形で2004年7月に実現することになった。

小朝の「六人の会」結成の狙いはこの「大銀座落語祭」にこそあったと言っていいだろう。2003年の「東西落語研鑽会」スタートはあくまでも前哨戦《ぜんしょうせん》。たかだかホール落語を成功させただけでは世間を巻き込むムーブメントにはなり得ない。小朝が目指したのは、前代未聞の落語フェスティバルを開催することで、既成事実として「落語がブームになっている」というムードを演出することだった。

2005年春に発売された演芸専門ムック『笑芸人Vol.16』掲載の鶴瓶インタビューによると、小朝は2003年3月の第1回「東西落語研鑽会」の打ち上げで既に「7月に大銀座落語祭をやるつもりだ」と語っていたという。それは(おそらく翌年を見据えて)、時期を「7月」と特定した、という意味だろう。1996年に「7月20日」として施行された「海の日」は、2003年からハッピーマンデー制度により「7月の第3月曜日」となった。

つまり、7月に3連休が定められたということで、小朝はここに目を付けたのである。もちろん、大規模な落語フェスを実現するためには、金が掛かる。その点も抜かりがなかった。「大銀座落語祭2004」には「平成16年文化庁芸術団体人材育成支援事業」という冠が付いている。小朝は文化庁に話を通して国から金を引っ張ってきたのだ。

ここで僕は「小朝が」という言い方をしているが、もちろん名目上の主体は「六人の会」である。しかし、前述のインタビューにおいて鶴瓶は、「六人の会」発足記者会見のときも自分や志の輔、昇太らは「何をするのかわからず集められた」こと、その後も彼らは小朝の計画に「巻き込まれて」いるのだということを明かしており、たとえ小朝自身が言うように「六人の会」においては「全員一致」が原則だったとしても、すべてのアイディアは小朝から生まれたのは間違いない。

「大銀座落語祭2004」は7月17日(土)・18日(日)・19日(祝)の3日間、有楽町朝日ホール、銀座ガスホール、ヤマハホール、JUJIYAホール、ソミドホール、銀座ブロッサム中央会館の6会場で開催された。当時のパンフレット等に、3日間のプログラムと共に掲載された「ごあいさつ」は次のようなものだ。

「大銀座落語祭は、六人の会が主催する落語の祭典です。東西合わせて百名を超える落語家、落語関係者の御理解と御協力を頂き、すべての会の入場料金が、通常では考えられない低料金に設定されています。これは、少しでも多くの方に、落語を楽しんで頂きたいという強い気持ちのあらわれです。どうぞ色々な会をのぞいてみて下さい。そして、三日間ゆっくり楽しんで下さい」

そして【主催】大銀座落語祭実行委員会【後援】銀座通連合会・全銀座会・中央区【協賛】東京地下鉄株式会社銀座駅【協力】高田事務所・ねぎし事務所・橘右橘、といったクレジットが添えられている。

開催直前には銀座8丁目の資生堂ビル前で「六人の会」全員が揃ってのパフォーマンスが行なわれた。獅子舞、大神楽などによるオープニングに続いて登場した6人が大量のチラシを通行人に配布。続いて記者会見が開かれ、この模様は大きく報じられた。

プログラムを見てみよう。

2004年のメイン会場は有楽町朝日ホール。ここは「究極の東西落語会」と銘打ち、3日間昼夜でA・B・C・D・E・Fの6ブロックに分かれている。Aブロック（17日昼）は「こぶ平奮闘公演」「桂春團治の会」「志の輔の会」の3公演セット、Bブロック（17日夜）は「高田文夫・春風亭昇太・昔昔亭桃太郎《せきせきていももたろう》」「笑福亭鶴光《しょうふくていつるこ》・月亭八方二人会」「当日まで秘密の会」のセット（「当日～」は川柳川柳《かわやなぎせんりゅう》、林家《はやしや》いっ平《ぺい》、ダンディ坂野《さかの》、パペットマペット他が出演）。以下、Cブロック（18日昼）が「小遊三・楽太郎二人会」「桂文枝の会」「三遊亭圓楽の会」、Dブロック（18日夜）が「こん平・たい平・いっ平の会」「小朝の会」「鶴瓶の会」、Eブロック（19日昼）が「花緑・風間杜夫《かざまもりお》二人会」「歌丸の会」「三枝の会」、Fブロック（19日夜）が「小米朝奮闘公演」「木久蔵《きくぞう》・好楽二人会」「文珍の会」となっている。

銀座ガスホールは17日が「立川流vs上方の凄い人々」（ブラック、談春、志らく、福笑《ふくしょう》他）、18日は「夢の親子会5連発!!」で「権太楼・三太楼」「扇橋《せんきょう》・扇遊」「さん喬・喬太郎」「圓歌・歌司《うたじ》・歌武蔵」「圓丈《えんじょう》・白鳥」。19日は昭和の名人の十八番を弟子たちが演じる「芸の伝承の会」で、市馬、圓窓《えんそう》、圓蔵、雲助、文朝《ぶんちょう》、志ん輔他が出演。

その他、JUJIYAホールでは3日間で「早朝寄席・大ネタ対決（文左衛門他）」「早朝寄席・木久蔵一門会」「落語珍品堂1（扇辰、夢之助《ゆめのすけ》他）・2（南喬《なんきょう》、藤兵衛他）」「圓朝寄席1（圓橘、正朝他）」「圓朝寄席3（喬太郎『熱海土産温泉利書《あたみみやげいでゆのさきがけ》』）」「花緑ピアノリサイタル」等々。ヤマハホールはこれも3日間で「手話で楽しむ落語会」「親子で楽しむ落語会」「落語家の映画特集（しん平・志らく等の作品上映）」等の他、特別プログラムと銘打って「吉原へご案内」「華麗なるマル秘芸の世界」「小沢昭一《おざわしょういち》：落語と私」「東西名手の競演！（一朝・喜多八・染丸《そめまる》他）」といった公演も。ソミドホールでは17日に「正雀《しょうじゃく》怪談噺の夕べ―」「談笑超過激ライブ!」、19日に「圓朝寄席2（談春・ぜん馬《ば》・三三）」と「橘家圓太郎独演会」。中央会館は19日の「小朝&綾小路《あやのこうじ》きみまろの会」と「落語と歌舞伎夢のコラボレーション（落語家と歌舞伎俳優による鹿芝居他）」の2公演のみ。

これら多彩なプログラムが用意された「大銀座落語祭2004」の観客数は、延べ1万5000人。大成功と言っていいだろう。

もっとも僕自身はこの3日間、「大銀座落語祭」には行かず、普通の落語会にいつもどおり足を運んでいたのだが。

頼りになるのは保存された紙の資料

2004年に成功を収めた「大銀座落語祭」は年々規模を拡大し、2008年には参加落語家延べ400人、延べ観客動員数5万5000人を記録するに至る。この年の11月に行なわれた「第30回東西落語研鑽会」をもってこの落語会も終了。実質的にここで「六人の会」の活動も終わったと言っていい。

翌2009年には「六人の会」主催で10月11日（日）・12日（祝）の2日間にわたって「宮崎大落語祭」が行なわれ、これは2008年の「大銀座落語会」開催の時点で「今年で終わるこのイベントを引き継ぐ形で来年行なわれる」と予告されていたもの。当時の宮崎県知事は東国原英夫《ひがしこくばるひでお》。2008年の時点で「六人の会」はこれを「落語ブームを地方に持っていくため」と発表したが、結局この1回で「六人の会」による「地方での落語祭」は終了した。

ちなみに「六人の会」に加わっていない唯一の団体、圓楽党（五代目圓楽一門会）では三遊亭楽太郎（2010年に六代目圓楽を襲名）が2007年より「博多・天神落語まつり」をプロデュース、規模を拡大しながら現在まで継続している。

「大銀座落語祭」は毎年各会場で前売り完売が続出する人気のイベントとなり、落語ブームの加速を促した一因であるのは事実。連休でもあることから地方から出てくるのを楽しみにしていた人たちもいて、小朝の狙いは正しかったと言える。これまで落語に馴染みがなかった人たちばかりではなく、毎年熱心に足を運んだ落語ファンも大勢いた。

ただ、僕自身は5年間で参加したのは僅か5公演のみ。初参加は2007年7月14日（土）に博品館劇場で午後1時から4時まで行なわれた「1部：立川談笑の世界／2部：立川志らくの世界」。独演会2本立てで1000円とは実にお得だ。続いてはその2日後の16日（月・祝）に銀座ブロッサム中央会館で行なわれた「究極の東西寄席」Gブロック（第1部：小沢昭一＆加藤武《かとうたけし》／第2部：桂米朝《かつらべいちょう》／第3部：柳家小三治の会）で、このとき小三治は『天災《てんさい》』を演った。（米朝は小沢昭一との対談のみ）これはS席5000円。

あとは2008年7月17日（木）・18日（金）・20日（日）と、博品館劇場に3回通った。

17日・18日は「談春と上方落語」。この会で談春は初日に『慶安太平記《けいあんたいへいき》（善達《ぜんたつ》の旅立ち）』『慶安太平記（吉田《よしだ》の焼き討ち）』を、2日目には『三軒長屋《さんげんながや》（上）』『三軒長屋（下）』を演った。上方からは初日に林家染丸と林家染二《はやしやそめじ》、2日目は笑福亭松喬《しょうふくていしょうきょう》と笑福亭三喬が出演。20日は「柳家喬太郎と上方落語その1」で、喬太郎は『ほんとのことというと』『純情日記《じゅんじょうにっき》横浜編《よこはまへん》』の二席、上方勢は笑福亭福笑と笑福亭たまが出演した。チケット代は各1500円。

「大銀座落語祭」は「お祭り」なので、各会場で行なわれるのは基本的に「企画興行」だ。小朝はさすがの情報収集能力と政治力・分析力を駆使して毎年なかなか興味深い「企画」を用意したと評価できるが、僕個人としてはさほど魅力を感じる「企画」が多いと感じられなかったこと、目ぼしい公演のチケットが取りにくくなっていたこともあって、ついつい足が遠のいた。

いや、正直言うと、プログラムを隅々まで読み込んで検討したりすることを、そもそも避けていたフシがある。それは僕が、基本的に「フェスが苦手」だから、というのが大きい。僕は、お祭り騒ぎの中でいろんなものを賑やかに楽しむのではなく、「好きなものに集中したい」というタイプ。それに、幾つかの会場を掛け持ちして歩き回るのも面倒くさがる無精者なので、「コマギレのプログラムを追ってあちこち移動するのもまたお祭り」という考え方は、肌が合わなかった。

小朝が提唱したのは「落語を観に行く日をハレの日にしてしまおう」ということ。それは「六人の会」として2004年に出版したフォト・インタビュー集『六顔萬笑』（近代映画社）に明記されている。僕は、それに異を唱えるつもりはまったくない。さらに小朝は「こんなことを言うと、寄席の良さは下駄履きでフラッと行かれるところだと、必ず反論する人がいるんですよ」と言っているが、そんな反論をするつもりもない。単純に、僕にとって落語は日常であってハレの日である必要がなかった、というだけだ。

ところで、この原稿を書くに当たって痛感したのが「最後に頼りになるのは保存された紙の資料だ」ということ。昨今あまりにインターネットが便利なので、ともすれば「ネットで調べればすべてわかる」と思いがちだが、「大銀座落語祭」の具体的なプログラムをネットで調べるのは困難だ。当時「大銀座落語祭」公式サイトは小朝の公式サイト内にあったが、それはもはや存在せず、今アクセスすることは不可能なのだ。そして僕が検索した限りでは、すべてのプログラムを記録したサイトは見当たらない。

なので、以下、僕の手元にある紙資料を基に、各年の「大銀座落語祭」の全貌を記しておきたいと思う。

「落語ブーム」と言われ始めた年「大銀座落語祭2005」

「大銀座落語祭2005」は「上方落語がやってきた!」というサブタイトルのとおり、上方の落語家が57名参加する形で7月16日(土)・17日(日)・18日(月・祝)の3日間行なわれ、開催に先駆けて7月上旬に行なわれた銀座での「六人の会」の路上パフォーマンスと記者会見には上方落語協会会長の桂三枝(現・六代目文枝)も参加した。小朝は前年の成功を受け、さらに新鮮な要素として「上方」というキーワードを用いたのである。

ちなみに上方落語唯一の定席「天満天神繁昌亭」は三枝の肝煎りで2005年12月に着工、翌2006年9月にオープンしている。また2005年と言えばTBS系テレビドラマ『タイガー&ドラゴン』が1月に単発スペシャルとして、さらに4月から6月まで毎週放映されて「落語ブーム」と言われ始めた年。こぶ平が九代目正蔵を襲名したのはこの年の3月だ。

2005年は有楽町朝日ホールが使えず(16日の「朝日名人会」がバッティングしていたからだろう)、メイン会場が銀座ブロッサム中央会館に移った他、ガスホール、ヤマハホール、JUJIYAホール、コマツアミュゼホール、博品館劇場、よみうりホールが会場となった。

中央会館では「究極の東西寄席」が行なわれ、各ブロック毎に、A(16昼)は「正蔵初演の会」「仁鶴《にかく》の会」「志の輔の会」の3公演セット、B(16夜)が「吉本特選名人会」「木久蔵・小遊三二人会」「小朝の会」。以下C（17昼）「花緑vsコージー冨田《とみた》」「昇太と爆笑問題の会」「圓楽・楽太郎二人会」、D（18昼）「鶴瓶の会」「歌丸の会」「文珍の会」、E（18夜）「小沢昭一の会」「小三治の会」「三枝の会」。また17日夜には「圓朝落語を変わったアレンジで」と題して馬生らの鹿芝居で『芝浜』と亜郎《あろう》のミュージカル落語『文七元結』も。

ガスホールは16日が「1部：この噺はこの人で！（一朝、鳳楽、小里《こり》ん、志ん橋）／2部：文楽トリビュート（圓蔵、小燕枝《こえんし》、圓太郎、萬窓《まんそう》）」と「1部：色恋・西と東（馬生他）／2部：上方の底力（ざこば、小米朝他）」、17日が「1部：志ん朝トリビュート（志ん五、春之輔《はるのすけ》他）／2部：圓歌・春團治二人会」と「東西特選二人会三連発（染丸・さん喬、福笑・圓丈、雀三郎《じゃくさぶろう》・談四楼）」、18日が「1部：胃の負担にならない爆笑落語会（川柳、夢之助、しん平《ぺい》他）／2部：長講落語・鯰《なまず》の急《きゅう》（朝馬《ちょうば》他）」と「1部：志らく・たい平二人会／2部：東西夢の若手会（雀々、談春、喜多八、梅團治《うめだんじ》、吉弥《きちや》）」。

ヤマハホールは16日「外国語落語会（入場無料）」と「1部：ナンチャンの落語会／2部：伝説の男たちの落語会（可朝《かちょう》、鶴光、桃太郎）」、17日「子供寄席（入場無料）」「長講名人会1（福團治《ふくだんじ》、金馬《きんば》、雲助、都《みやこ》）」「1部：復活！らくごのご（鶴瓶、白鳥、春之輔）／2部：待ってました！笑福亭（松枝《しょうし》、三喬他）」、18日「長講名人会2（松喬、圓窓、権太楼）」「1部：旬のお笑い大集合／2部：上方人気者勢揃い（八方、文福《ぶんぷく》、きん枝《し》、小枝《こえだ》）」。

ＪＵＪＩＹＡホールは16日「小さんの遺産（三語楼《さんごろう》、文楽、市馬、扇辰他）」「東京の落語家による上方噺（藤兵衛《とうべえ》、左談次《さだんじ》、ブラック他）」、17日「三代目三木助トリビュート（扇橋、小満《こま》ん他）」「１部：落語珍品堂（今松《いままつ》、圓橘、燕路《えんじ》）／２部：講談から落語に（小袁治《こえんじ》、歌司、三三）」、18日「談笑の危険な独演会」「１部：有名人が落語になった（歌之介《うたのすけ》、ぜん馬、さん生《しょう》、竹丸《たけまる》）／２部：ＮＨＫ受賞者関西版（雀松《じゃくまつ》、都《と》んぼ他）」。

コマツアミュゼは16日「１部：志《し》ん生トリビュート（志ん駒《こま》、志《し》ん弥《や》、喜助《きすけ》）／２部：東西艶ばなし（好楽、春若《はるわか》他）」、17日「サラブレッド10人会（金時《きんとき》、菊生《きくしょう》、窓輝《そうき》、王楽《おうらく》他）」、18日「１部：鶴瓶チルドレンの会／２部：上方落語珍品堂（仁智《じんち》、小春團治《こはるだんじ》他）」の他に鈴々舎馬桜《れいれいしゃばおう》の「カルチャー落語会」というのが毎日あった。

博品館劇場では18日につかこうへい原作『熱海殺人事件《あたみさつじんじけん》』を渡辺正行《わたなべまさゆき》の演出で昼夜２回興行（出演：柳家喬太郎、小川範子《おがわのりこ》他）。

そして、よみうりホールは17日に「三枝・きみまろ二人会（ゲスト：正蔵）」の２回興行と「風間がワ、ハ、ハと大笑い（１部：ワハハ本舗／２部：風間杜夫独演会）」。

２００５年の観客動員数は前年より５０００人増えて２万人だったという。

ちなみに僕は16日、17日ともに12時開演の「立川流広小路寄席」に通って２日間で22席の落語を聴いた、と記録してある。18日は『ＢＵＲＲＮ！』８月号の入稿締切直前だったため朝から晩まで編集部にいたようだ。

余談だが、僕にとって毎年この時期の3連休というのは基本的に仕事が最も忙しい時期なので、平日よりもむしろ落語会に足を運びにくいのだった。その点、上野広小路亭は編集部からタクシーで簡単に往復できるので便利だ。上野鈴本演芸場も同じだが、あそこは平日に行くことがほとんど。なお、編集部から歩いて行ける便利な神保町・らくごカフェがオープンしたのは2008年12月のことだった。

「落語ブームはこれからだ!!」——「大銀座落語祭2006」

「大銀座落語祭2006」のサブタイトルは「落語ブームはこれからだ!!」。7月15日(土)・16日(日)・17日(月・祝)の3日間の開催で、会場は中央会館、ヤマハホール、JUJIYAホール、コマツアミュゼ、時事通信ホールの5ヵ所に絞られた。

中央会館は「究極の東西寄席」。A(15昼)「正蔵の会」「仁鶴の会」「三枝の会」、B(15夜)「清水《しみず》ミチコ」「花緑・風間杜夫二人会」「志の輔の会」、C(16昼)「小朝の会」「春團治の会」「小三治の会」、D(16夜)「1部：映画『寝ずの番』上映/2部：笑福亭一門会(呂《ろ》鶴《かく》、福笑、鶴光)」、E(17昼)「遊三《ゆうざ》・小遊三親子会」「歌丸の会」「鶴瓶の会」、F(17夜)「圓蔵・木久蔵二人会」「圓歌・ケーシー高峰《たかみね》の会」「文珍の会」。

ヤマハホールは入場無料の外国語落語会や子供寄席等の他に15日は「1部：旬のお笑い！／2部：ナンチャンの落語会」、16日は「小沢昭一の吉原へご案内（1部：小沢昭一／2部：扇遊、圓菊《えんぎく》）」と「大御所に歴史あり！（1部：金馬インタビュー／2部：圓楽インタビュー）」、17日は「危険な香りの落語会（1部：可朝他／2部：横山《よこやま》ノック他）」と「1部：らくごのないらくご会／2部：上方の人気者（八方、雀々他）」。

ＪＵＪＩＹＡホールは15日「いきなり爆笑落語会（桃太郎、米助《よねすけ》他）」「上方三都物語（小《こ》染《そめ》他）」「待ってました若手十八番（正朝、萬窓、扇辰他）」、16日「世の中お金の落語会（歌武蔵、ぜん馬他）」「小佐田《おさだ》定雄《さだお》の世界1（小春團治他）」「小佐田定雄の世界2（雀三郎他）」、17日「かえってきた鶴瓶チルドレン」「女性がからむと男はこうなる落語会（扇橋、馬生、菊之丞他）」「ぼっちゃん5の落語会（王楽、八光《はちみつ》他）」。

コマツアミュゼは15日「圓生トリビュート（圓窓、鳳楽他）」「松喬・権太楼二人会」、16日「珍品堂1（三喬、談四楼他）」「この人この噺（志ん五、左談次、市馬他）」「芸術祭受賞者の会（松枝、南喬他）」、17日「珍品堂2（染丸、今松他）」「大の仲良し六人会（小燕枝、一朝、小金馬、小袁治、志ん橋、小里ん）」「珍品堂3（小満ん、喜多八、梅團治他）」。

そして時事通信ホールでは15日「亜郎の『オペラ座の怪人』」「喬太郎ｖｓ稲川淳二《いながわじゅんじ》の怪談噺」、16日「さん生の『笑いの大学』」「雲助・白酒の師弟の怪談」「貞水《ていすい》と談春の怪談噺の会」、17日「昇太の『牡丹灯籠《ぼたんどうろう》』」「おもしろ怪談噺の会（1部：志らく、白鳥／2部：楽太郎、好楽、たい平）」などが行なわれた。

ちなみに僕は15日は実相寺での「たまごの会（志ん輔、朝太他）」、17日には「立川流広小路寄席」に行ったが16日は一日中編集部で仕事をしていた。

落語ブームが本格化した中で行なわれた「大銀座落語祭２００７」は7月12日（木）～16日（月・祝）の5日間の開催。テーマは「東西味くらべ！・落語満漢全席!!」。前年の観客動員数が何と3万５０００人だったということで、遂に5日間の開催に踏み切った、ということか。

この年はお馴染みの銀座ブロッサム中央会館、ＪＵＪＩＹＡホール、コマツアミュゼ、時事通信ホール、新たに加わった浜離宮朝日ホール、王子ホールなどの他、山野楽器やソニービル８Ｆ、東芝銀座ビル４Ｆ、三越屋上といったイベントスペースで入場無料の催しが「大銀座落語祭」の賑やかしに加わっているのが特徴的だ。

中でも目立つのは1時間単位で若手を3人登場させる山野楽器の「お楽しみ寄席」で、ラインナップは14日「時松《ときまつ》・こみち・志ん八」「わか馬・つくし・駒次《こまじ》」「楽春《らくはる》・愛楽《あいらく》・好二《こうじ》郎《ろう》」「遊馬《ゆうば》・錦之輔《きんのすけ》・可龍《かりゅう》」「蔵之助《くらのすけ》・圓十郎《えんじゅうろう》・鏡太《きょうた》」、15日「こしら・志《し》らら・らく朝《ちょう》」「金八《きんぱち》・金也《きんや》・金兵衛《きんべえ》」「神田茜《かんだあかね》・神田ひまわり・一龍斎貞寿《いちりゅうさいていじゅ》」「らん丈《じょう》・丈二《じょうじ》・ぬう生《しょう》」

「福治《ふくじ》・禽太夫《きんだゆう》・三之助《さんのすけ》」、16日「慎太郎《しんたろう》・健太郎《けんたろう》・笑海《しょうかい》」「菊春《きくはる》・菊可《きくか》・菊六《きくろく》」「種平《たねへい》・鉄平《てっぺい》・錦平《きんぺい》」「扇好《せんこう》・扇里《せんり》・遊一《ゆういち》」と、かなりニッチなラインナップ。あえて言うなら今の「シブラク」的な匂いもする。これは、落語のCDを売っているレコード店ゆえの「入場無料で落語ファンが来てくれれば」という戦略だろう。ちなみに山野楽器は「大銀座落語祭」が2008年に終了すると、翌2009年からは独自に「プチ銀座落語祭」を開催することになる。

前述のように僕はこの年「大銀座落語会」に初参加して14日に「談笑の世界／志らくの世界」（博品館劇場）に、16日に米朝・小三治の出る「究極の東西寄席」（中央会館）に行ったのだが、この5日間のそれ以外の行動はというと、12日と13日は林家彦いちがトリを取る上野鈴本演芸場夜の部（文左衛門が仲入り）、15日は春風亭一朝がトリの池袋演芸場夜の部へ行った。なお、16日には銀座から会社に戻って仕事をした後、いそいそとまた上野鈴本演芸場に行ったのだった。

実は落語以外の要素が多かった――「大銀座落語祭2007」

5日間開催となった「大銀座落語祭2007」のプログラム、主なところを記しておこう。

中央会館の「究極の東西寄席」はA（12夜）「ザ・ニュースペーパー」「ざこば・南光《なんこう》・

雀々」「志の輔」、B（13夜）「稲川淳二」「コロッケ」「小朝」、C（14昼）「たい平・風間杜夫」「正蔵」「木久蔵・ケーシー高峰」、D（14夜）「昇太」「春團治・圓蔵」「文珍」、E（15昼）「桃太郎・白鳥・喬太郎」「清水《しみず》アキラ」「三枝」、F（15夜）「好楽・夢之助・楽太郎」「圓楽」「歌丸」、G（16昼）「小沢昭一・加藤武」「米朝」「小三治」、H（16夜）「小枝・松村《まつむら》邦洋《くにひろ》」「小遊三・花緑」「鶴瓶」。

博品館劇場は13日「新作二人会（仁智、小春團治他）／この人この噺（談春、鶴二《つるじ》、染二《そめじ》他）」、14日「談笑／志らく」「爆笑新作らくご会（遊方《ゆうほう》、福笑、たま他）」、15日「東西特選会（松喬、権太楼、可朝他）」「馬生一門会／鹿芝居」、16日「三木助追善公演／柳昇は生きている」「時代劇コント／時代劇裏話（高橋英樹《たかはしひでき》他）／侍らくご」等。

時事通信ホールは14日「イヨ、待ってましたの会（ぜん馬、千朝《せんちょう》他）／遊びの世界（小満ん、萬窓他）」「上方おもしろ寄席（八方、仁福《じんぷく》他）／芸能人らくご大会（渡辺正行、松尾《まつお》貴史《たかし》他）」、15日「イヨ、待ってましたの会2（志ん輔、米二《よねじ》他）／おもいっきり珍品集（談四楼、枝三郎《えださぶろう》他）」「松本清張《まつもとせいちょう》vs山田洋次《やまだようじ》（ブラック他）／この人この噺（喜多八、小染他）」、16日「一番弟子の会（志ん五、鳳楽他）／喬太郎におまかせ！の会」「ナンチャンの落語会／志ん朝トリビュート（文太《ぶんた》、かい枝《し》他）」。

コマツアミュゼは13日「三枝トリビュート（はん治《じ》他）／珍品堂（新治《しんじ》、福郎《ふくろう》他）」、14日

「芸術祭特集（金馬、染丸他）」「この人この噺（鶴瓶他）／SF怪奇噺集（春之輔他）」、15日「圓歌一門会」「SF怪奇噺集（小さん他）」「実の親子の競演リレー落語（圓窓、福團治他）」、16日「園菊一門会／柳家のお家芸」「普通じゃない落語会（小米《こよね》、米平《よねへい》他）／上方らくごの四季（呂鶴、小米朝他）」。

JUJIYAホールは12日「枝雀《しじゃく》一門若手会」、13日「浪花節だよ人生は」、14日「らくごカルチャー1／この人で聴きたい（文楽、助六《すけろく》他）」「吉朝一門会」、15日「らくごカルチャー2／珍品集（平治、藤兵衛他）」、15＆16日「小佐田定雄の世界1・2」、16日「らくごカルチャー3／この人で聴きたい（龍志《りゅうし》、圓橘他）」等。

その他、浜離宮朝日ホールでは「怪談『真景累ヶ淵《しんけいかさねがふち》』落語と映画で楽しむ会」（12日）や「新真打四人の会（馬石、菊志《きくし》ん他）／桃色婦人会」（13日）、「貞水の世界／『牡丹灯籠』親子リレー（扇橋他）」（14日）、「この人この噺（ひな太郎《たろう》他）／東西新作落語対決（天どん他）」（15日）、「三枝・文珍・鶴瓶弟子の会／防衛らくご会」（16日）他が行なわれ、王子ホールでは「ミュージカルらくご」（14日）、「ゴスペル落語／サッチモ物語」（15日）、「若旦那たちの音楽会（花緑／小米朝）」（16日）等、音楽系のイベントが催された。

「大銀座落語祭2007」に参加した落語家の数は400人、観客動員数は5万人を記録した。2005年頃からの「落語ブーム」を加速させた大きな要素のひとつがこの「大銀座落語祭」だったのは間違いない。だが逆に言うと、「落語ブーム」が訪れていたからこそ2007年の「大銀座落語祭」がこれだけの規模で成功を収めたのも確かだ。

規模が膨れ上がった「大銀座落語祭」のプログラムをよく見ると、「落語」祭でありながら、実は落語以外の要素に依存する傾向が強い。特に「究極の東西寄席」にそれは顕著だ。大掛かりな「祭り」を成立させるためには必要なことなのだろうが、やはり無理があると僕には思えた。

小朝が言う「落語会に行く日をハレの日にする」という発想は、低迷した落語に一般大衆の目を向けるためにはこの上なく有効だっただろう。だが、それはあくまでも「入口」である。

落語は、「演者を聴くもの」だ。ひとたび「落語の魅力」を知ったならば、そこから先は、「自分の好きな演者を追いかける」ということになる。お祭り騒ぎは必要ない。いっぺんに数万人を集める「大銀座落語祭」の方式は、落語の本質とは懸け離れたものだ。

落語が「ブーム」と言われるほどの状況を迎え、「落語というエンターテインメント」に目覚めた新たな観客層が、思い思いに自分の好きな演者を追いかけるのが当たり前になってきたら、無理にテレビでお馴染みの芸能人と絡めて「落語を知ってもらう」必要はない。

落語界に活気が戻り、新規参入のファン層が小朝の仕掛けとは別のところで人気公演のチケット争奪戦を繰り広げていた2007年、既に「大銀座落語祭」が果たすべき役割は終わっていた。

小朝にもそれはわかっていたのだろう。翌年、「大銀座落語祭2008」の概要が発表されたとき、そこには「今年でファイナル」と謳《うた》われていた。

5万5000人を動員――「大銀座落語祭2008」

「大銀座落語祭2008」のサブタイトルは「落語の明日」。7月17日(木)~21日(月・祝)の5日間で5万5000人の観客動員があった。

中央会館の「究極の東西寄席」はA(18夜)「コロッケ」「鶴瓶・笑瓶」「文珍」、B(19昼)「正蔵・風間杜夫」「圓歌・小金治」「三枝」、C(19夜)「花緑vs渡辺正行・ラサール石井《いしい》・小宮孝泰《こみやたかやす》」「清水ミチコ」「昇太」、D(20昼)「木久扇《きくおう》・ケーシー高峰」「春團治・可朝」「歌丸」、E(20夜)「八方・きん枝・小枝」「ノブ&フッキーものまね」「志の輔」の5公演。

最終日の21日にはメインステージが有楽町よみうりホールに移り、昼に「小朝」「三枝」「小三治」の三本立て公演、夜にはグランドフィナーレと銘打って「昇太・志の輔 夢の二人会」を開催。そのグランドフィナーレの裏では新橋演舞場で正蔵が武蔵坊弁慶《むさしぼうべんけい》を演じる

「勧進帳《かんじんちょう》」を第1部、「三枝・鶴瓶二人会」を第2部とする特別公演が行なわれている。

その他の会場を見ると、博品館劇場では17日・18日に「談春と上方落語」、20日と21日に「喬太郎と上方落語」があり、談春の会は先述のとおり染丸・染二（17日）と松喬・三喬（18日）、喬太郎のほうには福笑・たま（20日）、雀々・都丸《とまる》（21日）が出演している。博品館ではその他、19日には「権太楼／松喬・小里ん・志ん橋」「小米朝／可朝・鶴光」が、20日には「白鳥vs旬のお笑いたち／電撃《でんげき》ネットワーク／桃太郎の『死神《しにがみ》』」が、21日には「チャンバラの会（時代劇コント、侍らくご他）」等が行なわれている。

時事通信ホールは17日「オール鳴り物入りの会（市馬、菊之丞他）」、18日「ザ・ニュースペーパー／ブラック＆談笑」、19日は「雲助／小満ん」（昼）と「映画『深海獣レイゴー』（林家《はやしや》しん平《ぺい》監督作品）／福笑・しん平・彦いち・あやめ・遊方」（夜）、20日は「亜郎ミュージカル落語／狂言と落語の会（野村萬蔵《のむらまんぞう》、馬桜他）」（昼）と「春團治トリビュート（春團治、喜多八、歌武蔵他）／米朝トリビュート（米朝、ざこば、南光、雀々他）」（夜）、21日は「雀三郎の『らくだ』を聴く会（ゲスト鶴瓶）」（昼）と「芸能人らくご大会（南原清隆《なんばらきよたか》、千原《ちはら》ジュニア、コロッケ他）」（夜）。

銀座みゆき館劇場で行なわれたのは、17日「キレル!の会（馬生、小満ん、小燕枝、小金馬、正朝《しょうちょう》）」、18日「待ってました!笑福亭!（鶴光、呂鶴、小つる他）」、19日「志らく・

白鳥／つく枝・三三」「おにぎやか！馬生一座（馬生、馬楽、正雀、菊春、世之介《よのすけ》）第1部：落語／第2部：鹿芝居」、20日「大河らくご東の旅（松枝、九雀《くじゃく》、佐《さ》ん吉《きち》他）」「文楽・志ん生　芸の継承（楽太郎、文楽、南喬、今松他）」、21日「歌之介・歌る多《かた》・歌武蔵／ひな太郎・圓太郎・遊雀」「市馬の世界（落語と唄）／遊びの会（小さん、一朝、喜多八、文左衛門）」。

ＪＵＪＩＹＡホールは17日「京の噺の会（たい平、金馬、かい枝他）」、18日「オール鳴り物入りの会2（染丸、馬桜《ばおう》、扇遊他）」、19日「やられた！の会（馬風、小袁治、川柳他）」「長講特選会（圓窓、藤兵衛他）」「東京で聴けない噺（吉坊《きちぼう》、雀松他）」、20日「ほろりの会1（燕路、まん我《が》他）」「米朝イズムの会（千朝、宗助《そうすけ》、小米他）」「愉快な仲間（左談次、志ん五、米助他）」、21日「ほろりの会2（梅團治、喬太郎他）」「遊三・小遊三／圓蔵・福團治」「ＮＨＫ『ちりとてちん』出演者の会（松尾貴史、吉弥他）」。

教文館ウェンライトホールは17日「三三の世界」、18日「ラクゴリラ（生喬、花丸《はなまる》、つく枝、こごろう）」、19日「圓菊一門会／馬生一門会」「はやかぶの会（瓶太《びんた》、文華《ぶんか》、宗助、わかば他）」、20日「『真景累ヶ淵』通し（丈二、馬《ま》るこ他）」「繁盛亭ｉｎ銀座（春之輔、仁福他）」、21日「芸術協会の個性（鯉昇、平治他）／女流三人会（神田茜、神田陽子《かんだようこ》、桂あやめ）」「春團治一門＆文枝一門／鶴笑・小春團治・仁智」。

そして銀座小劇場は17日「白酒独演会」、18日「一之輔独演会（ゲスト：文左衛門）」、19日「栄助《えいすけ》独演会」「かい枝独演会」、20日「志《し》の吉《きち》独演会」「朝太独演会」、21日「好二郎独演会」「たま独演会」。この会場のプログラムは「これからの落語界はオレたちに任せろ!!」と銘打ってのもの。栄助は現在の百栄《ももえ》、好二郎は現在の兼好だ。

その他、入場無料・完全入替制の会として山野楽器で9公演（馬桜、志ん馬、こみち、天《てん》どん他）、銀座東芝ビルで6公演（好二郎、王楽、きつつき他）、フェニックスホールで4公演（白酒、左龍《さりゅう》、金時他）、博品館劇場で「英語らくご（志の輔他）」「手話らくご（正蔵ほか）」、OPUSで「韓国語らくご」「子供寄席」他が行なわれた。

ファイナルとなった「大銀座落語祭」は、落語を盛り上げるためというより、むしろ既に訪れていた落語ブームを象徴するイベントのような見え方をしていたと思う。これだけの規模でこれほど盛り沢山な落語フェスを実行できたのは、小朝あってこそ。落語ブームの起爆剤としての「大銀座落語祭」は役割を見事に果たして幕を閉じた。

なお、前述したように僕はこの年、博品館に17・18・20日と通って「談春と上方落語」「喬太郎と上方落語」を観たが、それは「大銀座落語祭」への参加というより、追いかけていた談春や喬太郎の会だから。残る2日間は「大銀座」には不参加で、19日には小三治・さん喬・扇遊他が出演する「朝日名人会」（14時開演）と鯉昇・喜多八・龍志が出演する「ビクター落語会」（18時開演）に、21日には「志の輔らくご　21世紀は21日」（14時開演）と「立川談笑《たてかわだんしょう》月例独演会」（18時半開演）に足を運んでいる。

第四章　昇太も動いた——２００４年「ＳＷＡ」旗揚げ

「SWA《すわ》（創作話芸アソシエーション）」の結成

「六人の会」の発足から1年後の２００４年、もうひとつのグループが始動した。春風亭昇太を中心に、三遊亭白鳥、柳家喬太郎、林家彦いち、神田山陽《かんださんよう》（講談師）が結成した創作話芸集団「ＳＷＡ（創作話芸アソシエーション）」だ。これは、それぞれ自分で新作落語（山陽は新作講談）を創作してきた彼らが、集団でのブレインストーミングで新作を練り上げ、共通の持ちネタとして演じようという趣旨で結成されたもので、２００３年末に白夜書房の演芸専門誌『笑芸人』（「高田文夫責任編集」を謳ったムック／実際の編集人は田村直規氏）のＶｏｌ．13誌上で旗揚げを宣言、２００４年に始動した。

発起人の春風亭昇太によれば、ＳＷＡは単に創作落語のネタおろしの会ではなく、総合的に創作落語にとって有意義なことを何でもやる集まりで、(1)新ネタの創作(2)過去のネタのリニューアル(3)作品を共有することによってネタを練る、を三本柱に、あくまで「パッケージとして有意義な会」を目指したもの。2007年2月をもって神田山陽が脱退して以降は昇太、白鳥、喬太郎、彦いちの4人体制となった。(2005年、2006年も山陽抜きの公演がほとんどで、山陽の実質的な在籍期間は極めて少ない)

当初は2～3年の活動を念頭に置いていたようだが、スタート当初から人気爆発、2011年12月の活動休止まで8年間続いた。

「SWA」の客層は若者中心、それも女性が多く、それまで「落語ジャンクション」(SWA発足の切っ掛けとなった新作落語ネタおろしの会)他でごく一部にマニアックに支持されていた新作落語をメジャーな存在に押し上げ、従来の落語ファンとはまったく異なる若い層を新たに落語の世界に誘った。

初めて行なわれたSWAの公演は2004年6月5日、新宿・明治安田生命ホール(客席数342)での「SWAクリエイティブツアーVol.1」。このチケットは発売して数時間で完売。この結果はSWAのメンバーにとって意外だったという。もともと昇太の独演会は毎回女性が大半を占める「昇太ファン」で大盛況、喬太郎にも既に女性を中心とする熱烈な「追っかけ」たちがいたので、そうしたファン層が「SWA」に殺到した、ということも言えるだろうが、それだけではない。それまでSWAと同様の顔合わせで落語会を開いても、それほどのチケットの売れ行きはなかったのだから。

ではどうしてSWAを結成した途端、人気が一気に爆発したのか。「SWAという名称のユニットを組んだ」という事実が大きかった。人は「ユニット名」という「わかりやすさ」に敏感に反応し、興味を持つ。小朝の「六人の会」然り、後年の「成金」（落語芸術協会の二ツ目が2013年に結成したユニット）も然りである。

しかもSWAは昇太、喬太郎、白鳥、彦いちといった曲者たちが「新作落語ブームが来た！」「昇太爆笑革命」（『笑芸人』Vol.13見出しより）といった煽り文句と共に派手に打ち上げた、スペシャル感満載な企画である。これはファンでなくても「何かが起こる！」と期待せずにはいられない。

「六人の会」発足から1年、「落語ブーム前夜」の2004年に、既に人気のあった昇太や喬太郎が今までにないタイプのユニットを旗揚げしたことは、落語ブーム勃発の「もうひとつの起爆剤」となったのである。

そんな「スペシャルなイベント」SWA公演のチケット争奪戦は激烈を極めた。当時、明治安田生命ホールで毎月行なわれていた「志の輔らくご　21世紀は21日」は「発売開始と同時に完売」が当たり前だったが、SWAもそれと並ぶ激戦区となった。発売時刻にPCでサイトに入ろうとしても「アクセスが集中しています」と表示され、そのうち「枚数終了」となってしまう危険性が高いので、ファンは皆、色々な方法で挑んだものだ。僕は「志の輔らくご」は「チケットぴあのカウンター前に早朝から並ぶ」方式で入手していたが、SWA公演は「ローソン店内の発券機Ｌｏｐｐｉの前に発売開始時間よりかなり前から陣取る」派だった。店に遠慮して20分前くらいに行くと別の誰かが陣取っていたりするので、40～50分前くらいに行くことが多かったが、それでも先客がいて慌ててタクシーで別のローソンへ、なんてこともあった。

今「志の輔らくご」を例に挙げたが、SWAで昇太が目指したのは、志の輔がパルコ公演で体現したような「公演そのもののエンターテインメント化」だった。「落語会に来てもらう」のではなく、「SWAというエンターテインメントを観に来てもらう」という発想だ。

昇太は前掲の『笑芸人』Vol．13において「落語は東京や上方の地域芸能じゃなくて全国芸能になっている」「ライヴのチョイスのひとつとして来ている人が増えていて、落語のビッグネームがありがたがられる時代じゃなくなった」「要は、いかに自己プロデュースして、チョイスされる落語家になるかっていうこと」と発言している。

その文脈で言うならば、SWAは、落語の伝統の中ではマイナーに見られがちな新作落語を、マイナーであることを逆手に取って、従来の落語とは一線を画す新鮮なエンターテインメントとして見せる「自己プロデュース公演」なのだ。

「六人の会」は、春風亭小朝がプロデューサーとしての腕を存分に奮って「マスを動かして落語にスポットを当てる」ための基盤だった。一方SWAは、プレーヤーであり脚本家であり演出家でもある春風亭昇太が、同じ志を持つ仲間と力を合わせて「集団プロデュース公演」を提供するために考案したシステムであり、目指したのは「エンタメ好きで好奇心に満ちた人々」へのアプローチだった。

新作落語の地位向上を果たしたSWA

SWAは、目の前の観客との連帯感のようなものを大事にした。SWAが熱烈に支持された最大の理由は、そこにある。
SWAはユニフォームとしての揃いの着物（必ずしも高座で落語を演るときに着ていたわけではないが）を作り、そこには各々の背番号が入っていた。「1＝彦いち」「2＝白鳥」「3＝山陽」「4＝昇太」「6＝喬太郎」がそれだが、さらに「5＝御贔屓《ごひいき》」としてTシャツを売ったりもしていた。この「5＝御贔屓」は、サッカーにおける「サポーター」の発想に近い。（昇太がサッカー好きであることと無関係ではないだろう）
SWAのライヴは、映像やトークなどで手作り感満載な「楽屋裏」を垣間見せ、それによって観客に親近感を持たせていた。それは、ヘタすれば単なる「内輪ウケ」になってしまうが、SWAの場合はそれ自体が公演パッケージを構成する不可欠な要素であり、エンターテインメントとして成立していた。その親近感ゆえに、一度足を運んだ観客は「SWAの世界」の一員となった連帯感のようなものを覚えて、リピーターとなる。もっともそれは「誰もが楽しめる公演内容」であることが大前提で、そのために演者たちは知恵を絞り、クオリティの高いエンターテインメントを提供し続けた。

落語は、演者の個性を楽しむ芸能だ。そしてSWAのメンバーは、それぞれ別個にその個性を発揮することで充分に観客を楽しませる一流の演者である。そんな彼らが一丸となって「クオリティの高いパッケージ」を目指した公演が面白くないわけがない。従来の落語会とは一線を画した「団体芸を楽しませる」SWA公演は、演劇などのエンターテインメントに関心が高い新しい客層を掘り起こして、落語ブームと呼ばれる現象に拍車を掛けた。

「大銀座落語祭」や『タイガー&ドラゴン』、九代目正蔵襲名イベントなどが2005年頃のいわゆる「落語ブームの到来」のきっかけになったのは事実だ。だが、世間の目が落語に向いたときに、そこに面白い落語が存在しなければブームはすぐに去る。そうならなかったのは談志や小三治を筆頭に志の輔、志らく、談春、さん喬、権太楼、市馬、喜多八、志ん輔、花緑、歌武蔵、文左衛門等々豊富な人材がそこにいたからだが、中でも「落語にハマって熱心にチケットを買って足繁く通うようになった若いファン層」を多く生んだという点で言うと、SWAの果たした役割は非常に大きかった。SWAを入口にして落語という「新鮮なエンターテインメント」に目覚め、自ら積極的に情報を収集してチケット取りに走るようになった人たちが落語ブームのファン層の「核」となった、というのが当時の実感だ。

ここで重要なのは、SWAは（白鳥以外は古典も多く演じる噺家であるにもかかわらず）「新作」に特化したユニットだったこと。SWA人気の沸騰は、「新作落語という表現方法の持つポテンシャルの高さ」を従来の落語ファンに正しく認識させた点で大きな意味があった。SWAが落語ブームを牽引した8年間を経て、新作落語の地位がかつてとは比べものにならないくらい向上したのは間違いない。SWA以前は、いくら面白い新作落語があっても、総体として新作は「邪道」であり「古典より下」と見られていた。だが、SWAが落語ブームを牽引した8年間を経て、今やそんなことを言うのは一部の古典至上主義者だけで、少なくともチケットを買ってナマの落語を聴きに行く観客全体の中で占める割合は極めて少ない。

SWAはまた、「エンターテインメントとしての落語」という価値観を普及させたことで、古典落語のあり方にも影響を及ぼした。それまでは専ら志の輔や志らくといった立川流の演者が提示していた「現代的な面白さをアピールする古典」が、邪道ではなく当たり前になっていった背景には、SWAの活躍があった。「落語は硬直化した古典芸能ではなく現代人のためのエンターテインメントである」という事実をＳＷＡがわかりやすく提示した、ということだ。

もちろん落語は伝統を背景にしている芸能だから「面白ければ何でもいい」というものではないが、「面白い落語が聴きたい」という人たちが落語会の客層の主流を占めるようになったのは極めて健全なことだ。

かつて、「教わったとおりの古典をそのまま堅実に演る」ことが、自称「落語通」の間で良いこととされていた時期があった。だが、教わったとおりに堅実に古典を演っていた名人なんて落語史上一人もいない。志ん生も文楽も圓生も五代目小さんも志ん朝も、「面白かった」から偉大なのであり、なぜ面白かったかといえば「面白い落語をこしらえて面白く演った」からなのである。

いくら面白い演者が面白い落語を演っても「こんなのは邪道だ」と決めつける観客ばかりだったら、落語の世界は確実に衰退していく。（実際にそれが起こったのが１９９０年代だ）逆に言うと、今の落語界の繁栄は、当時のＳＷＡの活躍に負うところが大きい。

ＳＷＡ人気は（後述する「談春の飛躍」と並んで）２００４〜２００８年頃の落語ブームを象徴する現象だったと僕は思っている。

2004年と2005年のSWA

SWAは2004年6月5日の「SWAクリエイティブツアーVOL.1」(新宿・明治安田生命ホール)で始動、同年12月15日にVOL.2が同会場で行なわれた。演目は以下のとおり。

【VOL.1】昇太『夫婦に乾杯』/山陽『男前日本史』/白鳥『江戸前カーナビ』/彦いち『青畳《あおだたみ》の女《ひと》』/喬太郎『駅前そだち』

【VOL.2】白鳥『好きやねん、三郎』(後に『山奥寿司』と改題)/山陽『最期のリクエスト』/昇太『群青色』/喬太郎『思い出芝居』/彦いち『臼親父』

VOL.1とVOL.2はプログラム全体に統一するテーマはない。ちなみにVOL.1の延長線上として2004年10月には山梨・大阪・名古屋でも公演が行なわれ、昇太は『パパは黒人』、白鳥は『マキシム・ド・呑兵衛』、彦いちは『熱血怪談部』、山陽は『バブー』を演じ、喬太郎は山梨と名古屋で『夫婦に乾杯』、大阪のみ『鍼医堀田と健ちゃんの石』(後に『結石移動症』と改題)だった。

初めて公演にパッケージとしてのテーマを持たせたのが2005年4月3日の「SWAク

リエイティブツアーVOL・3」(新宿・明治安田生命ホール)。掲げられたテーマは「同窓会」だ。

【VOL．3】彦いち『真夜中の襲名』/山陽『はだかの王様』/喬太郎『路地裏の伝説』/昇太『遠い記憶』/白鳥『奇跡の上手投げ』

これ以降『路地裏の伝説』は喬太郎にとって重要な持ちネタのひとつとなっていく。昇太・山陽不在で2005年7月19日に半蔵門・国立演芸場で行なわれた「SWA shuffle」は、これまでSWAで発表された作品を別のメンバーが演じるというものだった。

【SWA shuffle】喬太郎『臼親父』(彦いち作)/白鳥『駅前そだち』(喬太郎作)/彦いち『奇跡の上手投げ』(白鳥作)/喬太郎『はだかの王様』(山陽作)/彦いち『群青色』(昇太作)/白鳥『真夜中の襲名』(彦いち作)

九代目正蔵襲名が話題となった時期に彦いちが作った『真夜中の襲名』は、この「シャッフル」以降、白鳥が誰かの「名跡襲名」のタイミングで演じる危ないネタとして定着することになる。

2005年8月13日の「SWAクリエイティブツアーVOL．4」（明治安田生命ホール）は、文化庁交流使節でイタリアに行く山陽の壮行会を兼ねたもの。

【演目】喬太郎『不在証明』／彦いち『拝啓、南の島より』／白鳥『幸せの黄色い干し芋』／昇太『レモン外伝』／山陽『花咲く旅路』

同じく2005年の12月には「SWAゲリラ」と称する4日間連続の公演が下北沢の「劇」小劇場で行なわれた。

【26日・SWAシャッフル】白鳥『愛犬チャッピー』（昇太作）／彦いち『宴会の花道』（昇太作）／昇太『保母さんの逆襲』（彦いち作）／喬太郎『横隔膜万歳』（彦いち作）

【27日・辺境の旅～崖っぷちトーク】白鳥・彦いち（トーク）／白鳥『砂漠のバー止まり木』／彦いち『キングサーモン愛宕山』

【28日・SWAも粋だね！古典落語】喬太郎『反対車』／昇太『つる』／彦いち『厩火

事・北の国から』／白鳥『実録・お見立て』
【29日・ネタおろし】昇太『東海道のらくだ』／白鳥『へび女』／彦いち『長島の満月』／喬太郎『ハンバーグができるまで』

SWAらしい趣向に満ちた4日間。特筆すべきは29日のネタおろしで『長島の満月』『ハンバーグができるまで』という2つの名作が生まれたことだろう。
2006年5月16日・17日には中野・なかのZERO小ホールで「SWAクリエイティブツアー」が、〝VOL〟のカウント抜きで2日間興行として行なわれた。

【演目】喬太郎『軒下のプロローグ』／昇太『空に願いを』／彦いち『水たまりのピン』／白鳥『雨のベルサイユ』

運動会が雨で中止になってほしい小学生が主人公の『空に願いを』は昇太にとって「SWAで作って最も気に入っている噺」のひとつだという。『雨のベルサイユ』は後に全10話で完結する「流れの豚次《ぶたじ》」シリーズの第4話となる噺で、この時点ではシリーズの原点『任侠流山動物園』の続編という位置付けだった。

同年8月20日に明治安田生命ホールで開かれた「SWAクリエイティブツアー」のテーマは「夏休み」。

【演目】昇太『罪な夏』／白鳥『明日に向かって開け』／彦いち『掛け声指南』／喬太郎『八月下旬』

今や彦いちの鉄板ネタとして定着している『掛け声指南』はこの公演で登場した。「新作なのに古典落語」「変な動きなのに江戸前」「くだらないのに人情噺」という3つのテーマを掲げた白鳥の『明日に向かって開け』も、その後しばしば高座に掛けられることになる。

2006〜2008年のSWA

2006年1月、夢枕獏《ゆめまくらばく》が『楽語・すばる寄席』（集英社）という書籍を出した。2005年に『小説すばる』に連載した書き下ろしの新作落語脚本（各メンバーに当て書きしたもの）などを1冊にまとめたもので、同年9月24日にはその夢枕獏作品を高座に掛ける「SWA獏噺の会」が国立演芸場で開かれた。この公演で神田山陽が久々に復帰している。

【演目】彦いち『史上最強の落語』／白鳥『カニの恩返し』／昇太『ウルトラマンはどこですか』／喬太郎『鬼背参り《おにのせまい》』／山陽『陰陽師安倍晴明化鼠退治』

『鬼背参り』は悲しく切ない感動の物語。喬太郎の迫力溢れる話芸が堪能できる名作だ。後に昇太もこれを手掛けている。

2006年12月26日・27日の「SWAクリエイティブツアー」（明治安田生命ホール）にも山陽が参加した。

【演目】白鳥『恋するヘビ女』／昇太『吉田さんの携帯』／彦いち『カラダの幇間《たいこ》』／山陽『傘がない』／喬太郎『明日に架ける橋』

『明日に架ける橋』は白夜書房の『落語ファン倶楽部』（『笑芸人』の発展形と言うべき落語専門ムック）Vol．3付録CD連動企画の三題噺《さんだいばなし》として創作されたもの。お題は「2007年問題」「バイオエネルギー」「吾妻橋」で、CDでは昇太が演じていた。ちなみに同ムックVol．2では「ファン倶楽部」「カテキン」「革の財布」というお題で『母さんファン倶楽部』が創作され、白鳥が演じてCD付録となっている。

2007年2月19日～22日には下北沢「劇」小劇場で「SWAリニューアル」。

【演目】喬太郎『路地裏の伝説』／昇太『空に願いを』／山陽『しまふくろうの城』／白鳥『江戸前カーナビ』／彦いち『掛け声指南』

この公演は2月13日～25日に昇太プロデュースで開催された「下北沢演芸祭2007」の一環として行なわれたもの。この演芸祭では他に昇太、喬太郎、山陽それぞれの独演会や談春の「昇太トリビュート」独演会といった催しもあり、25日にはSWAのメンバーがまったく別人になりきってショート落語を次々に披露する「別キャラ亭」も行なわれた。この「別キャラ亭」がSWAに山陽が参加した最後の公演となったが、この時点ではまだ脱退表明はない。山陽のSWA脱退が正式にアナウンスされたのは2008年1月号の『東京かわら版』誌上、SWA持ち回り連載コラム「新作日和」の昇太担当回においてであったが、この頃にはもはや「山陽がいないSWA」しか知らない観客のほうが圧倒的に多く、脱退はむしろ当然のように受け入れられ、大きく騒がれることはなかった。

2007年7月22日の「SWAクリエイティブツアー」（明治安田生命ホール）の総合テーマは「東京」。

【演目】喬太郎『華やかな憂鬱』／昇太『手紙の中の君』／白鳥『後藤を待ちながら』／彦いち『頭上からの伝言』

歌舞伎町のキャバクラの店長が主人公の『華やかな憂鬱』はその後も喬太郎がしばしば演るネタのひとつとなった。なお、この公演に山陽が参加しなかった理由についてはSWAのブログ「SWA！　すわっ！」において「スケジュール管理ミスというバカな理由で、出演できません」と。チケット発売直前に告知されている。

2007年9月23・24日の「SWAリニューアル～第二章～」（明治安田生命ホール）で、総合タイトルは「明日の朝焼け～たかし11歳から退職までの物語～」。4人別々の噺がひとつの物語として繋がる、記念すべき「初のブレンドストーリー」だ。2007年2月号の『東京かわら版』の巻頭インタビューで昇太は「それぞれの噺が、全体の流れの中で、ひとつのストーリーの一部として完結する、というのを最終的に目標にしている」と語った。それが遂に実現したのである。

【演目】白鳥『恋するヘビ女』／昇太『夫婦に乾杯』／彦いち『臼親父』／喬太郎『明

日に架ける橋』

「たかし」の人生を４編の新作落語で描いたこのブレンドストーリー「明日の朝焼け」は、２００８年１月14日に大阪・ワッハホールで再演された。

ＳＷＡは２００８年、さらに２つのブレンドストーリーを生み出す。まずは２月12・13日に「下北沢演芸祭２００８」の一環として本多劇場で行なわれた「ＳＷＡブレンドストーリー２」で、総合タイトルは「黄昏の母校」。母校の廃校をテーマにした連作で、喬太郎と彦いちはネタおろしとなった。

【演目】昇太『遠い記憶』／喬太郎『やとわれ幽霊』／彦いち『アイアンボーイ』／白鳥『明日に向かって開け』

続いては10月27・28・29日に明治安田生命ホールで行なわれた「ＳＷＡクリエイティブツアー　ブレンドストーリー３」で、総合タイトルは「願い」。幕が開くと喬太郎が板付きで登場、「癌で入院中の少女サチコの手術に必要な血液が届くのを待つ医師とサチコの父との会話」で状況を説明し、「運動会を楽しみにしていた」とか「死んだ親父が世話してたムアンチャイ」といった台詞が出てきて後の落語との関わりを仄めかす。

【演目】彦いち『掛け声指南』／白鳥『奥山病院奇譚』／昇太『空に願いを』／喬太郎『カラダの幇間』

白鳥はネタおろし、『カラダの幇間』は彦いち作品をブレンドストーリー用に喬太郎がアレンジしたもの。「ＳＷＡクリエイティブツアー　ブレンドストーリー３」は11月20・21日に名古屋テレピアホール、12月26日に大阪ワッハホールで再演された。

目標としていた「ブレンドストーリー」を３回達成したＳＷＡは、その反動か、翌２００９年には活動のペースを落とすことになる。

ＳＷＡは「青春の落語」だった　２００９〜２０１１年

２００９年のＳＷＡは３月９・10・11日、「下北沢演芸祭２００９」の一環として、客席数80前後のシアター７１１で「ＳＷＡクリエイティブツアー」を行なった。テーマは「古典アフター」。

【演目】白鳥『かわうそ島の花嫁さん』／喬太郎『本当は怖い松竹梅』／彦いち『厩大火事』／昇太『本当に怖い愛宕山』

白鳥のネタは『大工調《だいくしら》べ』現代版、喬太郎は『松竹梅《しょうちくばい》』その後、彦いちは『厩火事《うまやかじ》』その後、昇太は『愛宕山《あたごやま》』その後。

この年はそれ以降、12月に「大名古屋らくご祭」にSWAとして参加した以外、活動はなかった。

2010年には再び活動が以前のペースに戻る。まずは2月15日、下北沢・本多劇場での「下北沢らくご二夜」の第一夜として「3人SWA」。彦いち不参加の公演だ。

【演目】白鳥『ガンバレJAL』／喬太郎『同棲したい』／昇太『加藤支店長奮闘記』／昇太・白鳥・喬太郎『三題噺公開創作』

白鳥は『奥山病院奇譚』リニューアル、喬太郎は自作リメイク、昇太は彦いち作『保母さんの逆襲』リメイク。「腰パン・朝青竜・オリンピック」で公開創作した三題噺は白鳥→喬太郎→昇太→白鳥でリレー。なお「下北沢らくご祭」第二夜は「昇太の日」だった。

９月22〜26日には赤坂レッドシアターにて「ＳＷＡクリエイティブツアー」。総合テーマは「温故知新」。

【演目】昇太『温かい食卓』／喬太郎『故郷のフィルム』／彦いち『知ったか重さん』／白鳥『新婚妄想曲』

全作品ネタおろしで、それぞれのタイトルの頭文字「温」「故」「知」「新」を合わせて「温故知新」という趣向。この５夜連続公演は「春風亭昇太28周年落語会」と謳われており、これに先立ち17〜21日にも昇太の独演会がやはり「28周年落語会」として同会場で開催された。

そして10月19日には本多劇場で「ＳＷＡクリエイティブツアー　古典アフター」。２００９年にシアター７１１でやった「古典アフター」の再演だ。

【演目】白鳥『かわうそ島の花嫁さん』／喬太郎『本当は怖い松竹梅』／彦いち『厩大火事』／昇太『本当に怖い愛宕山』

前半二席、後半二席の前にはそれぞれ昇太が聞き役、喬太郎が評論家役で「落語研究会」風の演目解説が行なわれた。

その他、10月30日には「博多・天神落語まつり」にＳＷＡとして出演している。

２０１１年に入ると2月10〜13日の４日間、本多劇場で「ＳＷＡクリエイティブツアー」が行なわれた。「下北沢演芸祭２０１１」の一環としての公演だ。


【演目】喬太郎『東海道のらくだ』／昇太『鬼の背』／白鳥『灼熱雪国商店街』／彦いち『二月下旬』

テーマは互いのネタのシャッフルで、白鳥の『灼熱雪国商店街』は喬太郎が三題噺で作ったネタ、『二月下旬』は喬太郎の『八月下旬』からの改作。『鬼の背』とは『鬼背参り』のこと。この公演の千秋楽に舞台上から「今年いっぱいで活動休止」ということが告げられ、ファンは衝撃を受けた。（ＳＷＡブログには2月23日にアップ）
7月25・26日には新宿の紀伊國屋サザンシアターで「ＳＷＡクリエイティブツアー　楽語・すばる寄席シャッフル」が行なわれた。夢枕獏の書籍『楽語・すばる寄席』に収録された各メンバーの持ちネタをシャッフルするのがテーマ。

【演目】喬太郎『任侠流山動物園』(白鳥作)/彦いち『自殺自演』(昇太作)/白鳥『全身日曜日』(彦いち作)/昇太『火打石』(喬太郎作)

喬太郎はこれ以降『任侠流山動物園』を持ちネタとして演じるようになる。

そして11月28日~12月4日、本多劇場で「SWA FINAL」と銘打ってのサヨナラ興行が開催された。まずは11月28・29・30日の「SWAファイナル書き下ろし」。

【演目】喬太郎『再会のとき』/彦いち『泣いたチビ玉』/昇太『心をこめて』/白鳥『鉄砲のお熊』

12月1・2・4日は「SWAブレンドストーリー」。総合タイトルは「クリスマスの夜に~三姉妹それぞれのクリスマス~」。SWAが生んだ第4のブレンドストーリーだ。

【演目】彦いち『青畳の女』/喬太郎『想い出芝居』/白鳥『砂漠のバー止まり木』/昇太『パパは黒人』

12月3日には昇太抜きでの「3人SWA」公演が行なわれたが、後半の三題噺から昇太が飛び入り出演している。

【演目】白鳥『シンデレラ伝説』／喬太郎『彫師マリリン』／彦いち『長島の満月』／昇太・彦いち・白鳥・喬太郎『三題噺リレー（立川流・火消し・美顔ミスト）』

そして最終公演は12月5日、有楽町のよみうりホール「SWAファースト・ラスト」が行なわれ、4人それぞれが思い入れのある演目を披露して、SWAの歴史に幕を下ろした。

【演目】白鳥『真夜中の解散式』／喬太郎『ハンバーグができるまで』／彦いち『掛け声指南』／昇太『空に願いを』

SWAは、8年間の活動期間における実際の公演数自体は多くなかったが、若い観客層に「落語で遊ぶ」楽しさを教えてくれた、という意味で絶大な影響があった。あの時期の「落語ブーム」の熱気の中心には、間違いなくSWAがあった。オモチャ箱のようなSWA公演の楽しさは、落語につきまとっていた「古典を鑑賞する」というイメージを払拭し、エキサイティングなエンターテインメントとしての落語を提示した。

メンバーたちによるネタ作りには「文化祭前夜に高校に泊まり込んだようなドキドキ感」があった、とは白鳥がSWAのCDのライナーノーツに書いたことだが、そうした熱気を観客も共有できたのがSWAという稀有《けう》なパッケージだった。

SWAの持っていた熱量を最も適切に表現する言葉として僕が思い浮かべるのは「青春」だ。

そう、SWAとは瑞々しい「青春の落語」だったのである。

【追記】活動休止から丸8年後の2019年12月12日・13日の2日間、よみうりホールでSWAの復活公演「SWAリターンズ」が行なわれた。演目は喬太郎『八月下旬』／昇太『心をこめて』／彦いち『泣いたチビ玉』／白鳥『奥山病院奇譚』で、総合タイトル「心をこめて」のブレンドストーリー。エンディングトークで2020年以降も活動を継続することが発表された。

第五章　2005年の落語ブーム——立川談春・タイガー&ドラゴン

タイガー&ドラゴン

「六人の会」が旗揚げした2003年、SWAが始動した2004年に続き、2005年には『タイガー&ドラゴン』と九代目正蔵襲名イベントという2つの大きな話題があり、マスコミが「落語ブーム」という言葉を盛んに用いるようになった。

2004年末の段階で真っ先に「来年はいよいよ落語ブーム到来」と書いたのは高田文夫氏だ。同年12月27日付読売新聞紙上の連載コラム「うの目たかだの目」において高田氏は翌年の正月特番として宮藤官九郎《くどうかんくろう》脚本のテレビドラマ『タイガー&ドラゴン』が放映されることを大きく取り上げ、「一気に落語の大ブームが来そうな予感」と書いたのである。

ちなみに同コラムの冒頭では2003年に『寿限無《じゅげむ》』がブームになったことにも触れてい

る。これは、NHK教育テレビ（現Eテレ）の『にほんごであそぼ』という番組で落語『寿限無』の長い名前の言い立てを競うコーナーがあり、それによって子供の間で『寿限無』の言い立てが大流行した、という現象。子供の世界で「言葉遊び」として流行っただけではあるけれども、同番組に出演していた柳家花緑が需要に応えて「早口・普通・ゆっくり」と3段階のヴァージョン違いの言い立てを収録した「じゅげむ」というCDを出したことなども考えると、意外に「落語メジャー化」の追い風になったと言えるのかもしれない。（僕自身は『寿限無』が流行ったという実感はまるでなかったが）

2004年末に逸早く「2005年の落語ブーム到来」を予見した高田氏はさすがだが、実は『タイガー&ドラゴン』はある意味、ご自身の「仕掛け」によるものでもあった。

白夜書房の演芸専門誌『笑芸人』は「高田文夫責任編集」を謳って1999年11月に創刊され、2002年7月発売のVol．5までは不定期刊だったが、2003年3月発売のVol．6から季刊となった。そのVol．6には高田氏と宮藤官九郎氏の対談が掲載され、そこで高田氏は宮藤氏に「新作落語書いてくれよ。俺がセッティングするから会をやろう」と提案した。宮藤氏によれば『タイガー&ドラゴン』は、そのリクエストに別の形で応えたものだというのである。

そして『タイガー&ドラゴン』は、まさに「落語ブーム到来」への決定打となった。落語界の内側からの様々な動きとはまったく別のところから、人気脚本家によるジャニーズ主演ドラマというメジャーな形でもたらされた影響力の大きさはケタ違いだった。

落語に魅せられて入門するヤクザを長瀬智也《ながせともや》、その師匠を西田敏行《にしだとしゆき》、廃業した元噺家（後に復帰）を岡田准一《おかだじゅんいち》が演じる『タイガー&ドラゴン』（TBS系）は、まず2005年1月9日午後9時からの2時間スペシャルとして放映され、同年4月15日から午後10時スタートの連続ドラマ（1時間）として6月24日まで続いた（全11回）。組長役として笑福亭鶴瓶、兄弟子役として春風亭昇太も出演、高田氏も噺家役でキャスティングされている。

視聴率は正月特番が15・5％、4月から6月の全11回の平均が12・8％。毎回『三枚起請《さんまいきしょう》』『芝浜』『品川心中《しながわしんじゅう》』『子別れ《こわか》』などといった古典落語の演目をベースにしたストーリーが展開された。僕も全話観たが、落語云々以前にドラマとして実に面白い。とりわけ長瀬・岡田の2人の起用は重要なファクターで、彼らの個性がこの作品の価値を大いに高めている。

そして、その長瀬や岡田が「高座で落語を演じる姿」を見せたことによって「落語は古臭くて小難しいもの」というイメージが払拭されたのは、落語界にとって実に大きな意味を持っていた。実際、これを観て落語初心者の若い女性たちが寄席に大勢詰めかけるという現象も起こり、関係者を驚かせている。（もっとも、「初めての寄席体験」とドラマとの落差に愕然とするケースも多発したが……）

落語家を描くドラマは、この後も幾つか登場する。まずは六代目笑福亭松鶴《しょうふくていしょかく》をモデルにした中島らもの小説が原作の映画『寝ずの番』（２００６年４月公開）。津川雅彦《つがわまさひこ》の「マキノ雅彦」名義での監督第一作で、中井貴一《なかいきいち》や木村佳乃《きむらよしの》が出演した。

２００７年５月公開の映画『しゃべれどもしゃべれども』はＴＯＫＩＯの国分太一《こくぶんたいち》が二ツ目落語家役で主演。佐藤多佳子《さとうたかこ》氏のハートウォーミングな小説が原作で、少女漫画家の勝田《かった》文《ぶん》氏の作画で漫画にもなった。（白泉社『ＭＥＬＯＤＹ』の２００７年２月号・３月号に掲載）僕はコミックスだけ読んだが、心に沁みる素敵な作品だ。『昭和元禄落語心中《しょうわげんろくらくごしんじゅう》』が好きで未読の方にはお勧めしたい。映画では落語指導を柳家三三と古今亭菊志んが担当。

ＮＨＫ連続テレビ小説で２００７年10月１日から２００８年３月29日まで放送された『ちりとてちん』は上方落語の世界を描いたもの。オーディションで選ばれた貫地谷《かんじや》しほりが上方の女性落語家を演じた。この時期こういうドラマが大阪で制作されたのは、前年に上方落語の定席「天満天神繁昌亭」がオープンしたのも関係しているだろう。

実のところ、『ちりとてちん』がどれだけ上方落語の隆盛に貢献したのか（『タイガー＆ドラゴン』のような影響力はあったのか）、東京に住む僕には正直わからない。今の大学の落研に優秀な女性がとても多いのは、昔『ちりとてちん』を観た女の子たちが成長して大学で落語をやっている、ということだったりするのかしないのか。平均視聴率15・９％は朝ドラとしては低いが、それでも『タイガー&ドラゴン』よりは高いのだし……今度、関西の人たちに『ちりとてちん』効果の実態を訊いてみたい。

林家こぶ平の九代目林家正蔵襲名

２００５年、芸能ニュースで大きく取り上げられて世間に「伝統芸能としての落語」を強く印象付けたのが、林家こぶ平の九代目林家正蔵襲名だった。

こぶ平が「２００５年春に」正蔵を襲名すると正式発表されたのが２００３年３月だったことは前にも触れたが、実は２００２年８月には既に「３年後に」こぶ平が正蔵を襲名する、ということは公になっていた。

当時、落語ファンや一部の評論家から「こぶ平が正蔵なんて！」という批判が噴出したが、僕は「やっぱりこぶ平は正蔵を襲名するのか」と思っただけだった。八代目が「一代限り」として海老名家から譲り受けたとされ、１９８０年に林家三平《はやしやさんぺい》（初代）が亡くなったときにその八代目が海老名家に名跡の返上を申し出て自らは彦六《ひころく》と名乗った以上、三平の長男が正蔵を継いでもおかしくない。

後に『笑芸人』Ｖｏｌ．16で正蔵自身が語ったところによると、この襲名はそもそも上野鈴本演芸場の席亭から持ちかけられた話で、母（海老名香葉子《えびなかよこ》）は当初それを渋ったものの、こぶ平が春風亭小朝に相談したところ襲名を強く勧められ、２００１年に『東京人』で対談したときの志ん朝の励ましの言葉も思い出して正蔵襲名を決意したのだという。

２００２年８月にその発表があってから、小朝は「こぶ平が正蔵を襲名するので鍛えている」ということを盛んにマスコミで発言するようになった。なので僕は「六人の会」にこぶ平が名を連ねていても、「正蔵襲名のイベントを盛り上げるための下地を整えるんだな」と、むしろ当然のことのように感じた。

八代目正蔵の孫弟子である小朝が１９８８年に三平の娘である泰葉《やすは》と結婚したとき、「これで小朝は正蔵を継げる」という穿った見方をする向きもあったが、三平の長男と次男が落語家である以上それは難しいだろうし、小朝自身にとってもさほどメリットのある話ではない。ただ、たまたま海老名家の身内になったことで、こぶ平の正蔵襲名への仕掛けを自らの手で行なえる立場になったことは大きかったに違いない。

大名跡ということに関連して言うと、小朝は当時「鶴瓶は八代目松鶴を継ぐのに相応しい人材」という発言をしていた記憶がある。また、２００６年に六代目小さんを柳家三語楼（五代目の実子）が襲名するまでは、孫の花緑が小さんを継ぐのではないかという見方が強かった。そういう観点で「六人の会」のメンバーを眺めると興味深い。

「六人の会」の仕掛けは当たり、旗揚げから2年間で落語に対する世間の注目度は格段にアップしていた。そして迎えた襲名披露イベント。２００５年２月27日にマスコミ向けに発表されたそれは、まさに前代未聞だった。３月13日、正蔵は石原プロの全面バックアップのもと、10億円の保険を掛けて、上野と浅草で特大車両７台を使った大々的なパレードを実施。さらに寛永寺と浅草では歌舞伎役者ばりに「お練り」も行なったのである。寛永寺のお練りは開山以来初、浅草のお練りは１２０人以上の史上最高人数。「六人の会」や林家木久蔵(現・木久扇)、舘《たち》ひろしも参加して上野鈴本演芸場から出発し浅草演芸ホールまで続いたこのパレード&お練りの見物人は14万人！　しかも当日の午後は雪がパラついていたのに！

当然、マスコミはこぞってこのニュースを大きく取り上げた。

実は当時、このパレード&お練りが大きな話題になったのには伏線があった。この年の１月22日、人気俳優の中村勘九郎《なかむらかんくろう》が、３月の十八代目中村勘三郎《なかむらかんざぶろう》襲名を控え、浅草雷門から浅草寺までのお練りを行なっていたのである。当然のことながら、これは大々的にマスコミが取り上げた。その余韻の中、今度は落語家がお練りを行なうというのだから、インパクトは絶大だ。

落語ファン以外にとっては「林家正蔵」が「江戸時代から続く大名跡」であるということだけが重要であり、代々の芸風やこぶ平の力量は関係ない。むしろこぶ平は知名度のあるタレントである、ということのほうが重要だったりする。しかもこの名跡には「一代限りで譲り受けた先代が海老名家に返した」というストーリーがある。この流れから、「正蔵襲名」は「勘三郎襲名並みに凄いこと」だという印象を受ける一般人は多いはずである。要するに「箔が付いた」ということだ。

このパレード&お練りを「こぶ平がここまでやるか」と批判する落語ファンもいたが、「ここまでやる」からこそマスコミが騒ぎ、無関心だった人々を振り返らせることが出来たのである。そしてまた、それを可能にした政治力は尋常ではない。

実際に勘三郎襲名のお練りに便乗したのか、それとも偶然重なったのか、本当のところはわからない。ただ、落語が「伝統を継承する日本の文化」であるという側面を強調したことが、『タイガー&ドラゴン』とは別の意味で「落語ブーム」に大きく貢献したことは確かだ。事実、僕の知っている範囲でも、それまで落語にまったく関心がなかったのに「勘三郎に続いて正蔵がお練り」というのに食いついて「正蔵の落語を聴いてみようか」と思った人たちは実在する。

2005年3月発売の『笑芸人』Vol.16は「エンタの大真打　落語」と銘打って『タイガー&ドラゴン』と「正蔵襲名」を特集した。そして同年7月には『笑芸人』編のムック『落語ファン倶楽部』Vol.1が出版され、『笑芸人』本体はVol.17をもって休刊、代わって『落語ファン倶楽部』が不定期で刊行されていくことになる。さらに言えば、「落語、いいねぇ！」という特集を2001年に組んで志ん朝とこぶ平の対談を掲載した『東京人』は、2005年9月号で「落語が、来てる！」と銘打って「ここ数ヵ月突如大ブームとなった落語」（リード文より）を特集している。

2005年、マスコミにより落語は「ブーム」として語るべきものと認定されたのだ。

画期的だった「ホリイのずんずん調査」

コラムニスト堀井憲一郎《ほりいけんいちろう》氏が『週刊文春』で1995年4月から2011年6月まで連載した「ホリイのずんずん調査」は、世の中のあらゆることを徹底的に調べる人気コラムで、「日本人がカメラにVサインをするようになったのはいつからか」とか「小説を出版社に持ち込んだら今の編集者はどう対応するのか」とか「ダウンタウンの浜ちゃんはツッコむときに松ちゃんのどこを叩くのか」とか「シンデレラエクスプレスで本当にキスをするカップルはどれくらいいるのか」とか、その対象はあらゆる方面に向かっていた。

2004年末、堀井氏はその「ずんずん調査」年末スペシャルで、じわじわ盛り上がってきた東京落語界の状況をリアルに反映させた「東都落語家ランキング」を掲載した。2004年だけで落語会や寄席に110回ほど通い、落語を600席は聴いたという堀井氏の、個人的実体験に基づいた主観的な「今の落語家」のランキングである。

これは画期的だった。

まず、業界と何のしがらみもない観客側の視点で遠慮なく書かれていたこと。

そして書き手が「今の落語の最前線」をたくさん観ていること。

この2点は、当時の「落語評論」に決定的に欠けていた。

堀井氏はこのとき、「落語の世界はみんな死んだ名人が好き。昔をどれだけ知ってるかの自慢話が渦巻いてウンザリする」「このランキングは古今亭志ん朝をナマで見たことがない人のためのもの」と言っている。

当時、雑誌などで落語を特集するときの切り口は「往年の名人をＣＤで聴こう」というものが多く、たまに「今の落語」を語る記事があったとしても、具体的な「観るべき現役落語家」についての情報は皆無、もしくは非常に偏った形だったりしていた。そんな中、金を払って落語をたくさん観ている堀井氏の「リアルな現役落語家ランキング」が『週刊文春』というメジャーな場で登場したことに、僕は快哉を叫ばずにはいられなかった。

ご自身がインタビューなどで語ったことによれば、関西出身の堀井氏は高校時代から上方落語を聴きまくっていたが、東京の大学に入って落語から遠ざかり、東京での生活が10年以上になった90年代から「なんとなく」東京の落語も聴くようになったという。そして２００１年の志ん朝の死や２００２年の小さんの死、柳家喬太郎ら新しい世代の台頭を実感したのがきっかけとなって「今の東京の落語」を積極的に追いかけるようになったそうだ。
つまり、もともと堀井氏には上方落語が染みついていて、現在進行形での東京落語に関しては「21世紀の聴き手」。だからこそ「志ん朝をナマで聴いたことがない人のためのランキング」が、余計な先入観なしにニュートラルな立場で作成できたのだと言えるだろう。それは、堀井氏のランキングを見ればハッキリわかる。堀井氏は過去の評価も人気も関係なく「今だけ」を見ているのだ。

実は、この2004年度落語家ランキング以前にも、「ずんずん調査」に落語ネタはたまに登場していた。例えば2003年には「今売られている落語CDの中で多くの演者によってやられている演目ランキング」が掲載されたし（1位は『らくだ』）、2004年には大阪府池田市を舞台にしたNHK連続テレビ小説『てるてる家族』（2003年9月〜2004年3月）にちなんで上方落語『池田《いけだ》の猪買《ししか》い』の「大阪から池田までの道中付け」を実際に歩いてみた結果が報告されている。

そんな堀井氏が明確に「ランキング作成のための調査」を開始、聴いた落語をエクセルに入力していくようになったのは2004年2月。談志を積極的に追いかけるようになったのもこの年だとか。その後、堀井氏は年々落語を聴くペースが上がり、2011年2月までの7年間で1万15席を聴いたと書いている。年平均1431席だ。

２００４年から堀井氏が「年末恒例」として発表するようになった落語家ランキングは「東京の落語家を金を出して聴くに値する順に並べたもの」で、「あくまで個人的なもの」としながら「その理由は説明できる」と言っている。その「理由」を裏付けるのが堀井氏の聴いた落語の数の圧倒的な多さだ。

ちなみに堀井氏はこの手のランキングに関して必ず「東都落語家」という言い方をしていて、明確に上方落語と区別している。さすが上方落語で育った人だ。

もちろん、落語家に順位を付けるなんて無理な話だし、結局はそれぞれの好みが左右することだから、客観的に見て「正しい」ランキングなんてあり得ない。実際、僕も堀井氏のランキングを見て「それは違うだろ」と思う部分は多かった。が、それは僕自身が毎日落語をナマで観る「落語バカ」であるがゆえの「こだわり」に過ぎない。重要なのは「ランキング」という非常にわかりやすい形で「現役の魅力的な落語家」を紹介した、ということなのである。

「ずんずん調査」の落語家順位

２００４年末に堀井氏が発表した「東都落語家ランキング」は50位まで。１位は談志。２位が小三治、３位が小朝と続き、以下志の輔、権太楼、昇太、さん喬、談春、喬太郎、志らく、市馬、こぶ平、花緑、たい平、圓楽、正朝、歌丸、歌武蔵、馬生、志ん輔、三太楼、喜多八、扇辰、白鳥、桃太郎、扇橋、扇遊、鯉昇、雲助、そして30位の歌之介と続く。ここまでが「おすすめ」。31位から50位も「かなり楽しい落語家さんですよ」と書いていて、それを見ると堀井氏が「とにかく万遍《まんべん》なく数多くの演者に当たるべく寄席に通う」ことを重視しているのだな、ということがわかる。

特に僕が堀井氏の「万遍なさ」が表われていると思ったのは、「伯楽《はくらく》、いっ平、寿輔《じゆすけ》、米《よね》丸《まる》、馬風、園菊、小《こ》せん（先代）、勢朝《せいちょう》」といった演者が50位までに入っているところ。一方で、当時の僕の実感では、堀井氏は立川流寄席にはあまり顔を見せることがなく、その結果（だろう）、50位までに立川流は「談志、志の輔、談春、志らく」しか入っていない。

興味深いのはこの２００４年当時、堀井氏がランキング発表に際して「落語を聞きに行くと、とにかく客の年齢が高い。年寄りだらけだ」と書いていること。２００５年の「落語ブーム」勃発前夜、まだ寄席の客席はそんな感じだったのだ。

落語家のランキングと共に、堀井氏は「２００４年ホリイの聞いた落語のベスト15（聞いていてとても幸せになった落語15）」も併せて発表。１位が談志の『居残《いのこ》り佐平次《さへいじ》』（町田）。伝説の「町田の居残り」である。当然だ。僕も選べと言われたら２００４年の１位は「町田の居残り」しかあり得ない。２位が談志の『鼠穴《ねずみあな》』（横須賀）。これも同感だ。

3位が昇太の『富久』(下北沢)、4位が権太楼の『火焔太鼓』(浅草)。5位は談志の『紺《こう》屋高尾《やたかお》』で、これは浜松での口演。浜松！　さすがに僕もそれは行ってない。談志の『紺屋高尾』は2002年1月の亀有で大きく変わり、2003年12月の調布で進化した。おそらく2004年3月の浜松の『紺屋高尾』はそれに準じた演じ方だったはず。(僕はその2ヵ月後に東京・国際フォーラムで談志の『紺屋高尾』を観ている)

そして6位が……こぶ平の『子別れ』(松戸)となっている。一貫して小朝・こぶ平の評価が高いのが堀井氏の特徴で、この辺は20世紀まであまり東京の落語を観ていなかった人ゆえのフラットな感覚のなせる業なのかもしれない。僕も正蔵襲名時に『子別れ』は観たが……。

ところで「ずんずん調査」の「ずんずん調査」たる所以は、主観によるランキングに留まらないところ。堀井氏はこの年、「2004年独演会ランキング　すべての独演会に行った時にかかる金額」を集計してみせた。1位が断トツで志の輔の「29万2700円」、2位が小朝の「16万8300円」。この2人は単価もさることながら公演回数が圧倒的に多い。まだ2004年当時の落語界においては独演会を数多く行なう東京の落語家は少なかったのである。何しろ3位志らく、4位談志のあとは5位が喜多八、6位が談笑と続くのだから。(今となっては驚きだが談春は談笑のひとつ下の7位だ)

こういう「どこまで意味があるのかわからない」数値の計算となると堀井氏の独壇場、この発想の面白さは誰も敵わない。

翌2005年、堀井氏は落語会に年間350回通って年末に再びランキングを発表。1位が談志で2位が小三治、以下権太楼、志の輔、小朝、昇太、談春、さん喬、志らく、市馬、喬太郎、志ん輔、喜多八、雲助、花緑、正蔵、たい平、白鳥、小遊三、歌丸……といった塩梅。以降も堀井氏は落語に通い続け、連載終了まで折に触れて各種ランキングを発表するだけでなく、ときにランキング形式から離れて「落語のどこが面白いのか」をわかりやすく語っていた。

もちろん『週刊文春』という媒体の性質上、落語の話題を取り上げるにも限度があるだろう。実際、担当から「落語が続きますね」と言われたこともあるらしい。それもあってか、堀井氏は演芸情報月刊誌『東京かわら版』の2006年11月号から、観た落語の様々なデータ分析を行なうコラム「ホリイの落語狂時代」の連載を開始、現在も続いている。「落語狂時代」は「読者がマニア」という前提なので、これでもかと細かいデータが発表され続けていて、本当に面白い。(ちなみに歌丸追悼特集号となった2018年8月号では「ホリイの聞いた歌丸のネタ」ランキングが掲載されていた。さすがだ)

堀井氏の落語論は「通い詰めている観客」の立場で書いているので説得力がある。ただ惜しむらくは、それぞれの落語家についての「どう面白いのか」の紹介はコラムという形態の性質上、極めて断片的なものに限られてしまう。

2005年から2006年あたりの時期、僕は「堀井さんが落語家ガイドの本を書いたら喜ばれるだろうなぁ」と思っていた。だが一向にその気配がない。「それならば自分が」と、僕が落語家ガイド『この落語家を聴け!』の書き下ろしを決意したのは2007年の春だった。

談春の飛躍

2003年頃から兆しを見せ始め、2005年に本格化した「落語ブーム」。

その中で「次代の名人候補」として一躍注目を集めるようになったのが、立川談春だ。

二ツ目時代から談春の「落語の上手さ」には定評があった。1997年の真打昇進時に談春の『庖丁《ほうちょう》』を聴いて師匠の談志が「俺よりうめぇ」と言った、というエピソードは有名だ。

もっとも、テレビ番組『落語のピン』での人気を背景に2年早く真打昇進した弟弟子の立川志らく(入門は1年半遅い)が「シネマ落語」を前面に打ち出して順調に売れていったのに対し、談春は真打昇進後、しばらくは雌伏《しふく》のときを過ごしていた。

もちろん、見る人はちゃんと見ていて、演芸写真の第一人者である橘《たちばな》蓮二《れんじ》氏が2001年12月に出版した撮り下ろし写真集『高座の七人』（講談社文庫）には小朝、志の輔、昇太、花緑、たい平、喬太郎と並んで談春も登場、作家・演芸評論家の吉川潮氏が談春の逸材ぶりを激賞し、「私はなるべく長生きしてこ奴が名人になった姿を拝みたい」と結んでいる。2001年の時点でここまで言う評論家は吉川氏だけだった。

吉川氏はその中で志らくと談春を「前座の頃からモノが違った」と評し、談春を150キロの豪速球を投げる高卒の投手、志らくを七色の変化球を投げる大卒投手にたとえて、即戦力の志らくと異なり談春は大器晩成だとしている。

そんな「未完の大器」談春の躍進が始まったのは、入門20周年を迎えた2004年のこと。この年の11月に3日間連続で行なわれた「大独演会」は「二十年目の収穫祭」と銘打たれた一大イベントで、談春の快進撃はここから始まる。

だが、その前兆は1年前からあった。

2003年1月、談春は月例独演会の場を前年までのお江戸日本橋亭から築地本願寺ブディストホール（座席数164）に移した。この会をベースとして、談春は来たるべき飛躍のときに向けて着々と地盤を固めていく。

3月18日、談春は第1回「東西落語研鑽会」のトップバッターとして登場、『替《かわ》り目《め》』を演じた。これは、小朝が「選りすぐりの若手」として真っ先に談春を起用したということだ。

同月、2002年度国立演芸場花形演芸大賞金賞を受賞。花形演芸大賞は国立劇場や国立演芸場などを運営する独立行政法人日本芸術文化振興会が若手芸人に与える賞で、大賞、金賞、銀賞の3段階。若手を対象とする賞の中でも「国が認めた」という意味で最も重みがあると言われる賞だ。(談春はこの翌年、2003年度の大賞を受賞することになる)

この年の10月14日から16日までの3日間、落語立川流創設20周年を記念して、池袋の東京芸術劇場小ホール2(客席数300)で「立川流真打の会〜家元に捧げる三夜」と題した3日連続の落語会が開かれた。立川流の真打全員が出演するこのイベントの第一夜に談春はトップバッターとして高座に上がり、『道灌《どうかん》』を演じた。

この会のプログラムには立川流の新顧問に就任した吉川潮氏が各演者について寸評を載せていて、談春についてはこう書かれている。

「『大器晩成』が、思いの他、早く開花した。高座姿は『容姿端麗』でかっこいい。『新進気鋭』が勤める開口一番はぜいたくだ」

吉川氏は「開花した」と書かれていたが、僕には正直、談春が「開花」したという実感がなかった。僕にとってはまだ談春と言えば知る人ぞ知る「隠れた逸材」だった。

だが、早くから談春をよく知る吉川氏は、この時点でおそらく翌年からの「談春の飛躍」を予感していたのだと思う。

吉川氏はウェブマガジン連載の2003年3月31日付「私のイチ推し」という記事（牧野出版刊『芸能鑑定帖』所収）で談春と志らくの2人を大いに推しているが、そこに書かれていたニュアンスは2001年当時とあまり変わらない。ということは、そこから10月までの半年間での談春の成長・開花を、吉川氏は見て取ったのかもしれない。

だが僕自身は、毎月ブディストホールに通うような熱心な談春ファンではなかったからか、談春の「開花」をそれまでの高座から感じたことがなかったし、2003年10月に観た『道灌』からも特に強い印象を受けることはなかった。（もちろんこの日は開口一番という立場をわきまえて、談春はあえておとなしく演じたのだろうが）

そんな僕が「談春が化けた⁉」と強烈な印象を受けたのは、2004年7月3日の「談志一門会」（有楽町・よみうりホール）で観た爆笑編の『鰻《うなぎ》の幇間《たいこ》』。それまで僕が抱いていた「口調がきれいで達者な演者」というイメージから「豪快で面白い天才落語家」という談春像に変えたのが、このときの高座だった。

それはあくまで僕にとっての、たまたまのきっかけだったのかもしれないが、少なくとも僕にはあのハジケた『鰻の幇間』から、遂に談春が本来の「器の大きさ」を解放し、大きく開花したのだということを感じ取った。そしてそれ以来、「豪快で面白い天才落語家」としての談春を、僕は意識的に追いかけるようになる。

最もチケットを取れない落語家

「未完の大器」と呼ばれた立川談春が「最もチケットを取れない落語家」と言われるほどの存在になっていく過程では、節目の年が2年置きに3回訪れた。

まずは２００４年の「立川談春大独演会〝二十年目の収穫祭〟」。

次に２００６年の「談春七夜」。

そして２００８年の書籍『赤めだか』（扶桑社）と「立川談志・談春親子会　ｉｎ　歌舞伎座」である。

「二十年目の収穫祭」と「談春七夜」は談春自身が仕掛けたイベントで、前者は「立川談春ここにあり！」と落語界にその存在感をアピールすることに成功し、後者は大胆な「名人宣言」として話題となった。

発想といい実行力といい、談春の「自己プロデュース」は実に見事だが、実はこの2つのイベント、どちらも談春の心の中では「志ん朝の死」という大事件と密接な関わりがあったようだ。

「談春七夜」が「志ん朝七夜」（１９８１年）を意識したイベントなのは明らかだが、「二十年目の収穫祭」に関しては、演芸情報誌『東京かわら版』２００４年11月号掲載のインタビューで、こんな風に話している。

「誰が志ん朝師匠が63歳でいなくなると思った？　本当に惚れた、自分がプロになるきっかけを作ってくれたような芸人の気概をね…引き継ぐ覚悟を真剣に持つか持たないかを、20周年を機に考えようと」

「落語を独自に発展進化させている人は大勢いるけど、残す・伝える・途切れさせない、ということに、私を含めて本気の噺家って一体何人いるんだろうね」

談春にとってこのイベントは「20周年を祝うお祭り騒ぎ」ではなく、志ん朝のいなくなった落語界における自分のあり方を自ら問い、覚悟を決めるという意味合いを持っていた、というのである。

「二十年目の収穫祭」は２００４年11月12日・13日・14日の3回公演（東京芸術劇場小ホール2）。12日は談志がゲストで談春の演目は『九州《きゆうしゆう》吹《ふ》き戻《もど》し』『遊女夕霧《ゆうじよゆうぎり》』、13日は鶴瓶がゲストで談春の演目は『大工調べ』『文七元結』、14日は小朝がゲストで談春の演目は『野《の》ざらし』『三軒長屋』と予告され、これら3公演は発売と同時に完売したため、13日の昼間に昇太ゲストの追加公演も行なわれた。

この公演で談志は談春に「お墨付き」を与えた。12日、一席目『九州吹き戻し』の後に高座に上がった談志は「袖で聴いてて結構なもんだと思いました」「今あれだけ出来る奴はいませんよ。一番上手いんじゃないですか、今ああいうのやらせたら」「圓生師匠みたいな部分を持った落語家になれる可能性があるのは談春しかいない」「ああいうものをやろうという了見がいい」などと絶賛したのである。

文芸評論家の福田和也氏は週刊文春の連載コラム「闘う時評」（２００４年11月25日号）でこの「二十年目の収穫祭」の初日と二日目の模様を取り上げて談春の高座を大いに賞賛し、「これから、談春の時代を、ともに生きていけると思うと、幸福な気持ちになります」と結んだ。

この福田氏が責任編集に名を連ねる文芸誌『ｅｎ－ｔａｘｉ』の２００５年春号から２００７年秋号まで談春は自伝的エッセイ「談春のセイシュン」を連載、それを２００８年に書籍化したものがベストセラー『赤めだか』となるわけだが、既存の「落語評論家」ではなく福田氏のような論客がこのように「談春とともに生きる悦び」（見出しより）を週刊文春で書いたことは、談春が「特別な存在」であると印象付けた。（そして週刊文春では1ヵ月後の12月30日・1月6日合併号には堀井憲一郎氏の落語家ランキングが登場、談春は堂々ベストテン入りを果たすのだった）

落語ブームが本格化した2005年、いつの間にか談春はその中心にいた。当初はこれまでのブディストホールの会も続けていたが、もはや談春には規模が小さすぎ、この年の9月で終了。代わりに横浜にぎわい座（391席）や博品館劇場（381席）、東商ホール（596席）といった中規模のホールでのプロモーター主催による独演会が増えた。

6月11日には再び「立川談春大独演会」と銘打った会を、今度は一回り大きな東京芸術劇場中ホール（834席）で開催、ゲストの談志と『慶安太平記』のリレー（談春「善達の旅立ち」〜談志「吉田の焼き打ち」）を行なった。談春はこのリレーの後で『厩火事』で爆笑を誘い、談志とのアフタートークで「こういう噺（『慶安太平記』）をやりたいと思う気持ちが素晴らしい」『厩火事』の亭主の怒ったところの口調なんか誰にも引けを取らない」と、またしても師匠に誉められている。

11月1日には高田文夫氏のプロデュースで志の輔・志らく・談春が揃う「立川流三人の会」（紀伊國屋ホール／418席）が実現、チケットは発売と同時に完売した。この会のスペシャル感は談春人気が急激に加速したからこそ生まれたものだ。

そして翌2006年、談春は「談春七夜」という極めて刺激的なイベントを行ない、自ら「次代の名人候補」としての名乗りを上げることになる。

「談春七夜」

「談春七夜」と題する7日間連続の独演会が10月3日から9日まで東京芸術劇場小ホール2で開催されることが発表されたのは、2006年の「大銀座落語祭」が終わって数日後のことだった。チケットの発売日は7月28日だったが、発表はその1週間前くらいだったと記憶している。

本格的な落語ブームが訪れている中での「談春七夜」開催は大きな話題となり、チケットは発売直後に完売。僕自身は頑張って全日程のチケットを確保したが、「取れなかった」と嘆く知人も多かった。1週間後には「10月8日午後2時から追加公演決定」と案内され、「今度は取れないかも」と焦ったが、何とか取ることが出来てホッとした。

事前に案内されていたのは各公演にテーマカラーが設けられているということだけで、演目やゲストなどの発表は一切なかったが、落語ファンはこのイベントが「志ん朝七夜」を模したものであると感じていたし、談春自身も「志ん朝七夜ごっこです」という言い方で、それを裏付けていた。

「ごっこ」とは言っても、それは談春が「俺が志ん朝のような存在になる」と宣言したのと同じことで、快く思わない向きも多かった。当時は関係者・落語ファンのどちらにも「アンチ立川流」が根強く存在していたからだ。

もちろん談春も「七夜」開催が不穏な空気を生み出すことは百も承知だったろう。それでも、あえて「七夜」というタイトルを打ち出したことは、彼自身のキャリアにとってのみならず、落語界全体にとっても大きな意味を持っていた。

「二十年目の収穫祭」で「志ん朝がいなくなった落語界における自分のあり方」を見つめた談春の、次のステップが「談春七夜」だったのである。

10月3日、「談春七夜」開幕。第一夜のテーマカラーは「東雲《しののめ》」。入口で受け取った和紙製パンフレットは三つ折りとなっており、「東雲」と書かれた東雲色の小さなシールで封がしてある。中を開けると談春自身による文章がしたためられており、そこにはこのイベントが「志ん朝七夜」を意識したものであること、東雲にちなんだ噺として『芝浜』をやることが書かれている。

番組表（演目欄は空白）を見ると、開口一番は柳家三三。談春は三三が二ツ目の頃から彼の技術を高く評価しており、この年の6月に紀尾井小ホールで開かれた「柳家三三真打昇進記念公演」にも出演して口上に並んでいた。その経緯から三三がゲストというのは納得だが、

「小三治一門で将来を嘱望されている本格派」の三三がこの記念すべきイベントに参加していることは意味深く思えた。

開演すると、まずは談春がマイクを持って袖から登場、立ち姿で挨拶を述べる。

「この七夜を、伝説にしましょう。『名人談春のスタートラインは、あの七夜だった』ということにしちゃいましょう。放っておくとこの先、名人というのは出てきません。だったら、観客の皆さんがこれを伝説にしてください。私だって実は『志ん朝七夜』を観てないんですから。伝説は、観た人が創るもの。談春は名人だ、と皆が言い続ければそうなります。私は、もう逃げません」

堂々たる「名人宣言」だ。

以下、「談春七夜」全公演の演目を記しておく。

〈第一夜：東雲〉　10月3日

柳家三三『転宅《てんたく》』／立川談春『粗忽《そこつ》の使者《ししゃ》』／～仲入り～／立川談春『芝浜』

〈第二夜：雪〉　10月4日
柳家小菊（俗曲）／立川談春『錦《にしき》の袈裟《けさ》』／〜仲入り〜／立川談春『除夜の雪』／立川談春『夢金《ゆめきん》』
〈第三夜：闇〉　10月5日
柳家三三『引越《ひっこ》しの夢《ゆめ》』／立川談春『首提灯』／〜仲入り〜／立川談春『妾馬《めかうま》』
〈第四夜：緋〉　10月6日
柳家三三『大工調べ』／立川談春『おしくら』／〜仲入り〜／立川談春『たちきり』
〈第五夜：海〉　10月7日
桂吉坊『蔵丁稚《くらでっち》』／立川談春『桑名舟《くわなぶね》』／〜仲入り〜／立川談春『居残り佐平次』
〈白昼祭：山吹〉　10月8日昼（追加公演）
柳家三三『道灌』／立川談春『紙入《かみい》れ』／〜仲入り〜／立川談春『木乃伊《ミイラ》とり』

〈第六夜：蛍〉10月8日
柳家三三『乳房榎《ちぶさえのき》：おきせ口説《くど》き』／立川談春『乳房榎：重信殺《しげのぶごろ》し』／～仲入り～／立川談春『棒鱈《ぼうだら》』
〈第七夜：銀〉10月9日
柳家三三『突《つ》き落《お》とし』／立川談春『小猿七之助《こざるしちのすけ》』／～仲入り～／立川談春『庖丁』

最終日、『庖丁』が終わって幕が降りても誰も席を立たず、鳴り止まぬ拍手に応えてカーテンコール。「思ったほど、良くない日がなかった。お客様に助けられました」と振り返った談春は、「名人というのは、お客様に乗せられて創られる、ということを初日に言いました。皆さんの信頼を裏切らないようにしたい。万感の思いを込めて、ありがとうございました！」と、深々と礼をしてイベントを締めくくった。

7日間の演目とそれぞれの演出を振り返ったとき、「志ん朝七夜ごっこ」と見せたこのイベントの本質は、談志の弟子としての談春の「師匠の芸と理念を継承しつつ、自分にしか表現できない世界の確立を目指す」という決意表明だったように、僕には思えた。だからこそ、「談春七夜」は「伝説」となり得たのである。

「談春のセイシュン」――『赤めだか』の大ヒット

「談春七夜」の成功で、立川談春は一躍シーンのトップに躍り出た。

2007年になると明らかに談春の客層が広がった。「噂の談春を観てみよう」という落語ファン、さらには「落語ブームだから」と落語に興味を持った「落語初心者」も客層に加わったのだ。

客層が広がった結果、2つのことが起こった。ひとつは大会場での独演会が増えたこと、もうひとつは（会場が大きくなったにもかかわらず）チケット入手が一層困難になったことだ。

会場の規模に関しては、2006年にも既にシアターアプル（客席数700）やイイノホール（当時は改装前で客席数694）で独演会をやるようになっていたが、2007年2月には客席数900の銀座ブロッサム中央会館で初の独演会を行なっている。（そこで披露した『たちきり』の新演出は衝撃的だった）

後者は個人的な実体験が伴っている。2007年、僕は「黒談春」（紀伊國屋ホール／客席数418）、「白談春」（紀伊國屋サザンシアター／客席数468）、「談春七夜アンコール」（横浜にぎわい座／客席数391）といったシリーズ企画独演会のチケットを確実に取るために「発売日に始発電車で出かけて早朝から窓口に並ぶ」ようになったのだ。それまでにも

「志の輔らくご」やSWAのためにチケットぴあに朝から並んだりローソン店頭のLoppiの前で陣取ったりというのはあったが、この年の「談春のチケット争奪戦」はちょっと異常だった。（早朝から並ぶ常連の皆さんと親しくなったのは楽しかったが）

ちなみに「黒談春」というのはネタおろしを中心とする、談春曰く「田植えをする」会。熱心なファンだけが来てくれればいい、という趣旨で、十八番をやる「白談春」と差別化した企画だったが、第1回、第2回は初談春の観客が結構な割合を占めていたようだ。（結局2008年3月の第5回で「黒談春」は幕を閉じることになる）

もっとも、東京を中心とする落語ファンの間での談春人気は過熱していたが、一般的な知名度はまだまだ低かった。その談春を「全国区の人気者」に押し上げたのが、書籍『赤めだか』（扶桑社）の大ヒットだ。

文芸季刊誌『en－taxi』に2005年春号から連載開始された自伝的エッセイ「談春のセイシュン」は抜群に面白く、僕も当時、それまで存在すら知らなかった『en－taxi』という雑誌を、そのためだけに発売日に買うようになったものだ。

そもそも、上手い書き手による「青春記」は問答無用で面白い。そして談春は言葉を操る天才だ。談春が書き手として非凡であることは2004年の「二十年目の収穫祭」のパンフレットに掲載された文章で証明されていた。その談春が、彼だけが知る「談志とのエピソード」を青春記として綴っているのだから面白いに決まっている。なにしろ「立川談志」という存在そのものが強烈なエピソードの塊なのだから。

談春を口説き落として連載開始に持ち込んだのは文芸評論家の福田和也氏。福田氏は立川流一門による2003年の書籍『談志が死んだ』（講談社）で談志が談春の『庖丁』を絶賛しているのを読んだのがきっかけで独演会通いを始め、「とてつもない才能を秘めた噺家を見つけた」と興奮したのだという。（文庫版『赤めだか』解説より）

連載開始時に談春が「二ツ目になるところまで」と宣言したとおり2007年秋号（9月発売）で本編連載は終了、次の2007年冬号（12月発売）に番外編として「誰も知らない小さんと談志　小さん、米朝――2人の人間国宝」が掲載され、そこまでを書籍化した『赤めだか』は2008年4月11日に発売された。

福田氏と扶桑社はこの『赤めだか』出版に合わせて、大きなイベントを仕掛けた。6月28日の「談志・談春親子会　in　歌舞伎座」である。歌舞伎座で出版記念の親子会が開催されることは書籍の帯（裏表紙側）にも大きく謳われているから、プロデューサー役の福田氏はかなり早くから用意周到にこの一大イベントを仕込んでいたのだろう。

5月6日には談志と談春、福田氏が同席しての記者会見が行なわれ、その席上で談志は「古典落語は今、こいつ（談春）が一番上手い。俺よりも上手いんじゃないですか。よく俺の領域を荒らすところまで来た」と絶賛。談春は「師匠に『慶安太平記』と『三軒長屋』のリレーをお願いした」と明かした。

この出版記念親子会のチケットは松竹歌舞伎会先行で5月8日発売、チケットweb松竹及びチケットホン松竹が5月9日、窓口販売が5月11日で、1900席が即完売。僕は2006年5月の新橋演舞場「談志・志の輔親子会」のチケット入手に大苦戦したのを教訓とし、歌舞伎会先行ルートで確保した。

残念ながら談志の体調悪化によりリレー落語は実現せず、談志は口上と『やかん』のみで、談春が『慶安太平記（善達の旅立ち）』と『芝浜』の二席を演じるという内容に変更されたが、「談志と談春が歌舞伎座で出版記念の親子会を開催」という話題性は大きく、『赤めだか』は多くの媒体で取り上げられ、発売されて間もなく10万部を突破するベストセラーとなり、談春は第24回講談社エッセイ賞を受賞した。（その後累計13万部を超えている）

書籍は、内容が良ければ必ず売れるというものでもないし、いくら媒体に大きく取り上げられても内容が伴わなければベストセラーにはならない。『赤めだか』は最高の形で世に送り出され、その内容の素晴らしさによって長く売れ続けた。2015年12月28日には嵐の二宮和也《にのみやかずなり》が談春役を務めるスペシャルTVドラマ『赤めだか』（TBS系）も放映されて再び話題となり、それに伴い2015年11月に発売された扶桑社文庫版『赤めだか』は2016

年上半期の推定売上が約10万部に達した。

『赤めだか』の大ヒットで談春は「全国区の人気者」となり、２００８年12月には初めて大阪フェスティバルホール（客席数２７００）で独演会を開催。以降談春の勢いが衰えることはなく、テレビドラマや映画への出演などでさらに知名度はアップ、全国ツアーにも力を入れて「全国区の人気」を維持し続けている。

第六章　「旬の演者」を紹介するガイドブックがなぜない？
——市馬・喜多八・文左衛門・立川流四天王

落語業界をとりまくジャーナリズムの貧弱さ

２００５年に本格化した「落語ブーム」。それは「落語というエンターテインメントの再発見」だった。

マスコミは「ブーム」と言ったが、落語がマスコミで話題となることが増えたとはいえ、エンタメ業界全体から見れば落語は依然としてマイナーな存在で、かつての「漫才ブーム」のような巨大ムーブメントになったわけではない。

ただ、落語会の数が飛躍的に増え、それぞれに「落語ファン」が足を運び、人気公演のチケットは取りにくい、という状況が訪れていたのは事実。そして、その状況が一過性で終わることはなかった。

20世紀末にほとんど存在すら忘れられていた落語は、21世紀初頭に「発見」され、そのまま「マイナーながらも存在は知られている芸能」として定着したのである。

なぜか。そこに「面白い落語家」が大勢いたからだ。シンプルな話である。

何かのきっかけで好みの落語家に出会い、その演者を追いかけているうちに他の落語家も好きになって、足を運ぶ落語会が増えていく。そういう個々の「落語家ファン」の集積が、落語界全体の活況を生んだ。

では、どうして2005年の落語界に「面白い落語家が大勢いた」のか。

誤解を恐れずに言えば、それは2001年の「志ん朝の死」があったからだ、と僕は思っている。

21世紀を迎える頃、若手に人材は揃っていた。ただし、彼らが後に順調に成長し、売れていった結果を見て「揃っていた」と言えるのであって、あの「志ん朝の死」がなければ、状況は少し違っていただろう。

志ん朝の余りにも早すぎた死は、残された中堅以下の演者たちに大いなる喪失感を与えたが、やがてそれは危機意識の芽生えに繋がった。

これからの落語界を引っ張っていくのは志ん朝だと、誰もが信じて疑わなかった。だがその牽引車が消えた以上、自分たちがなんとかしなければ……そういう思いを抱いた意欲ある落語家たちが、積極的に動き始めた。「志ん朝なき落語界」を真剣に考えて行動に出た立川談春もその一人だ。

だが、それだけではない。

志ん朝という「究極の理想形」を失ったということは、特に落語協会の若手にとっては、「目標を失った」と同時に「重石が取れた」ということでもある。

「ああいう風であるべき」というお手本が厳然と存在していれば、そこに向かわざるを得ない。個々の意識として、という以上に、「空気」としてそうなるだろう。だが、その「お手本」が失われたとすれば、それぞれが「自分なりの落語」を「自分で創る」しかない。

言い換えると「自分の落語をやっていい」ということ。つまり彼らは「志ん朝の呪縛」から解放されたのだ。

実は、1990年代初期に、別の形での「呪縛からの解放」を経験していた落語家がいる。柳家花緑だ。

花緑は二ツ目の小緑時代、立川志らくや立川談春、春風亭昇太の落語が同世代の若者にバカウケし、自分の正攻法の古典が通用しないことにショックを受けた。そして、それまで五代目小さんや柳家小三治の落語が「正解」と信じ、稽古を重ねてそこに近づくことだけを考えていた花緑は、以来その「正解」にこだわるのではなく「自分の落語」を創ることを目指すようになったのだという。

もちろん、若き日の花緑と「志ん朝の死」に直面した落語協会の若手とでは、ショックの種類も置かれた立場も異なるが、志ん朝という絶対的な「正解」が失われたことで、「これからの落語界は何でもあり」という空気が生まれたのは事実だ。

志ん朝、小さんが相次いで亡くなり、「名人の呪縛」から解放された寄席の世界では、新たな個性が続々と花開く。その一方で、談志率いる立川流の勢いも増すばかり。活気に満ちた「現代落語の最前線」について、語るべきことはいくらでもあった。そして落語の魅力に目覚めた新たなファン層は、既に自力で「発見」した演者の他にどんな落語家がいるのか、誰のチケットを買えばいいのかを知りたがっていた。

だが落語の世界には、落語会のスケジュールなどの情報を提供する『東京かわら版』(いわば往年の『ぴあ』の落語版)があるだけで、音楽や映画・演劇などの世界における「専門誌」の役割を果たす媒体が存在しなかった。そもそも「落語評論」というものが(ごく一部の書き手を除き)存在しないに等しい状況だったのである。

せっかく「ブーム」を喧伝された落語業界なのに、それをとりまくジャーナリズムがあまりに貧弱であることが、僕には不思議でならなかった。

一般誌で落語特集を組んでも、そこには「寄席に行こう」と書かれているばかりで、具体的に「今、誰が面白いのか」を教えてくれない。むしろ物故名人の音源を勧めるような傾向さえあった。今、そこに「面白い演者」が大勢いるのに。

ガイドもレビューも存在しないエンタメなんて、あり得ない。そう思った僕は、「今、チケットを買うのに役立つ落語家ガイド」を、自分の手で創ろうと決意したのだった。

「旬の演者」を紹介するガイドブックがなぜない？

僕が『この落語家を聴け！』という「お勧め落語家ガイド」本を執筆した理由は、同書の前書きに当たる「前口上『現在進行形』の落語を聴こう！」に書かれていて、いま読み返しても過不足ない。なので、改めてここで詳しく書くのは避けるが、要は「そういうものが必要とされていた」のに「そういうものは存在しなかった」からだ。

2005年以降、落語特集を行なう雑誌、落語関連の書籍やムックの刊行点数は増え、中には笑芸人編のムック『落語ファン倶楽部』（2005年7月から年1〜2冊のペースで不定期刊行）や浜美雪《はまみゆき》氏の書籍『師匠噺』（河出書房新社／2007年4月刊）など、読みごたえのあるものもあったが、具体的に「どの落語家がどう面白いのか」を正面切って教える「チケットを買うためのガイド」は一向に現われなかった。

既存のライターにそれを書く能力のある人物がいなかった、とは言わない。単純に出版社側からアイディアが出なかっただけかもしれないし、既に職業として落語界にどっぷり浸っている書き手にはその手のものは書きにくかったのかもしれない。そこには、当時の落語業界における根強い「アンチ立川流」の風潮も関係していただろう。

僕が不思議だったのは、落語家ランキングを『週刊文春』で発表した堀井憲一郎氏のような「現代落語の最前線を知る文筆家」に、どうして誰もそういうガイドの執筆を依頼しなかったのか、である。（僕が知らないだけで「依頼したけど断られた」編集者がいた可能性もゼロではないが）

当時、落語家ガイドの類《たぐ》いが必要とされているのは間違いなかった。「誰も書かないなら自分で書こう」と思い立ったのは２００７年の春。毎日いろんな落語家を幅広く観ていた僕には（音楽の分野で「ガイドを書く」仕事を20年続けてきたこともあり）、「自分なら役に立つガイド本が書ける」という自負があった。

そこで僕は伝手を辿り、某大手出版社の編集者に落語家ガイド本の企画を持ち込んだ。彼は優秀な編集者で、企画にも賛同してくれたが、落語に関してはまったくの畑違いということもあり、内容は僕に一任してくれた。

ガイド本を書くに当たって、僕が大前提としたのは「お勧めの演者だけを取り上げること」だった。

知名度があったり、いわゆる「落語通」や評論家筋が高く評価していたりしても、僕自身が面白いと思えない落語家については言及しない。「あえて取り上げて批判する」のは音楽のような巨大なマーケットにおいては意味があるが、落語のように狭い世界でそれをやるのは、まったく意味がない。僕は、世の中の人たちに「今、こんなに面白い落語家がいるんですよ！」と、具体的にお勧めしたかっただけなのだ。

「面白い落語家がいるから寄席に行こう」ということは皆が言っていた。だが、そこまでだった。僕が書くべきはその先、「じゃあ具体的には誰なの？」という素朴な疑問に答える本だった。

本全体の構成に関しては、「ベスト○○人」を五十音順に羅列《られつ》したり、1位から○○位までをランキングしたり、という形式はやめようと最初から決めていた。

ガイド本であるのと同時に、僕はその本で「こんなに活気がある今の落語界」の分析も兼ねておきたかった。志ん朝の死から始まった21世紀の落語界の流れを整理し、それに基づきいろんな「旬の演者」を紹介したい。そのためには単純な「お勧め演者の羅列」ではなく、もっと系統立てた紹介の仕方が必要だ。

ランキングはわかりやすいかもしれないが、僕は五十音順の羅列以上に嫌だった。「個性の違いに優劣はつけられない」というのがその理由。取り上げている演者はそれぞれ面白いからお勧めしているのであって、そこに順位を付ける必要はまったくない、というのが僕の考えだった。

この本の大きな柱は2つ。

まず、「立川流とそれ以外」という区別が厳然と存在していて、寄席以外の場所で立川流が活躍しているという事実に正面から向き合うこと。言い換えれば、立川流をフェアに評価すること。

これは必ずしも「立川流を持ち上げる」ことではない。当時はアンチ立川流が存在したのと同時に「立川流ファン」的な人たちもいたが、僕はそうではなかった。単に「事実を認めよう」というのが僕の立場だ。

そしてもうひとつ。僕は「昔と違って今は寄席が面白くなっている」という事実を強調したかった。

寄席は、番組を選ばず適当に入ればつまらない演者に当たる確率は非常に高い。最後まで面白い人が出てこなかった、ということもある。20世紀の終わりは特にそれが顕著だった。だが、状況は21世紀に入ってだいぶ変わってきた。通常の寄席興行に、面白い演者が増えたのだ。これを強調したい、と僕は思っていた。

ただ「寄席に行こう」ではなく、「演者を選んで寄席に行こう」。これが『この落語家を聴け！』で一番言いたかったことだ。

僕にそう思わせた「寄席芸人」としての落語家は大勢いた。柳家さん喬、三遊亭歌武蔵、入船亭扇遊、春風亭一朝、橘家圓太郎……。

とりわけ僕個人にとって非常に大きな意味を持っていたのが柳亭市馬、柳家喜多八、橘家文左衛門（現・三代目文蔵）との出会いだった。彼らを観るために僕は寄席の定席に通った。「今、寄席にこんな面白い人たちが出てるんだ！」と声高に言いたい。それが、「立川流をフェアに評価する」ことと並び、僕が『この落語家を聴け！』を書く大きな原動力となった。

柳亭市馬という逸材の「発見」

僕は大学1～2年（教養学部）の頃、新宿末廣亭の近くで飲むことが多く、それもあって当時は「何となく末廣亭に入ってみる」ということが結構あったが、そこで得た教訓は「番組も見ずに寄席にフラッと入っても面白くない」ということ。まあ、運が悪かっただけなのかもしれないが、フラッと入って楽しかった経験はほとんどない。そのため、工学部に進学してからは（実験などで忙しかったこともあり）ナマの落語はホール落語か独演会が基本となり、就職してからはさらに「行くべき会」を厳選する傾向が強くなった。

そんな僕が足繁く寄席の定席に通うようになったのは２００２年頃。きっかけは小三治や喬太郎、花緑、古今亭志ん輔といった「知っている落語家」を聴きたかったからだが、そこで僕は多くの魅力的な落語家と出会った。

中で最も衝撃的だったのは柳亭市馬という逸材の「発見」だった。

当たり前の古典落語を当たり前に演って面白い。『普段《ふだん》の袴《はかま》』だとか『芋俵《いもだわら》』だとか『雛《ひな》鍔《つば》』だとか『高砂《たかさご》や』だとか、他愛のない噺を何気なく演って、上手さだけで笑わせることが出来る。

声が良くて、聴き心地も抜群にいい。上手いけれどもトボケたフラもある。追いかけてみると大ネタなども実に見事でスケールが大きい。

「こんな素敵な落語家がいたんだ！」と、僕は本当に驚いた。

だが後年『この落語家に訊《き》け！』（アスペクト／２０１０年）という書籍のために市馬本人にインタビューしてみてわかったのは、僕が出会ったタイミングも良かったということ。

当時、ちょうど市馬は「一皮むけた」時期だったのである。

市馬は１９９３年に真打に昇進している。師匠は五代目小さん。当時から「柳家の優等生」と目され、一門の中でも期待は高かったようだ。

１９９８年のムック『やっぱり落語が面白い！』（アスペクト）の「現代落語家名鑑」で取り上げられた東京の真打92人の中にも入っていて「古典の型というものを改変しないで高

い境地の高座を展開している」「居心地のよい時間を約束してくれる」などと書かれているし、1999年のムック『落語35号　この人この芸この噺』（弘文出版）でも東西合わせて184人紹介されている落語家の中の一人として登場、「その力量は王道を模索するにふさわしい」と評価されている。

ただ、それらのニュアンスは「古き良き柳家の伝統を守る優秀な若手」という域に留まり、それ以上の何かは感じられなかった。

僕が2002年以降追いかけた市馬はそうではない。もっと積極的に「ぜひこの落語家を聴いてほしい」と推されるべき輝きを見せていた。

そのギャップの大きさに僕は驚いたわけだが、その理由は市馬自身の変化であった。

市馬によれば、ポイントは2つ。ひとつは若手の台頭。もうひとつは師匠小さんの死である。

2000年に人気者の林家たい平と柳家喬太郎が抜擢されて真打昇進、彼らに続く存在も次々に現われて、市馬は寄席の世界で「どんどん隅っこに追いやられていく」という危機感を覚えたという。

台頭してくる若手たちの落語を客観的に見て市馬が得た結論は「このままじゃダメだ、とにかく客にウケるためにいろんなことをやるべきだ」ということ。だが周囲からの「柳家の優等生」というプレッシャーが、それを許さなかった。

小さんは「若いうちはとにかく客をウケさせろ、ウケないうちは人物描写も何もない」と市馬に言っていたそうだが、周りは市馬に「小さん直系の噺家らしい落語」を求めた。今や市馬の得意技である「噺の中で歌う」ようなことも、「みっともないことをするな」と言われて師匠に迷惑を掛けてはいけないと思い、小さん存命中はやれなかったのだという。

だが小さんが2002年5月に亡くなったことで、市馬はプレッシャーから解放された。「重石が取れた」のである。

2003年以降の市馬はグングン面白くなり、落語ブームが到来する中でしっかりと存在感を示した。「市馬・喬太郎　ふたりのビックショー」や「市馬vs談春」といった落語ファンが注目する会を仕掛けるなど、市馬の実力を認める関係者の尽力も大きかったと思うが、やはり一番の理由は市馬が「化けた」こと。僕は、その「化けた市馬」を追いかけて寄席に通い、彼が出る落語会を見つけてはチケットを買った。『この落語家を聴け！』の中で僕は「2007年に僕は市馬の高座を76席観た」と書いている。まさに僕にとって「旬の落語家」だった。

市馬は「地味な寄席の本格派」から脱皮して、完全に「東京を代表する噺家の一人」となった。そこには、僕が『この落語家を聴け！』の「いま、観ておきたい噺家達」という項で市馬を真っ先に取り上げて「平成の名人候補」と言い切ったことも、幾ばくかの貢献をしたのではないかと密かに自惚《うぬぼ》れている。

２０１０年、落語協会会長に小三治が就任すると、市馬は同協会理事となり、翌２０１１年に副会長、そして２０１４年には小三治の後を受けて会長となった。２００８年に『この落語家を聴け！』を出した頃には誰も想像できなかった展開だが、いずれそうなってもおかしくない風格が既に備わっていたのは確かである。

あまりにも残念な柳家喜多八の早逝

僕が『この落語家を聴け！』で「とにかく抜群に面白い。喜多八の高座を観て満足できない人は落語には向かない」と評した柳家喜多八も、柳亭市馬と同じく１９９３年９月に真打昇進しているが、年齢がだいぶ違う。市馬は１９６１年生まれだが、喜多八は１９４９年生まれ。高卒で小さんに入門した市馬に対し、喜多八は２浪して入った学習院大学に６年間在学し、卒業後いったん就職してから１９７７年２月に小三治に入門と、相当遠回りしている。

僕が喜多八のことを「すごく面白い！」と意識し始めたのは２００１年頃。市馬と同じく喜多八にも、僕は良いタイミングで出会ったようだ。

１９９９年11月に発行されたムック『落語35号』（弘文出版）の落語家名鑑で喜多八の項

を担当した演芸コラムニストの渡邉寧久《わたなべねいきゅう》氏は「一体何があったのだろうか？　このところの高座の変わり具合と言ったら、一皮むけたという印象だ」「これは突然変異と言っていい」「喜多八は見事に芸転換しようとしている」「この脱皮が完了した時、新しい落語家が誕生していることだけは確かだ」などと評している。僕が追いかけ始めたのはおそらく、その「脱皮が完了した時」なのだろう。

気だるそうに出てきて、いざ噺に入るとこの上なくエネルギッシュ。そんな喜多八の高座は、他の誰とも違う魅力を放っていた。一言で表現すると、喜多八は「それぞれの噺が持っている面白さのポテンシャルを最大に引き出す演者」だ。そしてそれは、「演出」と「演技」の両面で際立っていた。

ありふれた落語を「えっ、この噺ってこんなに面白いの⁉」と驚かせるほど個性的に演じるかと思えば、他の誰も演らないような噺でガンガン笑わせる。そんな喜多八の高座を追いかけて、僕はあちこちに行った。喜多八を応援する個人席亭が運営する「萬金寄席」「鳥越落語会」「百合ヶ丘寄席」といった小規模の会にも足を運んだし、本所吾妻橋の中ノ郷信用組合での「下町中ノ郷寄席」に喜多八が出ると聞けばいそいそと出かけた。僕が「地域寄席をマメに探す」という追いかけ方をしたのは喜多八だけだった。

喜多八は2つの「三人会」のレギュラーだった。ひとつは三遊亭歌武蔵・柳家喬太郎との

「落語教育委員会」。もうひとつは瀧川鯉昇・入船亭扇遊との「睦会」。もちろんこれらにも通った。前者は2004年になかの芸能小劇場でスタートしているが、そのときは会そのものを知らず、2005年11月に博品館劇場で開催されたときには「志らくのピン」と被っていて行けなかったので、初参加は2006年3月のシアターアプル。以後、ほぼ皆勤だったと思う。後者は池袋演芸場時代の2005年9月に初参加、東京音協や横浜にぎわい座でやるようになってからも通った。

2006年9月、喜多八のキャリアにとって大きな意味を持つ独演会がスタートした。博品館劇場での「喜多八膝栗毛」である。「高座三十周年記念三夜連続独演会」と銘打って行なわれたこの興行に僕は三夜連続で参加。以降、年4回（春夏秋冬）のペースで開催されるこの「膝栗毛」は僕にとって最も楽しみな公演のひとつとなった。

『この落語家を聴け！』の「柳家喜多八」の項を、僕はこう締めくくった。

「『虚弱体質』などと言っているが、あのテンションの高い落語をきっとあと何十年も続けてくれるに違いないと、僕は期待している」

しかし現実には「何十年も」続かなかった。出版からたった8年後の2016年5月17日、喜多八は大腸ガンで亡くなった。享年66。あまりに早すぎる。

喜多八は2011年に大腸ガンの手術を受け、このときはすぐに高座復帰を果たしている。

そして実はこれ以降、喜多八の落語はますます面白くなっていった。後にインタビューで自ら語ったところによると、喜多八は「病気のあと、余計な力が抜けた」のだという。

たとえばひとつ具体的に言うと、『短命《たんめい》』が劇的に変わった。物わかりの悪い八五郎にご隠居があれこれ教える場面が、どんどん「無舌」になっていったのだ。表情と仕草だけで爆笑させる『短命』。これには本当に驚いた。2012年以降、喜多八は落語家としての絶頂期を迎えていた。

異変が起きたのは2015年10月。「喜多八膝栗毛」で喜多八は「板付き」で登場したのである。このとき喜多八は「足を悪くした」と言っていて「少し前にうちの師匠との会に這うようにして出た」とも語った。落語そのもののテンションはまったく衰えていない。11月に高円寺の落語会で観たときには、抱えられるようにして出てきて『うどんや』を演った。

2016年正月の寄席を休席した喜多八は1月6日の「喜多八膝栗毛」で「栄養失調で4日まで入院していた」と語った。このときの喜多八は板付きだっただけでなく、ゲッソリと痩せていて心配だったが、落語は相変わらずパワフルだった。

3月16日に練馬の「落語教育委員会」で『居残り佐平次』を、4月6日の「喜多八膝栗毛」で『筍《たけのこ》』『だくだく』『子別れ』を観たときも、痩せていて板付きである以外は問題なさそうだった。それだけに、逝去の報を受けたときのショックは大きかった。

正直言って、僕は未だにそのショックから立ち直ってはいない。

文蔵を襲名した橘家文左衛門

市馬や喜多八を目当てに寄席の定席に足繁く通うようになって新たに「発見」したのが橘家文左衛門だった。

文左衛門は１９６２年生まれ。市馬のひとつ下だが入門が１９８６年と遅く、２００１年９月に真打昇進。二ツ目の「橘家文吾」時代に春風亭昇太、立川談春、立川志らく、柳家小緑、三遊亭新潟、横目家助平らと共に「らくご奇兵隊」というユニットを組んでいたことは知っていたが、当時は高座を観たことがなかった。

ちなみに横目家助平も文左衛門と同じく２００１年９月に真打昇進、「柳家一琴」と改名した。一琴は師匠小三治の独演会で開口一番を務めることが多く、その高座で一琴の面白さを知った僕は、２００４年以降なかの芸能小劇場での独演会やレギュラーの「五人廻しの会」（他に三遊亭萬窓、入船亭扇好、五街道喜助、柳家三三が出演）などで一琴を追いかけるようになっていたが、その時点で僕は文左衛門の高座に巡り合う機会がほとんどなかった。

文左衛門を意識的に追いかけるようになったのは２００６年からだ。この年の１月下席、上野鈴本演芸場では市馬が夜のトリを取っていた。上野鈴本は僕が勤務する『ＢＵＲＲ

N！』編集部からタクシーですぐなので、僕は市馬観たさにこの芝居に通った。

その「市馬主任」の芝居に、文左衛門が毎日出ていたのである。

文左衛門の出番は、仲入りを務める扇遊や菊之丞の前の18時40分。そこで連日聴いた『桃太郎《ももたろう》』『手紙無筆《てがみむひつ》』『寄合酒《よりあいざけ》』などの面白さに僕は衝撃を受けた。「前座噺をこんなに面白く演れるなんて！」という驚きである。

それ以来、文左衛門を目当てに寄席に通うようになった。前述の三席の他『のめる』『道灌』『千早《ちはや》ふる』あたりがヘヴィ・ローテーションで掛かったが、何度聴いても面白い。夏には豪快な『夏《なつ》どろ』『青菜《あおな》』なども聴けて、これがまた最高だった。

2007年5月には文左衛門率いる「ボク達の鹿芝居プロジェクト」による『ボク達の鹿芝居　文七元結―イタズラ好きの神ホトケ―』を観劇。このときアンケートに住所を書いたからだろう、7月下旬に僕のところへ文左衛門から「上野鈴本8月上席夜の部主任」を案内するハガキが来た。さらに日曜に池袋演芸場の喬太郎トリの芝居に行ったら、仲入りで文左衛門が客席に現われ「鈴本夏の陣」と書かれた割引チラシを配る、という場面にも遭遇する。

その「文左衛門　鈴本夏の陣」（8月上席夜の部）に、僕は割引チラシを持って8日間通った。文左衛門のトリネタは『天災』（1日）、『青菜』（2日）、『らくだ』（3日）、『青菜』（4日）、『文七元結』（5日）、『のめる』（6日）、『道灌』（9日）、『ちりとてちん』（10日）。

7日は立川談春の独演会「白談春」、8日は談春ゲストの「桃太郎三番勝負」と被ったので鈴本に行けなかったのだが、2日休んだ後の9日には、この芝居でずっと18時40分に上がっている三遊亭歌武蔵に「昨日、いらっしゃいませんでしたね」と高座から言われた。（僕はいつも最前列に座っていたので）

定席以外だと、文左衛門は2007年に始まって僕が通い続けた「ビクター落語会」に市馬や喜多八などと同様よく顔付けされていたし、池袋演芸場やなかの芸能小劇場での「文左衛門大会」も楽しみだった。『この落語家を聴け！』を出した2008年には三鷹文鳥舎での「考える文左衛門」という小さな会にも通うようになる。翌2009年には「文左衛門倉庫」（当初駒込カフェ角庵／後に蔵前ことぶ季亭）と「箱の中の文左衛門」（らくごカフェ）が始まり、もちろん足を運んだ。

小さな会などで、文左衛門は気さくに客と話す。よく覚えているのは、「考える文左衛門」で『もう半分《はんぶん》』をネタ出ししたとき、開演前に知人たちと「まだ『もう半分』出来てなかったりして」と話をしていたら、当の文左衛門が私服姿で歩いてきて「弱ったなぁ、『もう半分』まだ出来てなくて」と話しかけてくれたこと。「後半はいいんだけど、前半が難しくてね……。ネタおろしなら勢いで演っちゃうってのもアリなんだけど、今度はそういうわけにはいかないから。ただ覚えて演ればいいってもんじゃない」と言いながら、『もう半分』について小三治に話を聞きに行ったというエピソードを教えてくれた。「あの噺の肝は、亭主が金は無かったと爺さんに言う瞬間だって言うんだ。でもそれ聞いたらまたわからなくなっちゃって」

僕は、「小三治に訊きに行く文左衛門」と「答える小三治」という図を想像して、なんだかとても嬉しくなった。

『この落語家を聴け！』の「いま、観ておきたい落語家達」という章で、僕は喜多八の次に文左衛門を紹介し、その冒頭で「柳家喜多八と同じように、僕に『寄席の楽しさ』の真髄を味わわせてくれるのが、橘家文左衛門だ」と書いた。その出版以降、文左衛門はどんどん売れっ子になり、ホール落語にも多く出演するようになった。持ちネタも増え、寄席の主任もコンスタントに務めている。東京落語界の「今」を代表する演者の一人になった、と言っていいだろう。

文左衛門の師匠、二代目橘家文蔵は、たった一人の弟子が真打昇進する2001年9月に亡くなっている。

5年ほど前だっただろうか、僕がプロデュースする落語会でトリを取った文左衛門と終演後に飲んでいて、なにげなく「師匠の名前、継がないんですか？」と訊いたところ、彼は「うん、実は継ごうと思ってるんですよ」と答えた。

そして2016年9月、文左衛門は三代目文蔵を襲名し、50日間の襲名披露興行を大成功させた。あれだけ「文左衛門」で親しまれていたのに、瞬時に「文蔵」が定着し、違和感がまったく生じなかったのは、それだけ似合っている、ということだろう。

「立川流四天王」

立川流の扱いかたという点で『この落語家を聴け！』の最大の特徴は、「志の輔・談春・志らく」の売れっ子3人に立川談笑を加えて「立川流四天王」と決めつけたことだろう。これは、1977年に川戸貞吉氏が「談志・志ん朝・圓楽」に月の家圓鏡（後の八代目橘家圓蔵）を加えて「四天王」と称したことがヒントになっている。

もっとも川戸氏の言う「四天王」は、矢野誠一《やのせいいち》氏が若き日の志ん朝・圓楽・談志・柳朝を「若手四天王」と称したことを踏まえつつ、「月の家圓鏡論」の中であえて「柳朝ではなく圓鏡」と提唱したもの。一方、立川流において志の輔・談春・志らくを「三羽烏」と見ることはあっても、「四天王」は存在しなかった。「立川流四天王」というのは僕が初めて用いた言い方だ。

僕は川戸氏の「圓鏡を四天王に」という主張を著書『現代落語家論〈上巻〉』（弘文出版）で知った。それは、まさに「目からウロコ」だった。当時、圓鏡の芸は「邪道」と言われることが多く、評論家などからは低く見られがちだったが、僕は彼の先鋭的な爆笑落語が大好きだった。落語という大衆芸能において「邪道」云々という発想はおかしい、「面白い落語」は正当に評価されるべきなんだ、という僕の価値観は、川戸氏の「圓鏡論」に大いに影響を受けている。

僕が談笑を追いかけ始めたのは2003年。まだ二ツ目で「談生《だんしょう》」と名乗っていた。きっかけが何だったのか思い出せないが、上野広小路亭という小さな小屋でやっている「月例独演会」に行って、僕は彼の「改作落語」に魅了された。古典の時代設定を現代に置き換えるなど大胆な演出を施す改作は一見「邪道」だが、実は「落語を現代に通用させる」ための論理的アプローチだった。談生の「初心者を爆笑させ、マニアを唸らせる」改作にすっかりハマった僕は、全席自由の「月例」で最前列を確保するため、毎回早くから出かけて先頭で並んだ。

彼が「談笑」と名を改めたのは、僕が毎月の常連客になって間もない2003年7月のことだった。

当時、談笑は「月例」終演後、常連客たちと近所の居酒屋で打ち上げを行なっていて、そのうち僕も参加するようになった。談笑は「あの噺のここはこう、あれはこう」と、演目論を僕たちと語り合うことが常で、そこからアイディアが練り上げられていくこともあったように思う。

毎回斬新な改作で常連客を爆笑させる談笑の勢いには目を見張るものがあり、僕たちは「もう真打になるべきだ」と盛り上がった。そうした声に応えるように談笑は2004年7月から5ヵ月連続の「真打トライアル」を敢行する。会場は銀座ガスホール。7月は鶴瓶、8月は志の輔、9月は昇太、10月は小朝をゲストに呼び、毎回談志も登場。11月のファイナルで談志から真打昇進のお墨付きをもらった。各回の演目は次のとおり。

7月1日：談笑『時《とき》そば』『粗忽長屋』（鶴瓶『長屋の傘』／談志『浮世根問《うきよねどい》』）
8月26日：談笑『蟇《がま》の油《あぶら》』『片棒《かたぼう》・改《かい》』（志の輔『買い物ぶぎ』／談志『鉄拐《てつかい》』）
9月21日：談笑『金明竹《きんめいちく》』『らくだ』（昇太『人生が二度あれば』／談志『鮫講釈《さめこうしやく》』）
10月22日：談笑『堀《ほり》の内《うち》』『抜《ぬ》け雀《すずめ》』（小朝『越路吹雪《こしじふぶき》物語』／談志『小猿七之助』〜『落語チャンチャカチャン』）

11月19日：談笑『猿のゆめ』『寿限無』『黄金餅《こがねもち》』（談志『六尺棒《ろくしやくぼう》』）

もちろん僕も毎回通い、ファイナルで「合格」したときには大喜びしたが、実を言うところのトライアルで最も印象的だったのは、志の輔ゲストの回で仲入り後に高座に上がった談志の『鉄拐』の出来があまりに素晴らしく、トリで談笑が登場することも忘れて談志が会を締めそうになったことだったりする。

談笑の真打昇進披露パーティーは２００５年10月２日に東京會舘で開かれ、僕も出席した。後に談笑の代表作となる『シャブ浜』が「今年限定のネタ」として初演されたのはこの年の12月24日の「月例」でのことだ。

この頃になると「月例」の客層が広がり、良い席を確保しようと開演前に並ぶ観客の数も飛躍的に増え、最前列確保のためにはかなり早くから並ばなくてはいけなくなった。上野広小路亭は繁華街にあるため行列は近隣の迷惑になる。２００７年１月から「月例」の会場をより広いお江戸日本橋亭に移した理由のひとつは、それだったのかもしれない。

『この落語家を聴け！』で僕は「談笑は、キャリアから見て本来、志の輔や談春、志らくと同列に語られるべきではない。それでもあえて僕は、談笑を彼らに続く存在として『立川流四天王』と呼ぶ。（中略）近い将来必ず談笑は志の輔・談春・志らくに続く『立川流の鬼才』

として確固たる地位を築くはずだ」と書いた。

そして、それは現実となる。

２００９年３月、「談笑月例」の会場はお江戸日本橋亭から客席数３００の国立演芸場へ移り、毎回チケットは完売。２００９年３月からは新たに虎ノ門のＪＴアートホールで月例の「Ｊ亭落語会　談笑独演会」も始まった。

談笑の活躍の場が広がると共に、僕が勝手に決めつけた「立川流四天王」という言い方が、ごく当たり前に用いられるようになった。今では、僕が言い出したとは知らない人も多いのではないだろうか。

「落語の本は志ん生や志ん朝じゃないと売れない」

２００７年の夏、僕は某大手出版社の編集者と打ち合わせをし、落語家ガイドの執筆作業に入った。

最初の打ち合わせで編集者から言われたのは「目次が欲しい」ということ。要するに、大まかな構成を知りたいということだ。

構成については、既にアイディアはあった。前にも書いたように、単純に落語家を羅列するのでは意味がない。

まずは、名人の系譜に連なる2人、「談志と小三治」でひとつの章を設ける。

続いて、これまでの評価や知名度、キャリア等にかかわらず、僕個人が強くお勧めしたい「旬の落語家たち」を紹介する。ただし、そこからは志の輔や談春、志らく、談笑を外し、あえて「立川流四天王」という章を別に立てる。

小朝や鶴瓶、昇太、たい平、花緑といった一般的に知名度の高い人たちを集めた章も作る。「今が旬」という言い方では括れない、さん喬・権太楼を筆頭とする「寄席の世界を支える実力者」の章も設け、五街道雲助、春風亭一朝、古今亭志ん五といった重鎮から漫談で爆笑させる三遊亭歌之介（現・四代目圓歌）や林家しん平、「寄席の名物男」的な川柳川柳・昔昔亭桃太郎あたりまで、僕の視点で紹介する。

「寄席の世界」の章に関しては、僕は当初「さん喬」「権太楼」「その他」という分け方を考えていたが、寄席に通って入船亭扇遊の「何気ない上手さ」に魅了された僕は、あえて「さん喬」「権太楼」「扇遊」「その他」という分け方をすることにした。これは志の輔・談春・志らくに談笑を加えて「立川流四天王」としたことに通じる、僕の個人的な主張だ。

ここで言う「寄席の世界」とは東京4軒の「定席」を指していて、そこに立川流と圓楽党は出演できない。だが、立川流には左談次、ぜん馬、談四楼、談幸など「素敵な寄席芸人」的な風情の高弟たちもいれば若手有望株の笑志《しょうし》（真打昇進時に生志と改名）もいた。

楽太郎（現・六代目圓楽）や好楽といった『笑点』メンバーが所属する圓楽党は、今なら兼好や萬橘《まんきつ》が「旬の落語家」に入るところだが、当時はまだ二ツ目。だがベテランに渋い魅力を放つ演者がいて、特に僕が追いかけていたのが三遊亭鳳楽。後に圓丈が「圓生襲名」に意欲を燃やして騒動となったために ウヤムヤになったが、五代目圓楽の総領弟子である鳳楽がやがて七代目圓生を継ぐことは、当時は既定路線のように思われていた。

そこで僕は、「旬の落語家」「寄席の世界」とは別に「立川流と圓楽党」という章を設けて、こうした人たちについて語ることにした。

「談志と小三治」「立川流四天王」「旬の落語家」「有名人」「寄席の世界」「立川流と圓楽党」というザックリとした章立てを決め、冒頭には「志ん朝の死で始まった21世紀の落語界」について包括的に語る章を加えることにして、全体の構成が決まった。あとは書き進めるだけ。僕は2007年後半、執筆に邁進した。

情報量が勝負なので、新たなネタを仕入れては何度も書き直す。たとえば談志に関しては、2007年12月18日にあの「神がしゃべらせてくれた『芝浜』の名演」があったため、それまでの原稿を全面的に書き直すことになったりした。

年明けに大体のメドがつき、某大手出版社の編集者に渡すと、色々な指示がエンピツで入って戻され、また書き直し。編集者のＯＫが出て「上司に読ませる」と言われたが、その上司（部長）からNGが出され、編集者と相談しながら書き直して再提出、OKとなったのは3月頃だったか。僕は情報が古くならないうちに一刻も早く出版してほしかった。

ところが、さらに上（出版局長クラス）から、「こういう本は売れない」と根本的なダメ出し。一番の問題は「談志や立川流のことを書き過ぎている」ことだという。「落語の本は志ん生や志ん朝じゃないと売れない」と言われたそうだ。お話にならない。

こうなっては別の出版社を探すしかない。それは編集者も同意してくれた。「よそで出してもらって構いません」と言われた僕が原稿を持ち込んだ先はアスペクト。「談笑月例」の打ち上げの席で、この会社のKさんという編集者と顔見知りになっていたのである。原稿を読んだKさんは「すぐに出しましょう！」と動いてくれた。

ページ数を調整するため原稿に手を加えたものの、基本的には某大手出版社の偉い人に「売れない」と言われた内容のまま。タイトルは僕のアイディアで『この落語家を聴け！』、ただし営業側からの提案で「いま、観ておきたい噺家51人」といういかにもガイド的なサブタイトルが付くことになった。

帯に入れる推薦文を、僕と面識のあった立川談春にアスペクトが依頼すると、ゲラに目を通した談春は快く引き受けてくれた。

「ようやく…同世代で落語家を評論できる人が登場してくれた。立川談春」

こんな嬉しい言葉が帯に付いた『この落語家を聴け！』は、２００８年６月27日（奥付の刊行日表記は７月９日）に発売された。

落語は「演目」ではなく「演者」を聴きに行く芸能

２００８年に出版されたアスペクト版『この落語家を聴け！』（全３２８ページ／四六判）の内容は以下のとおりだ。

【前口上】「現在進行形」の落語を聴こう
【第一章】この落語家を聴け！
１：20世紀から21世紀へ
２：談志と小三治
（１）立川談志（２）柳家小三治
３：立川流四天王
（１）談志の遺伝子を継ぐ四人の落語家（２）立川志の輔（３）立川談春（４）立川志らく（５）立川談笑
４：いま、観ておきたい噺家達

語家達（鳳楽）

【終章】落語は「今が旬」なエンターテインメント

漠然と「落語ブーム」と捉えられていた現象をわかりやすく解き明かし、そのブームを生み出した魅力的な落語家たちについて具体的に論じたこの本は、この時期、最も必要とされていた本だった。それだけに反響も大きく、初版4000部が発売後2週間で重版決定。新聞・雑誌・テレビなどマスコミでも好意的に取り上げてくれたおかげで順調に版を重ね、最終的には七刷まで行った。「落語」という狭いジャンルを扱った本としてはヒットと言っていいだろう。

僕としてはシンプルに「便利な落語家ガイド本」を書いたつもりだったし、実際その用途で活用してもらえた自負はあるけれども、「21世紀落語史」という観点で捉えると、『この落語家を聴け！』は、人々の落語に対する「意識改革」をもたらす、大きな「事件」だった。（僕が言うと手前味噌に聞こえるが、仕方ない）

『この落語家を聴け！』の根幹にあるのは、「落語はエンターテインメントの一種である」という、当たり前の認識だ。だが、この出版当時、それは世の多くの人々にとっては「当たり前」ではなかった。

当時、落語通を自負する人々は彼ら独自の美意識で「落語はこうあるべき」という固定概念を持っていて、ともすれば過去の名人ばかり礼賛するきらいがあった。一方で落語に詳しくない人々は、落語に「面白いもの」と「つまらないもの」があるとは思わず、漠然と「型に嵌《は》まった古典芸能」として捉え、たまたま「鑑賞」した落語が面白くなければ「落語なんてどこがいいのかわからない」と敬遠してしまう。

だが『この落語家を聴け!』は「現代には面白い落語家が大勢いるのだから、過去の名人の音源など後回しにして目の前の演者を追いかけろ。落語は同時代の観客に語りかける芸能なのだ」と主張しつつ「聴いた落語が面白くなければ、その落語家が面白くないということ。面白い演者を選んで聴きに行けばいい」と断言した。

落語は大衆芸能であり同時代人のためのエンターテインメント。「古典芸能」などと殊更にありがたがる必要はない。映画にも演劇にも漫画にも音楽にも駄作があるように、つまらない落語家はいっぱいいる。大衆は「面白いもの」だけを選べばいい。同じ噺でも演者によってまったく違う。落語は「演目」ではなく「演者」を聴きに行く芸能なのだ……。

こうした僕の主張にカチンと来た人もいたようだが、多くの人々にとっては「目からウロコ」だったと思う。

僕が『この落語家を聴け!』で実践したのは、他のエンタメでは当たり前に行なわれていること。世のエンタメ好きな人々は、そこに気づいたのだと思う。なまじ「保守的な落語観」に染まっていない分、「ああ、そうやって聴けばいいんだ」と、落語に対してより気軽に接することが出来るようになったのではないだろうか。

ついでに言うと、今となっては忘れられがちだが『この落語家を聴け！』は、一部に根強く存在した「アンチ談志」の風潮を完全に過去のものとし、それまで何となく存在した「立川流タブー」みたいなものを消し去った。その意味でも影響力は大きかったと言えるだろう。

それを実感したのは、２０１１年に『落語評論はなぜ役に立たないのか』（光文社新書）を出したときだ。僕は同書で「アンチ談志の風潮が客観的な落語評論を阻害した」ことに触れたのだが、青木るえかさんというライターがどこかの書評で「どこにアンチがいるんだ、あんなにみんなが談志を褒めちぎってるのに」みたいなことを書いていたのである。小バカにしたような書き方だったが、僕は嬉しかった。今の人には「アンチ談志」なんてあり得ないことなんだ、そういう世の中になったんだ……と。

第七章　若手の大躍進――喬太郎・白酒・一之輔・こしら

喬太郎の心の叫び

アスペクトから『この落語家を聴け!』の初版が発売された2008年6月27日というのは、奇しくも帯に推薦文を書いてくれた立川談春が師匠談志との親子会を歌舞伎座で行なう前日に当たる。4月に出版された談春の『赤めだか』は既にベストセラーとなり、談春の知名度は以前とはケタ違いにアップしていた。この「談春のブレイク」は、帯の推薦文を依頼した時点では予想していなかったし、発売日と親子会が1日違いというのもまったくの偶然だが、『この落語家を聴け!』にとって途轍もなく大きな追い風となった。

『この落語家を聴け!』のヒットは、「落語ブーム」をもう一度加速させた。「今こういう面白い落語家がいる」というガイドの存在は「チケットを買って落語会に足を運ぶ」という行為に直結する。2005年頃からの「落語ブーム」に煽《あお》られて何となく寄席に行ってみたら「期待したほど面白くなかった」という経験をした人は少なくない。そこに「たまたま聴いた落語が面白くなかったら、その演者が面白くないだけの話。面白い落語家を聴けばいい」と断言して具体的に指針を与える本が出てきたことで、「そうだったのか、じゃあここに書かれている人の会に行ってみよう」と思った人もいたはずだし、『この落語家を聴け！』がマスコミに取り上げられたことがきっかけで落語会に通い始めた人もいるだろう。僕自身が言うと自慢めいて聞こえるが、客観的に見て2008年以降の数年間、『この落語家を聴け！』が落語界の活性化に大きく寄与したのは間違いない。

『この落語家を聴け！』は落語公演を企画する立場の人々にとっても使い勝手のいいガイドだったようで、多くの関係者から直接「参考にした」「役に立った」と言ってもらえた。業界の一部から、『この落語家を聴け！』が煽ったのは「落語ブーム」ではなくて「落語家ブーム」だ、という声も聞こえてきたが、僕は「落語家ブーム」でも構わない、とにかくナマでいい落語を聴いてほしいと思っていた。

ただ、これは『この落語家を聴け！』と直接関係があるわけではないが、2008年頃には人気落語家の力に頼った「企画公演」的な落語会が増えてきて、落語ファンとしては面白いけれども、出演する落語家にとっては負担が大きいのかもしれない、と思うことはあった。

「落語家ブーム」的な状況の中でもとりわけ人気抜群、あちこち引っ張りだこで大忙しの柳家喬太郎が、高座の上で企画公演への「モヤモヤしてる」心情を吐露し、それを聞いた師匠の柳家さん喬が対談コーナーで慰める、という一幕があったのは2008年10月26日、中野の親子会でのことだ。

喬太郎が「モヤモヤ」の原因として挙げたのは翌日から新宿・明治安田生命ホールで始まる「SWAクリエイティブツアー」、およびその直後に控える「源氏物語公演」だった。

「源氏物語公演」とは、2008年10月30日から5日間連続で銀座・博品館劇場で開催された企画公演で、この時期この劇場で落語以外にもいろんな公演が行なわれた「源氏物語一千年紀祭特別公演」の一環としての開催。5人の落語家が落語版『源氏物語』を演るというもので、10月30日の昼夜2回公演で立川談春が『柏木《かしわぎ》』、31日の夜公演で柳家喬太郎が『空蝉《うつせみ》』、11月1日の夜公演で橘家文左衛門が『明石《あかし》』、11月2日は昼公演で入船亭扇辰が『葵《あおい》』、11月3日は昼夜2回公演で三遊亭歌之介が『末摘花《すえつむはな》』を担当した。談春・文左衛門・扇辰には落語作家の本田久作《ほんだきゆうさく》氏がそれぞれのために台本を書き下ろしたが、喬太郎と歌之介は自分で創作している。

この公演の開催は『この落語家を聴け!』の出版よりだいぶ前に決まっていて、確かこの年の初頭には予告チラシを受け取っている。(『赤めだか』でブレイクする前の談春だったたか

らブッキングできたのだろう、とも思える）
　僕は好きな落語家ばかりが出る公演ということで、「何で今『源氏』なのか」はまったく考えることなく談春・喬太郎・文左衛門・扇辰・歌之介すべてのチケットを買った。もっとも11月3日は風邪を引いて寝込んでしまい、チケットを持っていた歌之介の昼公演には行けず、僕が観たのは4公演のみ。（ちなみに3日の夜には回復し、4月に真打昇進した笑志改め立川生志の新橋・内幸町ホールでの独演会「立川生志らくごLIVE〝ひとりブタ〟」に行くことが出来た）
　10月26日に中野・なかのZERO小ホールで開かれた「さん喬・喬太郎親子会」。開口一番の喬之進に続いて高座に上がった喬太郎は、『すみれ荘201号』へと入った。この噺、登場人物の裕美子がお見合い相手の男に「作詞作曲をするんですか？　聴いてみたい」と言うと『東京ホテトル音頭』『大江戸ホテトル小唄』『東京イメクラ音頭』といった曲を歌いまくるのが定番。この日も「いや、今日は親子会なんで」と一旦は遠慮するが、「やっぱりモヤモヤしてるんで歌います！」とホテトル音頭、イメクラ音頭を熱唱した。
　ここで裕美子が「何でモヤモヤしてるの？」と尋ねたことで喬太郎の心の叫びが始まった。「さしあたってＳＷＡ！　それと源氏！　もうああいう派手な仕事はやめて、来年は寄席と学校寄席で食っていこうかと思ってるんだよ！　自分でも、また『小言幸兵衛《こごとこうべえ》』かとか『竹《たけ》の水仙《すいせん》』かとか思うもん！　『双蝶々《ふたつちょうちょう》』とか夏に演るか、とか！　大きい会は疲れるんだもん！　稽古する暇が無いからネタが増えないんだよ！」

ちなみにこの年の7月18日に世田谷パブリックシアターで喬太郎の『双蝶々』初演を売りにした独演会が行なわれており、「夏に演るか」はそれを指している。

この『すみれ荘201号』の後が、さん喬・喬太郎の対談コーナー。ここでさん喬は感動の「公開小言」を行なうのだった。

さん喬・喬太郎、感動の「公開小言」

客を前にしての師弟対談は照れくさいのか、やりにくそうにしている喬太郎に、さん喬が「こういう対談も大変だけど、お客さんが居るからまだいいんだよ。私は昔、落語協会の季刊誌の取材で小さん師匠に目白のお宅でインタビューしたことがあって、師匠と私の2人っきりで、間にテープレコーダー。これは照れるよ」と、自分のエピソードを話し始めた。

「でも普段は滅多に聞けないようなことを面と向かって聞けたのは嬉しかった。普段は芸談なんて語ってくれる師匠じゃなかったからね」

これで緊張がほぐれ、話が弾み始める。やがてさん喬が「さっき、モヤモヤしてるって言ってたのはどういうこと？」と水を向けると、喬太郎はこう言った。

「例えば小三治師匠ならいつもの『小言念仏《こごとねんぶつ》』でも毎回新鮮で面白く聴かせることが出来るけど、自分にはそんな芸はない。なので毎回同じ噺をお聞かせしては申し訳ない、と……」

そんな喬太郎から、忙しさと諸々のプレッシャーに苛立っている様子を見て取ったのか、さん喬は「おまえはまた同じ『竹の水仙』とか言ってたけど、それは違うよ」と諭し始める。

志ん朝には追っかけの客が大勢いて、そういう人たちを見つけると「また来てるよ」と嫌がっていた、という例を引き合いに出したさん喬は、志ん朝の追っかけには「来てるよ！」とアピールしたがるタイプが多かったから確かに嫌がる気持ちもわからなくはない、とワンクッション置きつつ、こう言った。

「志ん朝師匠は『また同じ噺だ』と思われるのが嫌だと言ってたけど……でも、それはどうなんだろうね。お客さんは、その人の噺が聴きたいから追いかけてくださる。おまえを追いかけてくださるお客さんは、おまえの噺が聴きたいんだ。『同じ噺じゃ飽きるだろう』なんて思う必要はない。『喬太郎の噺』が聴きたいから何度でも来てくださるんだよ」

すると喬太郎は「でも正直、『喬太郎なら何でもいい』とお客さんに思われちゃうと自分が潰されそうで」と言う。それに対してのさん喬の答えが、さすがだった。

「潰れかけてるなんて考えることは傲慢なんだよ。『どうせこいつは俺のハンバーグなんて食べ飽きてるんだ』と思って出したら美味くないよ。毎日工夫して『今日のハンバーグは昨日とはまたちょっと違いますよ、食べてみてください』という気持ちで作らなきゃダメなんだ」

「おまえ、さっき『またこの噺だとお思いでしょうが』って言ってただろ。それが傲慢なんだ。『おまえの考えなんか誰も気にしちゃいねぇよ』って五代目（小さん）が言ってた。おまえは『小三治師匠なら芸があるから同じ噺を聴いても飽きさせない』って言ってたけど、小三治さんは同じじゃないよ、いつも違うんだよ。五代目だって、あれで完成されたとは思ってない。圓生師匠だって志ん朝師匠だって、もっと生きていれば、もっと違うことをやったと思う」

「潰されそうって言うけど、お客は潰しにかかるもんだよ。潰れたらもう一度作ればいい。俺なんか最初から潰れてる。おまえは売れるのが早すぎた。いろんな仕事が来て、おまえは律儀に『師匠、こういう仕事が来ました』と言ってくる。師匠が弟子に『ダメだ』と言うのは簡単だけど、ヤキモチ焼いてると思われるのは嫌だから、私はおまえがどれだけ仕事を請けても『ダメだ』とは言わない。船底に穴が開いてるな、と思ったら、まず身を捨ててみろ。五代目も、志ん朝さんも、そうやって自分の噺をこしらえたんだ」

そして、さん喬は喬太郎に優しいまなざしを向けて、付け加えた。

「少し聴いてないうちに、喬太郎は随分成長した。弟子は師匠の名を残すことが出来る。おまえが立派になって、どこへ行っても『さん喬の弟子の喬太郎』と言われる。ありがたいことだ。師匠は弟子を大きくしてやることは出来ないが、弟子は師匠を育てることが出来るんだよ」

なんと素敵な師弟関係だろう。喬太郎が思わず口にした本音を真正面から受け止めて、「師匠が言うべきこと」「師匠にしか言えないこと」をきちんと言ったさん喬は素晴らしいと、つくづく思った。

「こういう話は楽屋でするべきでした」と照れ笑いするさん喬。「対談じゃなくて公開小言になってしまいました」

僕には「小言」というより喬太郎にとっての「公開悩み相談室」だったように思える。普通のシチュエーションでは「師匠に面と向かっては訊けない」ことを、客の前での対談だからこそ思いきって言えたのではないだろうか。

この翌年、アスペクトから2冊目の書籍となる『この落語家に訊け！』で喬太郎にインタビューしたとき、この「公開小言」のことを訊くと、「あれは、ちょっと泣けちゃいましたね。うちの師匠、昔からそういうことを言ってくれるんですよ……また泣けてきちゃいそう」と言って、こう続けた。

「ああ言ってもらえて、力が抜けてホッとしたのと、でも甘えちゃいけない、今までと違う褌《ふんどし》の締め方をしないといけないと思いましたね。その両方です」

あれから11年。落語界の状況もだいぶ変わったが、喬太郎の「追っかけ」ファンの熱烈さは相変わらずだ。人気落語家は大勢いるが、喬太郎ファンはちょっと特殊に思える。そして、それに嫌気が差しているような発言が、今も高座の喬太郎からポロッと飛び出すことがある。

だがそんなとき、喬太郎はきっとあの「公開小言」を思い出すに違いない。2018年に刊行されたさん喬・喬太郎の共著『なぜ柳家さん喬は柳家喬太郎の師匠なのか?』(徳間書店)の中でも、喬太郎は10年前の「中野の親子会での客前のトーク」に触れ、「お前のハンバーグが食べたいから来てくれるんだよって言ってくれたのを今でも鮮明に覚えている」と言っているくらいだから……。

ちなみに、さん喬が「ハンバーグ」を引き合いに出したのは、さん喬の実家が洋食屋さんだからだろう。

「羊の皮を被った狼のような古典落語」桃月庵白酒

『この落語家を聴け!』のヒット以降、僕に落語関連の原稿依頼が来るようになった。集英社の読書情報誌『青春と読書』に2009年7月号から2010年4月号まで連載した『現代落語の基礎知識』(2010年10月に書籍化)は珍しく「落語論」の依頼だったが、大抵は「落語家ガイド」が僕に求められた。

講談社の青年コミック週刊誌『モーニング』に2009年5月から1年間連載した『今週この落語家を聴け!』はタイトルどおり僕が毎週お勧めの落語家について語るもので、『この落語家を聴け!』をガイドとして活用してくれていたモーニング編集部次長（当時）が持ってきた企画。少女漫画家の勝田文さんが落語家のイラストを描いてくれたこの連載は、最初の打ち合わせから書籍化前提で講談社生活文化局の部長も同席、2010年6月には『この落語家をよろしく』と改題して単行本化された。

落語特集のムックのために2009年版「この落語家を聴け!」を書いてほしいと依頼してきたのは文藝春秋社の編集委員室だった。もっともその実態は「お勧めの落語家を15人紹介する」コラムを書いてほしいということだったが、文字数は「2万字」と多く、『この落語家を聴け!』をアップデートする内容にしてほしいということだった。

ちなみに、2009年12月に発行されたこのムックのタイトルは『今おもしろい落語家ベスト50』。落語ファンのアンケートで1位から50位までの落語家ランキングを作ることを柱として企画されたもので、集計の結果1位となったのは柳家喬太郎。以下「志の輔、小三治、談春、志らく、談志……」と続くが、こういうランキングも当時の「モヤモヤする」喬太郎には苛立たしいことだったように思える。

『モーニング』連載やムック用の原稿など、2009年になってから僕が書いた「お勧めガイド」を読むと、『この落語家を聴け！』を執筆した当時からの僕の考えの変化が見て取れる。

まず、桃月庵白酒に対する評価。『この落語家を聴け！』で僕は「このところグングン魅力的になってきている若手真打」「古典落語の明日を担うホープの一人」「古典の王道に意外な風穴を開けて独自の爆笑噺を生み出している」といった書き方をしていて、大好きな演者の一人だったことは確かだが、「飛び抜けた存在」と評価していたわけではなかった。

だが2009年の僕にとって、白酒は完全に「特別な存在」になっていた。当時の原稿で僕は白酒のことを「今、僕がハマってるイチ推しの若手真打」と断言し、「とにかく上手くて面白い」「この人の高座にはハズレがない」と大絶賛している。

白酒が真打昇進したのは2005年9月。『この落語家を聴け！』の原稿を書いた2007年の段階でも既に同世代の中では群を抜いていたが、思えばまだまだ発展途上だった。それから2年の間に白酒は大きく進化して、「白酒落語」の世界を作り上げていった。その「成長する白酒」を追いかけ、そこで目撃した「今の白酒」の魅力を世間に広くアピールしたいと考えていたのが2009年の僕だった。

僕が白酒のことを書いた原稿で、2009年に初めて出てきたフレーズが「羊の皮を被った狼のような古典落語」という表現だ。伝統の中で暴れる白酒の芸風に魅せられた僕が、彼がいかに「スペシャル」かを訴えたくて思いついたこの形容は、2010年10月に発売された集英社文庫版の『この落語家を聴け！』の本文にも新たに盛り込まれている。

その文庫版『この落語家を聴け！』で、僕は、2008年から2010年までの間で起こった様々な変化について「文庫版のためのあとがき」で補足した。白酒については、こう書いている。

「面白さはこの二年間でさらに数段アップ、『爆笑古典なら白酒を聴け！』と自信を持って勧められる最強の存在となった」

そう感じていたのは僕だけではなく、白酒の高座に足を運ぶ落語ファンの人数は右肩上がりに増え続けた。2010年代に入ると白酒の存在感はどんどん大きくなり、「東京を代表する人気落語家の一人」と呼べる存在になっていったのである。

そして白酒は、そうした状況に胡坐《あぐら》をかくことなく、「蔵出し」や「掘り起し」で新たな武器を増やしている。2014年の五夜連続独演会では爆笑編の『芝浜』を披露して落語ファンを大いに驚かせた。古今亭の型をベースに、「強い女房と小心者の亭主」という得意のパターンに持ち込み、「笑える落語」として『芝浜』を再構築することで、あの噺が本来持っていた「市井の平凡な夫婦のちょっといい話」という魅力を、改めて浮き彫りにしてみせたのである。「泣かせる噺」として演じる落語家が多い中、こういう発想が出来るのは白酒だけだ。

２０１８年3月、白酒は平成29年度芸術選奨の文部科学大臣新人賞を受賞した。人情噺を嫌って滑稽噺で勝負する「現代的な爆笑派」としての白酒の独特なスタンスが、現代落語界を豊かなものにしている。その功績は極めて大きい。

『この落語家を聴け！』で僕は白酒のことを「まさに今が旬」と書いたが、白酒の本当の「旬」は２０００年代ではなく、２０１０年代に始まった。そしてその「旬」は、２０２０年代以降も長く続いていくと僕は信じている。

スーパー二ツ目、一之輔

２００８年に発売された『この落語家を聴け！』の内容と、２００９年に僕が書いた落語家ガイド類との決定的な違いは、当時まだ二ツ目だった春風亭一之輔に対するスタンスだ。『この落語家を聴け！』の企画を立てた２００７年夏の段階で、僕は一之輔の扱いを決めかねていたが、最終的には、彼に言及するのはやめた。当時の一之輔は二ツ目になってまだ3年ほどで、「上手くて面白い古典派」として注目してはいたものの、それほど傑出した存在ではなかった。

だが一之輔の印象は、2008年の後半あたりからガラッと変わった。彼自身の個性が登場人物の台詞に投影され、オリジナルのギャグがどんどん増えていって、強烈な印象を与えるようになったのである。いわゆる「化けた」というやつだ。

この変化について一之輔に尋ねたことがあるが、当人は特に意識していなかったようだ。実はここが重要なところで、一之輔のギャグは決して計算づくではなく、噺の流れの中で登場人物が「つい言ってしまう」ものなのだ。後年、一之輔の真打昇進披露興行での口上で、柳家小三治は一之輔のくすぐり（ギャグ）について「噺の登場人物がその了見で言っている」と評しているが、おそらく一之輔が「登場人物の了見になって」自在に落語が出来るようになり始めたのが2008年後半あたりなのだろう。

最初に「一之輔って、いつの間にこんなに面白くなったの!?」と驚いたのは、2008年9月25日、中野・なかのZERO小ホールでの「若手研精会OB連落語会」だった。市馬・喜多八・三三らが出演したこの会で開口一番を務めた一之輔の『初天神《はつてんじん》』のあまりの面白さに衝撃を受けた僕は、「上手くて面白い二ツ目」一之輔の存在を改めて意識するようになった。

当初はそれほど頻繁に一之輔の高座に接していたわけではなかったが、2009年に入り、当時一之輔が日暮里サニーホール・コンサートサロン（定員100）で毎月開いていた勉強会「真一文字の会」に足を運ぶようになってから、僕の中で一之輔の存在が徐々に大きくなっていく。

強く印象に残っているのは一之輔が開口一番を務めた2009年3月25日の渋谷・NHKふれあいホールでの「第1回落語らいぶ2009」。立川談春・三遊亭白鳥・柳家喬太郎・柳家三三といった人気真打の高座を放送用に収録する公開録音ライヴで、一之輔の高座は放送用ではなかったのだが、彼の演じた『初天神』は以前にもまして面白く、その日の出演者の中で唯一録音されなかった二ツ目の高座が、僕に最も強烈な印象を残す結果となったのである。

それ以来、僕はさらに熱心に一之輔を追いかけるようになった。

『モーニング』で僕が一之輔を初めて取り上げたのは連載第18回（原稿締切は2009年9月4日）。そこで僕は一之輔のことを「今、最もホットな若手」「二ツ目ながら面白さは完璧に真打」「落語界の未来を背負って立つ逸材」と書いた。

ほぼ同じ時期に文藝春秋社のムックから依頼のあった「お勧めの落語家15人」の原稿でも、僕は15人（実際には「談志と小三治」をひとつの項目にまとめたので16人）の中に一之輔を選び、「桃月庵白酒とはまた別の『羊の皮を被った狼のような古典』の使い手」「豪快さと繊細さが同居するところは橘家文左衛門のよう」「声の強弱を駆使するメリハリの効いた演技は柳家喜多八にも通じる」と、大好きな演者3人を引き合いに出して誉めている。

その頃、一之輔は年4回のペースで「いちのすけえん」という独演会を新橋の内幸町ホール（客席数183）で行ない、毎回ほぼ満席に近い観客を集めていた。当時の内幸町ホールでは立川志らくが月例独演会「志らくのピン」を開いていたし、桃月庵白酒の定例会「白酒ひとり」も、やはりこの会場。柳家三三は2007年から2008年まで月例「三三独演」をやっていた。つまり内幸町ホールと言えば人気真打が独演会をやるような会場であり、二ツ目の一之輔がここで独演会をやれるというだけでも凄いことだった。

一之輔の高座では、登場人物が勝手に噺の中で暴れ、オリジナルのギャグがアドリブで生まれていく。だから同じ噺を何度聴いても飽きない。追いかける対象としての一之輔の優先順位は、僕の中でどんどん上がっていった。2010年10月に出た集英社文庫版『この落語家を聴け！』の「文庫版のためのあとがき」で僕は「今、僕にとって最もホットな若手は桃月庵白酒と春風亭一之輔」と言い切り、3ページにわたって「一之輔論」を書いている。

2011年に入ると一之輔は「真一文字の会」を内幸町ホールに移し、予約で完売するようになる。夢空間（演芸プロモーター）主催の独演会も国立演芸場（座席数300）で開かれるようになり、これもチケット完売。もはや完全に「売れっ子」の域である。2010年にはNHK新人演芸大賞の落語部門で大賞も獲っているし、真打にさせてもいいんじゃないのか、という見方をするファンもいたが、一之輔の所属する落語協会の通例では、真打昇進は二ツ目を9年から10年くらい経験してから。一之輔が前座から二ツ目に昇進したのは2004年11月で、真打はまだだいぶ先の話に思えた。

一之輔、21人抜きの大抜擢

2011年1月から『週刊ポスト』（小学館）で、僕の「噺家のはなし」という連載コラムが始まった。内容は例によってお勧め落語家ガイドで、南伸坊《みなみしんぼう》さんが落語家の似顔絵を描いてくれたのだが、その連載5回目にして早くも僕は一之輔を取り上げ、「既に『人気真打』を思わせる風格がある」「『未来の大看板』と呼ぶに相応しい器の持ち主」と書いた。

当時、落語家ガイドを書くに当たって、僕の中で「白酒・三三・一之輔」は同じような位置づけにあった。と言っても白酒は2005年、三三は2006年に真打になっていて、2004年に二ツ目になった一之輔とのキャリアの開きは大きい。それを一括りにするというのは、たとえて言うなら1900年生まれの六代目三遊亭圓生や1902年生まれの三代目桂三木助と1915年生まれの五代目柳家小さんを「昭和の名人」として一括りにする感覚に近い。

当時の一之輔は、いわば「スーパー二ツ目」とでも言うべき存在だった。2011年には

「もう一之輔は真打でいいんじゃないのか」という空気が落語ファンの間で広がっていたが、落語協会では2010年6月に柳家小三治が会長に就任して以来、まだ新真打は一人も作られていなかった。香盤では一之輔の上に21人もの二ツ目がいる。当分の間、一之輔は「スーパー二ツ目」であり続けるのだろう……そう思っていた。

だが驚くことに、2011年9月15日付で落語協会より「2012年春に春風亭一之輔が単独で真打昇進」との発表があり、協会のホームページには小三治会長が一之輔を横に置いて「新真打推薦の弁」を述べる動画がアップされた。単独での真打昇進は2003年秋の古今亭菊之丞以来。一之輔は21人抜きの大抜擢ということになる。

通常、真打内定は披露目の1年前で、一之輔の「半年前」というのは異例のことだが、この決定は大英断だった。「21人抜きの大抜擢」にはニュースバリューがあったし、なんといっても「小三治のお墨付き」である。落語界を活性化させるには絶好の話題となったのは間違いない。

都内の寄席5軒での一之輔の真打披露興行は、2012年3月下席の上野鈴本演芸場（夜の部）を皮切りに、4月上席新宿末廣亭（夜の部）、4月中席浅草演芸ホール（昼の部）、4月下席池袋演芸場（昼の部）、5月中席国立演芸場（昼興行／18日のみ昼夜）と、50日間行なわれた。披露目での一之輔の全演目は以下のとおり。

〈上野鈴本演芸場〉
3／21『粗忽《そこつ》の釘《くぎ》』・3／22『百川《ももかわ》』・3／23『薮入《やぶい》り』・3／24『茶《ちゃ》の湯《ゆ》』・3／25『明烏《あけがらす》』・3／26『花見《はなみ》の仇討《あだうち》』・3／27『子は鎹』・3／28『あくび指南《しなん》』・3／29『不動坊《ふどうぼう》』・3／30『長屋の花見』

〈新宿末廣亭〉
4／1『竹の水仙』・4／2『あくび指南』・4／3『らくだ』・4／4『百川』・4／5『初天神』・4／6『雛鍔』・4／7『花見の仇討』・4／8『子は鎹』・4／9『くしゃみ講釈《こうしゃく》』・4／10『茶の湯』

〈浅草演芸ホール〉
4／11『長屋の花見』・4／12『短命』・4／13『鈴ケ森《すずがもり》』・4／14『粗忽の釘』・4／15『百川』・4／16『蛙茶番《かわずちゃばん》』・4／17『代脈《だいみゃく》』・4／18『あくび指南』・4／19『茶の湯』・4／20『初天神』

〈池袋演芸場〉
4／21『明烏』・4／22『不動坊』・4／23『子は鎹』・4／24『青菜』・4／25『短命』・4／26『百川』・4／27『大山詣《おおやままい》り』・4／28『らくだ』・4／29『茶の湯』・4／30『粗忽の釘』

〈国立演芸場〉
5／11『初天神』・5／12『鰻の幇間』・5／13『青菜』・5／14『子は鎹』・5／15『明烏』・5／16『薮入り』・5／17『茶の湯』・5／18（昼）『へっつい幽霊《ゆうれい》』・5／18（夜）『らくだ』・5／19『五人廻《ごにんまわ》し』・5／20『粗忽の釘』

大初日と大千秋楽は十八番の『粗忽の釘』。大初日に『粗忽の釘』を演ると決めたのは当日の仲入り前、大千秋楽は「大初日と同じ噺を」と予め決めていたそうだ。

「一之輔追っかけの決死隊」

50日間の真打披露興行で一之輔が高座に掛けた演目数は24。最初の11日間は毎日演目を変え、そのまま最後まですべて違う噺をやるのではないかとさえ思わせた。

僕は平日の昼は仕事があって寄席に行けないので、上野鈴本と新宿末廣に重点的に通った。(国立演芸場での大千秋楽はありがたいことに日曜だったので行くことが出来た)

鈴本の10日間が終わったときに気が付いたのは、一之輔が毎日違う演目なだけでなく、師匠の一朝もまた10日間すべて違う演目だったこと。「この師弟すごい!」とビックリした。一之輔が12日目に演った『あくび指南』は上野鈴本でも演っていたので「毎日違う」のは11日間でストップしたが、一朝は16日目まで違う噺を演り続けた。

この披露目で僕が聴いた一朝の演目は『芝居《しばい》の喧嘩《けんか》』『祇園祭』『たいこ腹《ばら》』『看板《かんばん》のピン』『強情灸《ごうじょうきゅう》』『蛙茶番』『湯屋番《ゆやばん》』『初天神』『七段目《しちだんめ》』『紙屑屋《かみくずや》』『家見舞《いえみまい》』『浮世床《うきよどこ》』『日和違《ひよりちが》い』『不精床《ぶしょうどこ》』『たがや』『短命』等々。どれもメチャメチャ面白く、僕は改めて一朝の底力を知った気がした。「惚れ直した」と言ってもいい。50日間トリを務めた一之輔も見事だったが、同時に一朝がその真価を遺憾なく発揮した50日間でもあった。

この披露目での一之輔の高座で強く印象に残っているのは、上野鈴本大初日のハジケまくった『粗忽の釘』、そして新宿末廣3日目の『らくだ』である。

4月3日は暴風雨が東京を襲って交通機関にも影響があり、寄席興行自体が中止になってもおかしくない状況だった。だが新宿末廣亭には嵐をものともしない「一之輔追っかけの決死隊」が集結、一階は満席に近い状態となった。そんな中で一之輔は、死人が出るのでめでたい披露目には向かないはずの『らくだ』を、あえて演じたのである。「こんな状況だし『らくだ』でもやっちゃえ！」と思ったのかどうかは知らないが、一之輔の「気」のようなものが客席に一体感を生んだ、迫力満点の『らくだ』だった。

50日間の寄席での披露興行を終えて2ヵ月後の2012年7月25日、新宿の紀伊國屋サザンシアターで「TOKYO FM 半蔵門寄席スペシャル『わたし、ラジオの味方です4』〜春風亭一之輔×柳家喬太郎〜」というイベントが行なわれた。TOKYO FMで毎週金曜日の夜に放送されていたラジオ番組『柳家喬太郎のキンキラ金曜日』の公開収録を兼ねた落語会で、喬太郎と一之輔が二席ずつ落語を披露する他、番組アシスタントの柴田幸子《しばたさちこ》アナを交えてのトークコーナーがあった。そのトークで喬太郎が、気遣うような口調で「プレッシャーが凄いでしょう？」と一之輔に問いかけたところ、一之輔はあっけらかんと「いや、そうでもないですよ」と答えた。それは強がりでも何でもなく、本心だろう。一之輔には、プレッシャーをプレッシャーと感じない芯の太さがあるし、だからこそ一之輔の落語は面白い。その日演じた『鈴ヶ森』と『あくび指南』の爆発的な可笑《おか》しさは、あの人気者の喬太郎を完全に食っていた。

当時よく一之輔は高座で「今がピークかも」と言っていて、もちろんそれは自虐ネタではあるにせよ、実際そうした例は山ほどある。だが一之輔は「21人抜きの抜擢昇進」を見事にジャンピングボードとした。真打昇進以降の活躍ぶりは、文字どおり「快進撃」と言っていい。一之輔は、登場人物が自在に暴れる高座の圧倒的な面白さでリピーターをどんどん増やしていった。2013年からは毎年「春風亭一之輔のドッサりまわるぜ」と銘打った全国ツアーを行ない、地方での基盤も着実に築いている。

一之輔の知名度が飛躍的にアップしたのは2017年。NHK総合テレビの『プロフェッショナル　仕事の流儀』が4月10日放送の回で一之輔を特集したのである。この番組が落語家を取り上げたのは2008年の柳家小三治以来2人目。この放送によって、一之輔は一気に「全国区の落語家」となった。

今や「最も売れている落語家」の一人である一之輔だが、多忙を極めながらも着実にネタ数を増やしている。2014年から毎年よみうり大手町ホール（客席数501）で行なったネタおろしの独演会では、初年の「一之輔一夜」でネタおろし一席、翌年「一之輔二夜」でネタおろし二席、以下「三夜」で三席、「四夜」で四席と続き、2018年の「五夜」では『ねずみ』『付き馬《うま》』『帯久《おびきゅう》』『意地《いじ》くらべ』『中村仲蔵《なかむらなかぞう》』の五席をネタおろしした。この独演会は「大ネタ初演」を売りにしたものだったが、こういった企画とは無関係に寄席向けのネタも増やし続けている。ちなみに2017年の「四夜」を終えた段階で一之輔のネタ数はちょうど「200」に到達、2020年1月現在では「214」にまで増えているという。

ネタの多さ以上に重要なのは、何度となく聴いた得意ネタでも、聴くたびに進化していて毎回新鮮に笑えること。この「得意ネタのブラッシュアップ」という点において、一之輔は誰にも引けを取らない。だからこそ一之輔は追いかけ甲斐がある。かつて柳家さん喬が「公開小言」で弟子の喬太郎に説いた「今日のハンバーグは昨日のハンバーグとは違いますよ、という気持ちで提供する」ことが、一之輔には自然に出来ているのだ。

『プロフェッショナル』で一之輔は、こんな風に言っている。

「目の前ですね、一席一席だな。常連さんや初めて来るお客さんに笑ってもらう、その責任を果たすだけです」

そう、それこそが一之輔の真骨頂なのである。

「こしらってこんなに面白かったっけ？」

「ヘタだけど面白い二ツ目」立川こしらについて初めて書いたのは、2009年11月5日に発売された『週刊モーニング』誌上だった。

2008年6月に『この落語家を聴け！』を出したとき、こしらは僕の視野に入っていなかった。存在を知らなかったわけではない。2002年に志らくの総領弟子であるこしらが二番弟子の志らくと共に前座から二ツ目への昇進を決めた「二ツ目トライアル」の会にも、僕は足を運んでいた。ただ、そのときのこしらの高座の記憶はまったくない。三番弟子の志《し》ら乃《の》もトライアルに参加していて、「客の投票で昇進を決める」というので僕は志ら乃に投票したくらいだ。

僕は当時、志らくの熱烈な追っかけで、「志らくのピン」「志らく百席」「志らく四季の会」といった独演会のみならず、レギュラー出演で一席だけ演じる「下丸子らくご倶楽部」や上野広小路亭での「志らく一門会」にも足繁く通っていた。志らくは、下丸子や一門会で途轍もない名演を聴かせてくれることがあったからだ。

だが、こしらは一門会にもめったに顔を出さなかったし、一門の弟子が「若手バトル」を行なう下丸子で彼を観た記憶はない。そして、一門の誰もそれを不思議に思っている様子はなかった。「落語をマトモにやろうとしないヘンな総領弟子」というのが志らく一門におけるこしらの評価だったし、僕も正直、当時はこしらを「レザーの着物で高座に出たりするキワモノ」だと思っていた。

そんなこしらを僕が見直したのは、2008年10月19日の「志らく一門会」。この日、仲入り前に登場したこしらが演じた『あくび指南』が、衝撃的なまでに面白かったのである。

古典落語の伝統という物差しで見れば「ヘタ」なのは相変わらずだったが、落語常識を無視した規格外の発想で『あくび指南』を独自に作り替えたこしらの高座は、あまりに新鮮だった。次から次へと繰り出されるバカバカしい台詞と仕草に爆笑しながら、僕は「こしらってこんなに面白かったっけ？」と驚かずにはいられなかった。

そして2ヵ月後の12月21日、こしらは「志らく一門会」でトリの志らくの前に高座に上がり、『時そば』を演じた。このときの高座は『あくび指南』ほど強烈なインパクトはなかったが、オリジナル演出の『時そば』として充分に面白く、こしらの「落語家としての技量の向上」を感じて好ましく思えた。かつては「トークが面白い」演者というイメージだったのが、ちゃんと「落語が面白い」人になったのだ。僕は、この一門会で配布されたチラシで翌年こしらがお江戸日本橋亭で毎月独演会をやることを知り、ぜひ行ってみようと心に決めた。

とはいうものの、他にも追いかけたい落語家が大勢いる中で身体はひとつ、なんだかんだでスケジュールが合わず、実際にその月例独演会「こしらの集い」に初めて足を運ぶことが出来たのは、２００９年も後半の8月14日のことだった。

行ってみて驚いたのは、板張りの客席に椅子が置かれているだけだったこと。いつも「月例談笑独演会」「気軽に志ん輔」「市馬落語集」等で慣れ親しんできたお江戸日本橋亭は「前方が畳敷き、後方が椅子席」で、どちらもビッシリ埋まっていた。だが「こしらの集い」では閑散とした空間に椅子がまばらに置かれ、観客は十数人いたかどうか……。
と、客の入りは寂しかったが、内容は素晴らしかった。午後7時半開演で、8時近くまではトーク。その後、約1時間で『あくび指南』『厩火事』『火焔太鼓』の三席を演ったのだが、どれも最高に面白い！『あくび指南』を聴くのは二度目だが新鮮に笑えたし、『厩火事』『火焔太鼓』も独自の解釈による改作が施されていて、次々に飛び出すオリジナルなフレーズのバカバカしさが爆笑を生む。脱線も多く、フレーズどころか噺の展開までオリジナルだったりする。（この日以降、こしらを追いかけていく中で、僕は「もはやまるで違う噺」になっている「改作」にも度々出会うことになる）
こしらの高座は、普通の落語家とはまったく異質だ。こしらは古典落語という素材を弄《もてあそ》び、自己流で「面白い噺」に作り替える。そこには、談笑のような「古典を現代に通用させるための改作」という思想はない。ただ「面白くしている」だけで、伝統へのリスペクトが感じられないのである。そもそも落語をまったく知らないまま志らくに入門したというし、伝統に寄り添ってスキルを磨こうという意志もなさそうだ。
だが、問答無用に面白い。古典落語としてではなく、「高座で独り語りをする演者」として面白いのである。これを邪道と言う向きもあるだろう。しかし、落語の歴史を振り返れば、こういう「伝統に寄り添わない」タイプの「爆笑派」はそれほど珍しくはなかったはずだ。

こしらの落語への冷めた向き合い方は、立川流という「落語界の異端集団」において、さらに「異端」だ。だが、頭でっかちの「落語マニア」ではないからこそ、こしらは純粋に「面白さ」を追求できる。そんなこしらの世界に、僕は魅了された。

伝統芸能としての正しさを求める落語通には嫌われるであろう「こしらの面白さ」を、僕は世間に伝えたいと思った。いや、「伝えたい」というより、「こしらの落語にエキサイトしている事実」を文章にせずにはいられなかった、というほうが正しいだろう。

かくして僕は、『週刊モーニング』の連載「今週この落語家を聴け！」の第24回でこしらを取り上げ、こう書いた。

「古典落語のテクニックという点では上手くない、というか、ヘタ。時には『おいおい！』と心の中でツッコミたくなることもある。でも、メチャメチャ面白い！　あまりに素敵なバカバカしさ！　今はまだ空振りも多いが、振り回したバットが芯でボールを捉えた時の飛距離は伴宙《ばんちゅう》太《た》級だ」

「『落語家としての自覚ゼロ』なこしらのブッ飛んだセンスは、彼の落語に存分に活かされている。上手くないことによってダレそうになっても、次の瞬間『おおっ！』と思わせる途轍もない台詞が見事に出てくる。その『面白さ』が飛んでくる方向があまりに予想外で、意表を突かれて爆笑してしまうのだ」
「こしらは『ヘタだよ！』と開き直って演る度胸の良さがある。『ウケなきゃ』とビクビクしてない。いい意味でのいい加減さを常に保って落語を演っている。そこが魅力だ」

こういう誉め方をした相手は、立川こしらただ一人。これからも出てこないだろう。

「こしら・一之輔　ほぼ月刊ニッポンの話芸」のスタート

僕がこしらについて書いた『週刊モーニング』の記事が出たから、というだけでもないだろうが、その翌月（2009年12月）あたりから「こしらの集い」の集客が増え始めた。2010年には「前方が畳敷き、後方が椅子席」という見慣れたお江戸日本橋亭の風景が出現、それなりに座席が埋まるようになっていく。

2009年に僕の中で飛躍的に「追っかけ度」が増したのが春風亭一之輔なら、2010年は立川こしらだった。毎月の「こしらの集い」は僕にとってマストな会となり、その期待が裏切られることはなかった。毎回そのバカバカしさで爆笑させてくれる「こしらの集い」にハマった僕の周囲の落語ファンの間で「こしらの面白さは衝撃的だ」と熱く語られるようになったのは2010年の春から夏にかけての時期だったと記憶している。

集英社文庫版『この落語家を聴け！』（２０１０年10月発売）の「文庫版のためのあとがき」では一之輔に続いてこしらに言及、４ページにわたる「こしら論」を展開した。そこで僕が主張したのは、三遊亭白鳥が「白鳥落語の演者として上手い」ように、こしらは古典落語の常識から見れば基本が出来ていないにせよ、「こしら落語の演者」としては上手いのだ、ということだった。

その「こしら落語としての面白さ」にハマるかどうかは人それぞれだが、少なくともそれを支持したのは僕だけではなかった。

落語界の将来を担う「スーパー二ツ目」一之輔と、永遠に賛否が分かれる「異端の爆笑派」こしら。僕が追いかけているこの２人を組み合わせた落語会「こしら・一之輔　ほぼ月刊ニッポンの話芸」が世田谷区の成城ホールで始まったのは２０１１年７月のこと。仕掛け人は、北沢タウンホールや成城ホールの運営を行なっていたアクティオ株式会社エリア統括（当時）の野際恒寿《のぎわつねとし》さんだ。

それ以前から野際さんとは「月刊談笑」という会を一緒にやっていた。アクティオが運営するホールで積極的に落語会を開催して成功を収めていた野際さんは、２００８年のアスペクト版『この落語家を聴け！』や、続いて出版された僕の落語家インタビュー集『この落語家に訊け！』を読んで「落語の見方が同じ」と共感してくれたと言い、僕が演目を指定してインタビューも行なう立川談笑独演会の企画を持ちかけてきた。それが2010年7月に北沢タウンホールでスタートした「月刊談笑」だ。(2012年6月まで毎月開催、後に不定期の「別冊談笑」となった)

2011年、僕と同じく「こしらの破壊的な面白さ」に注目した野際さんが「一之輔とこしらの二人会」というアイディアを語ったとき、僕はもちろん大いにエキサイトしたが、何しろ当時の一之輔は飛ぶ鳥を落とす勢いの「スーパー二ツ目」、実現するのは難しいのではないかと思った。こしらは落語会の空気を乱す「共演者泣かせ」の演者という側面があり、僕が一之輔だったら正直やりたくないのではないか、と。

だがそれは実現した。前半こしら、後半が一之輔、最後に僕を交えてのトークという構成で、こしらの演目は僕が指定。キャリアではこしらの後輩である一之輔をトリに固定したのは、「一之輔でビシッと締めたい」という単純な発想でもあったが、落語家としての「格」は既に真打同様の一之輔がトリを取るのが当然だと、野際さんも僕も考えていたからだった。

そして実際、この会が始まって程なく一之輔の「2012年3月真打昇進」が発表されることになる。それを受けて「ほぼ月刊」としての「こしら・一之輔」は2012年3月をもってひとまず終了、以降は半年に一度の開催となっていく。

ただ、意外なことに2011年7月の時点では、こしらのほうがむしろ一之輔より真打に近い位置にあるように見えた。志らく一門ではこの年の5月から「こしら、志らら、志ら乃、らく朝」という4人の二ツ目が参加する「真打トライアル」が開催されており、6回目となる10月31日に、志らくから真打昇進のお墨付きが最優秀者に与えられることになっていたからだ。

もっともこのトライアルは、数年前から真打昇進を望みながら決め手に欠けていた三番弟子の志ら乃を「真打にしてやる」ために志らくが始めたのだろう、と僕は思っていた。志ら乃は2005年度のNHK新人演芸大賞の落語部門で大賞を受賞したこともあり、志らくが大いに買っていた「正攻法の演者」である。一方、こしらは志らくが重視する「師匠との価値観の共有」という点での評価が極めて低く、志らくの基準で真打を決めるのであれば、こしらはまだ真打にはなれそうもなかった。

ところがこのトライアル、「観客の投票も点数に反映する」というシステムにしたことで、俄然「まさか、こしらが真打に⁉」という展開になっていったのだった。

志らく一門会の「真打トライアル」

２０１１年に志らく一門の二ツ目４人を対象として6回にわたり開催された「真打トライアル」は「志らく一門会特別編」と銘打った落語会で、毎回最後に志らくが講評を述べて１

00点満点で採点する他、観客の投票結果も点数化されて発表された。（観客は二ツ目4人の高座名が書かれた投票用紙に1人または2人に丸を付けて提出）

4人の中で志ら乃だけは過去に単独でトライアルを行なっていた。最初は2007年11月7日。新宿FACEで行なわれたこのトライアルで『たらちね』『笠碁《かさご》』『鰻屋《うなぎや》』『湯屋番』を演じた志ら乃に対し、志らくは「今のままでは『こいつはいいんですよ！』と家元に言えない」と言い、「来年、毎月300人程度の会場で独演会をやって客を集めること」「その会では毎回ネタおろしを四席、中に大ネタを必ず入れること」という課題を出した。それを受けて2008年に志ら乃が浜松町の文化放送メディアプラスホールで毎月「真打になりたーい！」と銘打った独演会を行なったが、やはり真打にはなれなかった。

とはいえ志らくが弟子の中で志ら乃を最も高く評価していることは明白で、2007年のトライアルでも「いずれは真打にする」と言っていた。そんな志ら乃にとって「他の弟子と争う」トライアルは、昇進切符を手に入れる絶好の機会だ。

5月30日に渋谷・伝承ホールで行なわれた第1回の結果は次のとおり。

らく朝『替り目』客59点／志らく55点

志ら乃『粗忽長屋』客177点／志らく70点
こしら『看板のピン』客159点／志らく65点
志らら『ちりとてちん』客117点／志らく55点

点数的には順当な滑り出しを見せた志ら乃だったが、講評で志らくは「美学が外れてる」と苦言を呈した。観客の「ウケ方」で言えば、こしらや志ららのほうが上だったと記憶する。

第2回から第5回までは内幸町ホールで行なわれた。第2回（7月24日）の結果は次のとおり。

志らら『疝気《せんき》の虫《むし》』客19点／志らく20点
らく朝『厩火事』客74点／志らく35点
志ら乃『三軒長屋』客75点／志らく65点
こしら『まめや』客160点／志らく75点

何とこしらが志ら乃を大きく上回ったのである。

だが、第3回（8月19日）はこしらの出来がイマイチで、志ら乃が巻き返す。

こしら『青菜』客57点／志らく55点
志らら『宮戸川《みやとがわ》』客52点／志らく55点
らく朝『猫《ねこ》の災難《さいなん》』客54点／志らく70点
志ら乃『崇徳院《すとくいん》』客１１９点／志らく75点

9月14日、成城ホールでの「こしら・一之輔」のアフタートークで、こしらは一之輔に「一緒に真打になっちゃおうぜ！」と言った。それは「一之輔の真打昇進はまだ先だ」という前提の、ちょっと先輩風を吹かせた言い方（もちろんシャレ）だったが、落語協会から「来年3月に一之輔が真打昇進」と発表されたのはその翌日のこと。10月13日の「こしら・一之輔」のトークで「一之輔さんズルいよ、知ってたんでしょ！　先月あんなこと言って恥かいたよ」とこしらは言っていたが、一之輔は9月15日になってから、（師匠から連絡が来る前に）ツイッターで知ったのだという。

「ふざけるにもほどがあるが、ふざけないよりまし」

そんな中、志らく一門のトライアルでこしらも徐々に真打に近づいていく。9月19日の第4回の結果は次のとおり。

志ら乃『時そば』客68点／志らく60点
こしら『だくだく』客58点／志らく60点
志らら『壺算《つぼざん》』客72点／志らく65点
らく朝『文違《ふみちが》い』客56点／志らく65点

志ららの『壺算』の面白さが際立っていた第4回のこしらの得票は伸びなかったが、10月8日の第5回ではこしらが勝負強さを発揮する。

らく朝『笠碁』客51点／志らく60点
志ら乃『鼠穴』客60点／志らく72点
こしら『火焔太鼓』客111点／志らく80点
志らら『強情灸』客45点／志らく55点

この日の『火焔太鼓』のウケ方は圧巻だったが、特筆すべきは志らくがこしらに与えた点数の高さだ。

そして10月31日、伝承ホールに戻って開かれたファイナルでは、志らくは落語の他に「価値観」の採点も行なった。

志らら『風呂敷《ふろしき》』（客61点／志らく60点／価値観20点）
らく朝『百川』（客60点／志らく65点／価値観20点）
志ら乃『宿屋《やどや》の富《とみ》』（客157点／志らく85点／価値観40点）
こしら『たいこ腹』（客178点／志らく70点／価値観5点）

志らくは「私は志ら乃が真打になるべきだと思うが、客はこしらを支持している。しょうがないから2人同時だな」と結論付けた。こしらが成城ホールで一之輔に言った「一緒に真打になろうぜ！」は、ほぼ実現したと言っていい。

ただし、こしらと志ら乃が実際に真打昇進を果たしたのは、それから1年以上先だった。

立川談志が２０１１年11月21日に亡くなったため、１年間は喪に服したということだろう。こしら・志ら乃合同での真打昇進披露パーティーは２０１２年12月７日に東京會舘で行なわれた。「談志の孫弟子初の真打」は、談志亡き後に誕生したことになる。

一之輔の真打昇進によって「こしら・一之輔」が半年に一度の特別興行となったため、僕はその後継企画として成城ホールでこしらの他に鈴々舎馬《ま》るこ、三遊亭きつつきという２人の二ツ目を起用した月例三人会「新ニッポンの話芸」を２０１２年７月にスタートさせていた。そうした縁もあり、12月17日には成城ホールでこしらの「真打昇進披露の会」が行なわれ、師匠志らくの他に立川左談次、立川談四楼、立川談笑らが顔を揃えた。こしらの演目はおめでたく『御神酒徳利《おみきどくり》』。僕のリクエストだった。

昇進内定の際、講評で志らくは２人に「一之輔よりいい噺家になってくれればいい」と言った。少なくともこしらに関しては（そもそも「ジャンルが違う」ので）それは無茶な要求というものだが、真打となったこしらは毎月の「こしらの集い」で満員の観客を沸かせ、海外でも落語会を開くなど独自の活動を行ないながら、ラジオでも得意のおふざけトークを展開、順調に「立川流きっての爆笑派」としてのステイタスを築いていく。

そして、そんな「異能の弟子」こしらの才能を、実は志らくも高く評価しているはずだ。

2017年3月28日、お江戸日本橋亭での「志らく・こしら親子会」で配布された手拭には、「こしらへ　ふざけるにもほどがあるが、ふざけないよりまし　志らく」と、志らくからこしらへの「贈る言葉」が直筆で染め抜かれていた。さすが師匠、弟子をよく見ているではないか。

第八章　談志が死んだ

東日本大震災「今日は中止です。来たのは広瀬さんだけです」

２０１１年３月11日の夜、僕は神保町のらくごカフェで柳家一琴の独演会を観るつもりだった。

らくごカフェは高座が常設された「喫茶&落語ライヴスペース」で、50人程度まで収容できる。一琴はここで３月９日から14日までの６日間連続７公演で毎回三席ずつネタおろしをやる「柳家一琴21席連続根多《ねた》おろしの会」を企画していた。

初日の９日、僕は横浜にぎわい座の「新・志らく百席」に行ったので欠席したが（その日の一琴の演目は『弥次郎《やじろう》』『そば清《せい》』『三軒長屋』）、翌10日はらくごカフェに行き、『かぼちゃや』『猫《ねこ》の皿《さら》』『死神』の三席を観ている。11日のネタ出しは『死ぬなら今』『矢橋船《やばせぶね》』『付き馬』だった。

だがこの日の午後2時46分、宮城県牡鹿《おしか》半島の東南東沖で観測史上最大の地震が発生。東日本大震災である。僕の職場は神保町のすぐ隣の小川町で、らくごカフェは徒歩圏内。様々な物が散乱するオフィス内の片づけを午後6時過ぎに中断した僕は、らくごカフェに向かった。すると1階入口で一琴が出迎えてくれて「今日は中止です。来たのは広瀬さんだけです」と言われた。

当然だ。首都圏の交通はストップし、街は帰宅難民で溢れている。この混乱した状況で落語会が出来るわけがない。僕は徒歩だったから行けただけだ。

結局これ以降、予定どおり実施されたのは13日（『居候《いそうろう》』『試し酒』『牡丹灯篭：お露新三郎〜お札はがし〜栗橋宿〜おみね殺し』）だけで、12日の昼夜2公演と14日は中止。振替公演が3月19日（11日分）、4月4日（14日分『お血脈《けちみゃく》』『鷺《さぎ》とり』『らくだ』）、4月9日（12日昼公演分『時そば』『野ざらし』『火事息子《かじむすこ》』）、4月10日（12日夜公演分『あくび指南』『権兵衛《ごんべえ》狸《だぬき》』『景清《かげきよ》』）の4回に分けて行なわれた。

それでも「21席のネタおろし」は凄いことなのだが、「連続」のインパクトは薄れた。残念なことだ。

この東日本大震災は、相次ぐ落語会の中止を招いた。震災発生から10日間くらいは、特にホール系の会場で開催に踏み切るかどうかの判断は難しかっただろう。余震の恐れや原発事故に伴う電力不足もあったが、何より社会全体を覆う「自粛ムード」の影響は大きかったと思う。

東京電力管内の計画停電が始まり、街がめっきり暗くなっている中、銀座ブロッサム中央会館で行なわれた「立川志らく独演会」（3月17日）は、客席数900が完売だったにもかかわらず、空席が相当あった。この時期の、あの規模の大ホールでの「開催決行」には勇気が要ったと思うし、実際に批判的な声もあったが、出かけた観客の一人として僕は「やってくれてよかった」と思った。

ちなみにその4日後の3月21日には僕自身が出演者でもある北沢タウンホールでの落語会「月刊談笑」があり、出演者及び主催者の「中止にする必要はない」という総意で予定どおり開催されている。

3月11日以降、僕が行く予定だったのに中止となった落語会は、12日の渋谷・伝承ホールでの昼夜2公演（「古典ムーヴ2011（文左衛門・遊雀・生志・一之輔）」／「SWAクリエイティブツアー」）、15日の博品館劇場「鯉昇・喬太郎古典こもり」、19日「朝日名人会」（小三治、志の輔、白酒ほか）、25日葵寿司「雲水の会（ゲスト談春）」、26日三鷹公会堂「春風亭昇太独演会」の6つ。

そう書くと多いようだが、実は12日と15日を除けば僕は毎日どこかで落語を観ていた。つまり、少なくとも余震が収まってからは、中止にならなかった落語会も多かった、ということだ。

実際、かなり早い段階から「中止ではなく収益の一部を義援金に」という判断を下した主催者も多く、会場で義援金を募る光景があちこちで見られた。3月27日には大阪府堺市民会館の「立川談春独演会」に(ネタ出しの『子別れ(通し)』を観るために)行ったのだが、ここでも大々的に義援金を募っていて感銘を受けた覚えがある。

「自粛」ではなく「それぞれが自分に出来ることを」という健全な発想が、ポジティブな流れを生んでいった。復興支援を謳った公演も企画されるようになり、4月13日には春風亭小朝が発起人となって渋谷のC.C.Lemonホールで「東日本大震災チャリティ落語会——落語の力——」が開催され、入場料はすべて寄付されている。当日の出演者と演目は次のとおり。

柳家三三『釜泥《かまどろ》』
柳家喬太郎『転失気《てんしき》』
三遊亭圓楽『馬《うま》のす』

春風亭小朝『扇《おうぎ》の的《まと》』
〜仲入り〜
林家たい平『湯屋番』
柳家花緑『初天神』
サンドウィッチマン（漫才）

トリがサンドウィッチマンというのは落語会としては異例だが、彼らが震災直後から復興支援に積極的に尽力してきたことを考えると、むしろ当然だろう。

僕の実感では、ゴールデンウィークを境に「自粛ムード」は消え、落語界は平常モードに戻っていった。

だがこの年、落語の世界にまた別の大きな「事件」が起こることになる。

「立川談志の死」である。

「談志の晩年」の始まり

立川談志の最初の「異変」は、２００８年４月８日、中野・なかのＺＥＲＯ小ホールでの

「立川談志独演会」で起きた。

この日は「昭和歌謡好き」という共通項で談志と親しい柳亭市馬が開口一番を務め、三橋《みはし》美智也《みちや》を歌いまくる『掛《か》け取《と》り』を演じた。談志のリクエストらしい。

続いて登場した談志は市馬の高座を誉め、上機嫌のようには見えたが、「喉にカビが生えてる状態であると診断された」と言う談志の声はこれまでになく掠れ、本当に声が出しにくそうだった。

2007年、談志は「体調が最悪」「声が出ない」「俺はもうダメだ」が口癖のようになっていて、かなり調子が悪そうな日も少なくなかったが、それでも数々の名演を残している。

2008年に入ってからも、「喉の調子が悪くて最後まで演る自信がない」などと言いつつ声の不調を芸の力で補い、談志ファンを大いに喜ばせていた。とりわけ2月27日、赤坂区民センターでの「立川談志落語会」で披露した『天災』は絶品で、その出来に満足した談志は、この新演出をCDとして残すために、2日後の銀座ブロッサム中央会館での独演会で再び『天災』を演じ、録音させているほどだ。

この日も、「これほど声が掠れているのも珍しい」と思わせる状態ではありながら、一席目の『黄金《きん》の大黒《だいこく》』はアドリブ全開で、「フワフワした魅力のある談志噺」として楽しめた。

休憩を挟んで二席目。談志は「市馬に『黄金餅』つけてくれと頼まれましてね……それを今日演ります」と宣言した。

『黄金餅』は、2006年9月、横浜にぎわい座で市馬が「落語と昭和歌謡」という会をやったとき、ゲストで出た談志にオフィスエムズ（落語会企画会社）の加藤浩《かとうひろし》さんが「稽古してあげてください」と客前で頼んだ演目。2007年9月、市馬は談志と一緒に高崎の仕事に行った際、『青竜刀権次《せいりゅうとうごんじ》』と共に『黄金餅』の道中付け《どうちゅうづ》の部分のみ教わったという。

マクラもそこそこにスッと入っていった『黄金餅』。やはり声が出にくそうだ。

やがて場面は下谷の山崎町から木蓮寺までの道中付けへ。志ん生とは一味違う談志ならではの道順説明があり、さらにこれをもう一度、今度は現在の地名で言い直すのが談志流。と、ここで談志は噺を中断して「市馬ァ、ダメだぞ今日は！」と叫んだ。

限界だ、という表情だ。

「二席目になればもう少し声が出るようになるかと思ったんだけど……」

やがて寺の場面から再開するが、しばらくして「……もう、どうにもならない」とストップ。だが、談志は「ところどころ演ります！」と言って場内を沸かせ、地の語りを中心にダイジェスト風に語っていく。「ここで値切るシーンがあってな」「こんなギャグを入れてた」といった具合で、ほとんど「公開稽古」というトーン。このとき、市馬は舞台袖ではなく、客席側からこの「公開稽古」を受けていた。僕のインタビューから市馬の言葉を引用する。

「休憩中に廊下でウロウロしてたら、談志師匠が〝これからおまえのために『黄金餅』演るから前に回って聴いてろ〟って。そりゃあもう、スッ飛んで行きましたよ。もちろん客席は満員でしたから、真ん中の通路の後ろのほうで、正座して聴いていたんです」（アスペクト刊『この落語家に訊け！』）

終演後、談志は市馬に「あんな感じで悪かった」と詫び、CDでちゃんと覚えろと言いつつ具体的なアドバイスをしたという。

談志はこの日の『黄金餅』で、新しい演出を披露している。「生焼けにしとけ」と言って焼き場に西念の屍骸《しがい》を預けた金兵衛が、夜明かしして戻ってきてからアジ切り庖丁で焼けた屍骸の腹を裂くのが従来の『黄金餅』だが、談志はこの高座で金兵衛に、焼き場に行くなり「すぐ焼けよ！　俺、立ち会うぞ！」と言わせたのである。

「考えてみると、屍骸を焼いて動かしたら金が出てくるでしょう？　先に見つかったら隠坊に金を持っていかれるよね。そこに気づいちゃったんだけど、その対策が出来てない。その前に何か場面を入れとくか……」

この期に及んで「噺の穴」を発見して格闘する談志。さすがである。屍骸の腹を庖丁で切り開き、中から金を取り出す仕草へ。「市馬、ここんトコ、いい加減にやっとくからな！（笑）」。そして駆け足でサゲへ。ここでも談志は「餅屋をやって儲かったって、そこに何かヒネリを加えるなら、その餅屋の餅から小粒が出てきたとかね。『誰言うとなく黄金餅と……』って怪談風にするとか」と考察を加えた。

「で、本当はこれをもっと克明に演っていく」と言った後、省略した幾つかの台詞を振り返って実際に演ってみせ、「演れるんならそのまま演ればよかったって話だけど」と笑わせる。

「落語をバラバラに聴いたの初めてだろ？」

『黄金餅』論を少し語った後で、談志はこう締めくくった。

「声が出ないから休んで代わりを出すというのではなく、声を限りに演るという道をあえて選んで……このほうがそっちも最後を見届けたって満足感があるだろうし（笑）。こういう高座ですみません。立川談志というドキュメントを観たということで勘弁してください」

僕はこの日、稀有な経験をさせてもらった満足感と共に帰路についた。まさに「ドキュメントを観た」という思いだった。

そんな僕には、談志の言う「喉にカビが生えてる状態」がいかに深刻な事態か、わかっていなかった。

後から振り返ってみると、この2008年4月8日こそが、「談志の晩年」の始まりだったのである。

「談志体調不良のため出演順に変更があります」

『黄金餅』をダイジェストのような形で語った中野の高座から11日後の2008年4月19日、吉祥寺・前進座での「立川談志一門会」に出掛けると、「談志体調不良のため出演順に変更があります」との貼り紙があった。プログラムでトリとなっている談志が仲入り前の出番になり、トリが立川生志に変更されたというのだ。

前座（松幸）、二ツ目（談修《だんしゅう》）に続いて談志が登場。出番の変更の理由が喉の不調であることは声を聞けばすぐにわかる。出番を入れ替えた理由を説明した後、いつもの調子のマクラからジョーク、そして「おい、呼びにやったら来なきゃダメじゃないか……」と落語に入ったが、この台詞の後半が酷《ひど》く掠れてしまった。「ダメですね……」と呟いた後、袖に向かって「おい、談春、歌舞伎座ダメだぞ、これ！」と叫ぶ。歌舞伎座とは言うまでもなく、2

ヵ月後に控えた談春との親子会のことである。

普通にしゃべる声も痛々しいが、落語になると調子を張り上げて語るだけに、さらに厳しい。続けようとして、すぐ無理だと判断した談志が「おい！　春！　帰っちゃったか？」と袖に向かって叫ぶ。出演予定のなかった洋服姿の談春が談志の脇に来ると、談志はオフマイクで「お前、俺の着物着ていいから、志雲（生志の言い間違い）の後に上がって」と指示。談春が袖に戻ると、談志はレストランのジョークを披露したが、これも掠れて聞き取りにくい。談志は「実は『ろくろっ首《くび》』を演ろうと思ったんです」と続けた。「俺のは普通と違うんです。縁談があって、向こうの娘は器量もいいし申し分ないが、ひとつだけ瑕《きず》がある、ろくろっ首だと。『じゃ行くよ！』『え？』『面白いから行く！』と……見世物で面白いから行くという了見の与太郎で、新しい『ろくろっ首』をこしらえたんですが、その『ろくろっ首』は、次の機会があれば」と言って談志は高座を下りた。

仲入り後には生志が『茶の湯』を演り、続いて急遽《きゆうきよ》トリを務めることになった談春が登場。「まさかこういう形でここ（前進座）に出ることになるとは……言いたいことは山ほどありますが、家元の着物に身を包んで一席申し上げます」と『明烏』に入っていった。

談春が語り終えて幕が下りたのが午後8時20分。午後6時開演だからそのまま終演でもいい時間だが、もう一度幕が上がり、普段着姿の談志が舞台下手で土下座している。そして高座に上がって胡坐をかき、「談春が居て助かりました。上手くなったでしょ？　今の落語家では志の輔、談春、志らく、この三羽烏が図抜けています」と談春をねぎらう。

「こういう声のつもりでこの劇場と契約したんじゃないからね。これが二、三度続けば、終わりである、ということでしょう」

途中でビールを持ってこさせつつ、20分間ほどジョークを披露した後、「心よりお詫びを申し上げます」と言って深々と頭を下げ、幕が下りてくる中、バタンと高座に倒れこんだ。

4月22日、有楽町・朝日ホールの「立川生志真打昇進記念落語会」では、志の吉（開口一番）、春風亭昇太（ゲスト）に続いて談志が登場。「声が出なくなっちゃって、中トリは志の輔に任せます。志の輔より酷い声になっちゃった」と出番変更の説明。「声が出なくて演れる落語は二席しかない」と言って、『唖《おし》の釣《つ》り』と『こんにゃく問答』の一部を少々。「もう気力がもたない。終わりが来たということだけれど、その終わりにどう対処していくか……」そう言った後、ジョークを幾つか披露して、談志は高座を下りた。

次に談志を観たのは5月13日。国立演芸場での「談志ひとり会」だ。

プログラムで談志は「もう終わり」と嘆きながら「けど20年ぐらいそんなこと言ってるぞ」と自分でツッコミを入れ、「でも今回は違うネ、遺言に近い。いや、それだネ」と反論。「立川談志、イキで、シャイでいい奴なのに可哀相だよ。恐らく今夜も声が出まい、どうしよう…」と原稿を締めくくっていた。

立ち姿でのオープニングトークで「自分でこれが限界だと見切りをつけるのではなく、声が出なくてしゃべれなくなってしまうというのはどうしようもない」と言う談志の声はやはりかなり掠れている。

「俺は立川談志を相手に芸をやっていた。自分の芸を客観的に見ている立川談志に『面白ェことやりやがったな』と言わせたい。俺の芸は一期一会、談志を喜ばすんだから同じことは出来ない。その、立川談志が居なくなっちゃった。（真上を見て）談志よ、どこへ行ったんだ？」

トークに続いてふくろこうじ（パントマイム）、松元《まつもと》ヒロ（スタンダップコミック）と談志お気に入りの芸人が登場、仲入りを挟んで談春が『与話情浮名横櫛《よわなさけうきなのよこぐし》』の「玄冶店《げんやだな》」を演じ、トリが談志。高座に上がるとすぐに「呼びにやったらすぐに来なきゃダメじゃねぇか」と落語に入った。前進座で演ろうとした『ろくろっ首』である。「次の機会」が来たわけだ。

かなり掠れた声ではあるが、噺は順調に進んでいく。談志ならではの「自由人」与太郎が全開だ。途中で「これが本当に最後の姿になるかもしれません。行けるところまで行きます」と言いつつ、与太郎の縁談へ。「首が伸びるんだよ」と叔父さんが言うと「行く！」と与太郎は乗り気になる。「よくあるだろ、見世物でろくろっ首って。でも見世物じゃ面白くないよ。本物だろ? 滅多にない経験だし、いいよ、行く!」

随所で爆笑を呼ぶ、新演出の見事な『ろくろっ首』。15分ほどの一席だった。

鳴り止まぬ拍手に応えて話し始める。

「最後まで残った気力の対象に〝落語〟はなり得る、それを感じました。私を救ってくれるのは落語しかない」

そして、こう結んだ。

「こういう高座も、一度や二度ならドキュメントだけど、ずっと続けるわけにもいかない。長い間ありがとうございました……っていうのも何だけど、今日はどうもありがとうございました」

たとえ声は出なくとも、「落語という対象」のために気力を振り絞って落語を演っていれば、「居なくなった立川談志」がきっとどこかで聞きつけて、「頑張ってるじゃネェか」と声を掛けるために戻ってくる……僕は、そう信じたかった。

高座から遠ざかる談志

「立川談志が居なくなっちゃった」と語った2008年5月13日の「ひとり会」から同年6月28日の「立川談志・談春 親子会 in 歌舞伎座」までの間に、僕は談志の高座を4回観た。

まずは5月23日、新橋・内幸町ホール「五夜連続・立川生志真打昇進披露興行『…の・ようなもの』第五夜」。談志は仲入り前に登場して『金玉医者《きんたまいしゃ》』を淡々と演りきった。仲入り後の口上にも並び、三本締めの音頭も取っている。

6月7日は三鷹市公会堂で「談志・志らく　親子会」。この直前、談志は入院して治療に専念しているという情報があり、TOKYO MXの『談志・陳平の言いたい放だい』(2004年4月から毎週土曜に放送していたトーク番組)でも「病名はわかっている、喉は治る」と発言している。この日は志らくが二席(『鉄拐』『品川心中』)で、談志は仲入り前に『やかん』を演じた。

6月18日、調布市グリーンホールで「立川談志独演会」があったが、当日会場入口に「プログラム変更のお知らせ」が貼ってあり、談志の他に談春・談笑・志遊が出演する「談志一門会」になっていた。

オープニングで普段着姿の談志がハンドマイク片手に登場、立ったまま20分ほどトーク。志遊『寄合酒』、談春『宮戸川』、仲入りを挟み談笑『粗忽長屋』と来て、談志のトリネタは民話系の『田能久《たのきゅう》』。地噺的な要素を強調して軽いトーンで語る演目なので、声が掠れていてもあまり支障はなかった。

声を思うように出せない状態では、登場人物の台詞に感情注入を要するダイナミックな落語を演ることは出来ないが、『金玉医者』『やかん』『田能久』といった、声のトーンではなく内容で勝負する噺なら出来る。そう考えてのネタ選びだったのだろう。

当時、声が思うように出ない談志の「感情注入を排した演目」について、僕や周囲の談志ファンはいつしかこれを「談志噺」として積極的に楽しむようになっていた。

6月22日には群馬県館林市三の丸芸術ホールで「談志・談四楼・志の輔 親子会」があり、日曜ということもあって足を運んだ。

談修『転失気』、志の輔『親《おや》の顔《かお》』の後、談四楼ではなく談志が高座に登場。『田能久』に入りかけたが、声の調子がかなり悪そうで、「今日は無理だな」と言い、舞台袖に向かって「おい、誰か居るか?」と声を掛け、客席に向かって「こんな風だと、観てる方も悲惨でしょ? え、そうじゃない? あそう」と微笑むと、再び袖に向かって「ジョークだけにする」と話してから、立て続けにジョークの数々を繰り出す。途中で袖に「もうどれくらい演ってる?」と訊くと「30分くらいです」との答え。「ふーん、じゃあ、もうそろそろ」結果、37分間の高座だった。お辞儀をした後なかなか立ち上がれないうちに幕が下りる。仲入り後、地元群馬出身の談四楼が『らくだ』をみっちりと演じた。

その後が、歌舞伎座である。

冒頭、2人揃っての「御挨拶」。館林の「落語に入れなかった談志」を目撃した僕としては、まずは「談志が出てきた」ことにホッとした。

談春との掛け合いで話す談志の声は掠れてはいたが、口調はいつもどおり。10分ほどで2人が高座を下りると、改めて談春が高座に登場、『慶安太平記：善達の旅立ち』を演じた。続いて談志が高座に上がる。5月6日の記者会見で談春は『慶安太平記』と『三軒長屋』のリレーをやると言ったが、今の体調でそれが無理なのは明らかだ。結局、談志は幾つかのジョークの後、『やかん』を演じた。「蒲焼の由来」でサゲた後、仲入りに入りかけたのを制し、観客に向かって「この声なので……マイクに頼る芸はダメですね」と詫びると、再びジョークを披露してから深々と頭を下げて、幕。仲入り後は談春が『芝浜』を披露した後、一人で挨拶をし、談志の登場はなかった。

リレーはなかったが、良い親子会だったと思う。体調が悪くとも弟子のため、そしてファンのために、精一杯高座を務める談志が観られて嬉しかった。談志はやっぱり、サービス精神の人なのだ。

次に談志の高座を観たのは8月3日、半蔵門・TOKYO FM HALLでの「納涼談志寄席」。『談志・陳平の言いたい放だい』のための公開収録である。

生志、談笑、談修らも出演したこの落語会で、談志は仲入り前に『やかん』、トリで『二人旅』の二席を演じた。声は酷く掠れてはいるものの元気そうで、どこか吹っ切れたような、楽しい高座だった。何はさておき「落語を二席演った」のが凄い。そういう談志を観るのは久々だった。

だがそれ以降、しばらく談志は高座から遠ざかることになる。

後に判明するのだが、声の不調は咽頭ガンの再発によるもので、その本格的な治療（放射線治療）に入ることになったらしい。『言いたい放だい』も談志が治療に専念するため8月いっぱいで終了している。

9月、10月、11月と、談志は落語を演っていない。弟子の会で「特別ゲスト」としてジョークを披露したことは何度かあったと聞くが、談志がこれほど長い期間、表舞台から姿を消すのは尋常ではなかった。

毎年「談志が『芝浜』を演る会」としてファンが楽しみにしていた、12月のよみうりホールでの独演会も開かれそうにない。

プライベートでの談志を知らないファンとすれば、ひたすら心配な日々だった。

談志の復活

２００８年後半に落語を演らなくなった談志が「復活」したのは12月14日、群馬県館林市でのことだった。

「神様がしゃべらせてくれた『芝浜』」を２００７年に披露した、毎年12月恒例のよみうりホールでの「リビング名人会　立川談志」は、２００８年には開催されていない。

ちなみに２００８年12月17日には立川談春が初めてよみうりホールで独演会を開いた。それに先立ち、談春が10月10日に横浜にぎわい座で「12月によみうりホールで独演会をやるのは、たまたま日程がそうなっただけで、談志を引き継いだわけではありません！」と言うのを聞いたが、もちろんそれが偶然なのは主催者が異なることからも明らかだ。

「よみうりホールの独演会もないし、もう家元は年内は高座に出ないのだろうか」と思いつつ、僕が気になっていたのは12月14日の館林市三の丸芸術ホールでの「しまや寄席　熱演立川流」に談志が出演予定とされていたこと。出演は他に立川談四楼、立川談慶《だんけい》ら。「家元が出たとしても、6月のこの会場での高座同様、ジョークだけかもしれない」と思いつつ、前売りチケットを買い、当日、館林に向かった。

会場には出演者変更などの告知は特に貼り出されていない。

志の吉（現・晴《はれ》の輔《すけ》）が開口一番で『看板のピン』、談四楼が『浜野《はまの》矩随《のりゆき》』で仲入り。談慶が『片棒』を演じて、いよいよトリの談志である。

高座に登場した談志は、まず「ガンが治って初めての高座で少し心配です」と一言。その声は夏頃までの苦しそうなものとは異なり、掠れてはいるものの、2月に銀座ブロッサム中央会館で『天災』を演ったときくらいにまでは復調していた。

何より「ガンが治った」と談志は言った。今回の治療について本人の口から直接語られるのを聞いたのは、これが初めてだ。

「今は自然に鼻唄も出るようになった」と治療の成果を語った談志は、ジョークを幾つか披露した後、おもむろに「このへっつい、いい品だね」「いい品物ですよ」と会話に入る。なんと『へっつい幽霊』！ 三代目桂三木助の『へっつい幽霊』を愛した談志は、60代の終わり頃からさかんにこの噺を高座に掛け、サゲも変えてみせていた。この噺が今、ここで聴けるとは！

「安いね、まからない？」「なんです、安いけどまけろって」という冒頭の会話を突然中断したかと思うと、「志ん生師匠のギャグでね……」と脱線したので、一瞬「やっぱり『へっつい幽霊』を全部演るわけじゃないのかな」と思ったが、それは談志が落語という芸術に対峙する自分の姿勢を語るための脱線で、「極端に言うと、〝へっつい〟っていう言葉が通じなくてもいいと思ってこの噺を演ってたの」と言うと、噺の本筋へ戻っていった。

「あのへっつい引き取って！」「何かあったんですか？」「何もないけど引き取って！」というやり取りの最中で咳き込んだ談志は、「手術した跡が引きつって、虫が這ってるような感覚になるんだけど、掻《か》けないでしょ？　だから咳をする。もうドキュメントを見せるしかない。でも、いつもドキュメントってわけにはいかないでしょ？　可哀そうなのは客だよね、落語に咳が入ってくるんだから」と言ったが、聞き苦しさはない。

「落語の最中に咳が出るというこの状況、文楽師匠や圓生師匠じゃもたないよ。圓楽でももたないだろうな。私だからもつんでね……これがもたなくなったら終わると、これ、まんざらウソでもない」

そして噺に戻っていく。結局、咳が出たのはこの一回だけだった。

へっついから金が出てきた場面で舞台袖に向かって「水持ってきてくれ」と言った談志は「そういえば高座に湯呑みが出てないね。ワザとだろうか……こんなウルサイ落語家いないね」と笑い、持ってこられたペットボトルを見て「古典落語に合わないね」と、また笑う。

水を飲んで『へっつい幽霊』続行。向こう傷の熊が博奕《ばくち》で負けて「ダーッ！　チキショーッ！」と大声で叫ぶと、すかさず「そういう声出して大丈夫ですか？」と自分でツッコミを入れる談志。このあたりから尻上がりに調子を上げていく。幽霊が熊とサイコロ勝負に出る頃には、もはや完全に声のことは気にならなくなっていた。

「幽霊だから足は出さない……これは従来のサゲ。談志は一味違う」と言って、幽霊が消えていく場面へ。そして若旦那が戻ってきて「見てましたよ、半分くださいな」と談志オリジナルのサゲ。会場の空気を完全に支配する、見事な『へっつい幽霊』だった。

大きな拍手を制し、「これをこしらえて得意になって演ってたけど、作っちゃうと、もうダメなんだよ」と続けた談志は「俺は百年に一度の落語家なんかじゃなくて突然変異なの。落語という芸術があるからドロップアウトしなかった」と言うと、ユーモアと「人間の業」について語り始めた。

文明と文化、そして芸術……「芸術とは非常識であり、エゴ。俺のいろんな行動、平気で出番を抜いたりっていうのは、自分でもどうにもできないエゴで、そのエゴに観客が共感できるものがあるから立川談志は受け入れられた。共感できなくなったら立川談志の終焉である、ということです」

約55分間の高座を務めた談志は、終演後、客が出口へ向かう通路の途中にある階段を、手すりにつかまってゆっくり昇っていた。高座から楽屋へ向かうには、そこを通る必要があったらしい。携帯で写真を撮りまくる客に、丁寧に応対する談志。「手すりにつかまらないと昇れないの」と言いながら、客の声援と拍手に笑顔で応えて一歩、また一歩と階段を昇っていった。

談志、最後の「ひとり会」

「ガンが治った」と宣言した談志は２００９年前半、順調なペースで高座に上がっていた。以下、２００９年に入ってから7月までに僕が目撃した談志の高座を記す。

2月23日『つるつる』（練馬文化センター大ホール「立川談志一門会」）
3月5日『やかん』（サンシティ越谷市民ホール「立川談志・桂三枝　二人会」）
4月18日『二人旅』『粗忽長屋』（よみうりホール「立川談志独演会」）
5月3日『短命』『金玉医者』～『女給《じょきゅう》の文《ふみ》（焼肉屋の女）』（よみうりホール「立川流特選会〈第二部〉立川談志独演会」）
6月3日『孝行糖《こうこうとう》』『田能久』（国立演芸場「立川談志ひとり会～夏三夜～」第一夜）
6月29日『ずっこけ』『よかちょろ』（よみうりホール「リビング名人会」）
7月15日『勘定板《かんじょういた》』『よかちょろ』（国立演芸場「談志ひとり会～夏三夜～」第二夜）

掠れた声しか出ないので、迫力で押す大ネタは出来ないが、楽しい「談志噺」を聴かせてくれていた時期だ。

だが8月に入るとテンションがガクンと落ちる。

8月12日に行なわれた「談志ひとり会〜夏三夜〜」第三夜。冒頭、普段着姿の談志がソロリソロリと這いながら登場、メクリにもたれかかるようにして20分ほどのトーク。桂《かつら》三木《み き》男《お》（現・五代目三木助）の『千早ふる』を挟み、高座に上がった談志が演じたのは『源平盛衰記《げんぺいせいすいき》』。若き日の代表作だが、明らかに体調が悪そうだ。

演り終えた談志は「年月は芸人をこんなにも変えるという見本としては、いいんじゃないですかね」と言って、ジョークをひとつやってから「もういいでしょ？（袖に向かって）え？ 休憩して、もう一席俺に演らせようっての？ ハァ……」と溜息。そのまま幕を下ろさせず、談志は『堀の内』へ入った。口調はゆっくりで調子が良いとは言えないけれども、イリュージョン落語としての可笑しさは健在だ。

「おとっつぁん、羽目板洗ってるよ」「知ってるよ！ ハメはずしただけなんだよ」とサゲて「おしまい」と一言。まだ8時前だが幕が下りてくる……と、すぐその幕は上がって、「少し話そうか」と胡坐をかいた談志は客席から11歳の男の子を高座に上げ、「2人で話をしよう」と自分の横に座布団を出させて座らせる。

男の子に語り聞かせる形で落語論、文明論等からジョークへ。8時10分に幕が下りた……と思ったらまた幕が上がり、まだ高座に座っていた男の子をスタッフが楽屋へ誘導すると、弟子たちが談志を抱き起こす。この時点でまだ三分の一くらい残っていた客をしばし感無量の面持ちで見渡していた談志は「これで最後！」と言うと、右手をサッと振り下ろすようにしながら一礼し、袖に引っ込んでいった。

終演8時15分。「これで最後」というのは「今日の会はこれでおしまい」という意味だったのかもしれないが、僕には「もう『ひとり会』はやらない」と言ったように聞こえた。

そして事実、これが最後の「ひとり会」となった。後に知ったことだが、この「ひとり会」の直後、談志は引退を口にしたのだという。

5日後の8月21日、虎ノ門・JTアートホール「J亭　談笑落語会」にゲスト出演して『疝気の虫』を演じた談志は、「今から師弟愛の強さを見せてやるからな」と言って、談笑に背負われて退場した。このときの、客席に向かってニコッと笑った談志の笑顔が忘れられない。

8月26日、談志が糖尿病療養のため年内いっぱい休養すると発表された。だがその休養は「年内」ではなく、8ヵ月近く続くことになる。

高座に復帰したのは2010年4月13日、紀伊國屋ホールでの「立川流落語会」。この会は前年11月に梧桐書院より刊行された『談志　最後の落語論』購入者のみ応募可能な抽選の当選者のみチケット購入可、というハードルの高いイベントで、新刊『談志　最後の根多《ねた》帳』（梧桐書院）の発売記念も兼ねていた。抽選の段階では談志出演はあくまで「予定」だったが、4月9日に談志の出演が正式にアナウンスされている。

僕は抽選に外れたが、知人に定価で譲ってもらい、参加することが出来た。談修『宮戸川』、志らく『茶の湯』、談春『庖丁』で仲入りとなり、後半、まずは談春・志らくとのトークで背広姿の談志が登場。声は前よりさらに掠れてはいたが、元気そうだ。

一度引っ込んでから改めて高座に現われた談志は、ジョークに続いてイリュージョン版『やかん』とも言うべき会話(『二人旅』のサゲも含む)から「談志はどんな噺が面白いんです?」「『首提灯』なんか面白いよ」「どんな噺です?」というやり取りを経て、『首提灯』へ。

そこで演じてみせた『首提灯』は、完全復活とは言えないまでも、病み上がりとしては充分だったし、何より、『首提灯』に入るための「序」として『やかん』の2人の会話を用いた発想に「さすがは談志!」と感銘を受けた。

だが、この「談志が帰ってきた夜」の11ヵ月後、僕は「談志最後の高座」に立ち会うことになる。

談志、最後の落語。そして、死

2010年後半、談志は『ぞろぞろ』(9月)や『へっつい幽霊』(11月)、『短命』(12月)などを披露してファンを喜ばせたが、声は酷く掠れていて、正直『芝浜』のような大ネタをダイナミックに演じるのは無理そうだった。

だから、かつて「談志が『芝浜』を演る会」として知られていた「リビング名人会」（よみうりホール）が、２０１０年には「談志の『芝浜』を映画で観る会」として企画されたことにも、驚きはなかった。

昼の部で２００７年の『芝浜』と２００６年の『文七元結』のビデオを大スクリーンで上映、夜の部は２００７年の『芝浜』上映後に談志がトークで出演する。これが２０１０年12月23日の「リビング名人会　立川談志スペシャル」だった。

だが談志は突然、企画を覆《くつがえ》した。

夜の部でのビデオ上映を取りやめ、前半のトークの後、後半は高座に上がって『落語チャンチャカチャン』『権兵衛狸』に続き『芝浜』を自ら演じたのである。

抑揚の乏しい掠れた声で淡々と演じる『芝浜』には、「この声でも出来ること」を示そうとする談志の執念を感じたし、その枯れた味わいには感動をも覚えた。

そして、僕が談志の『芝浜』をナマで聴くのは、これが最後となった。

年が明けて２０１１年、僕は談志の落語を四席観ることになる。

談志の逝去後に長男の松岡慎太郎《まつおかしんたろう》氏がマスコミに発表したところによると、この時期、咽頭ガンの進行により、談志は医師から声帯除去手術を勧められていたという。だが「プライドが許さない」とそれを拒絶、高座に上がり続けた。

２０１１年、最初に観た談志の高座は1月18日の紀伊國屋ホール。２０１０年4月の談志復帰のドキュメントを収めたＤＶＤブック『談志が帰ってきた夜』（梧桐書院）の刊行記念落語会で、談志はトリで『羽団扇《はうちわ》』を演じている。

次が1月25日、練馬文化センター大ホールでの「談志一門会」。ここで談志は何と『子別れ』を「上（強飯《こわめし》の女郎買《じょうろか》い）」から「下（子は鎹）」まで通しで演じた。談志が『子別れ（下）』を演るようになったのは２００５年にＣＤボックス「談志百席」用にスタジオ収録して以降のことで、「通し」は僕が知る限りこのときだけ。掠れて抑揚の出せない声を絞り出すようにして演じた談志の姿が忘れられない。

そして最後が3月6日、新百合ヶ丘の麻生区民ホールで開かれた「談志一門会」で仲入り後に続けざまに演じた『長屋の花見』『蜘蛛駕籠《くもかご》』の二席。苦しそうな息遣いで出される極度に掠れた声をピンマイクで拾い、なんとか聞き取れるレベルにまで増幅したこの二席が、談志が客前で演じた最後の落語となった。

3月下旬、談志は窒息を避けるために気管切開をして管を喉に通す手術を受け、ほとんど声が出せない状態になったが、その事実は、世間には伏せられていたので、僕はあの『長屋の花見』『蜘蛛駕籠』がそのまま「談志最後の落語」になるとは、この時点では知る由もなかった。

だが、8ヵ月の闘病を経て11月21日に談志が亡くなり、そうした経緯を知ったとき、僕は「談志はあの3月の一門会が落語人生最後の高座になると覚悟していたのではないか」と思うようになった。

『長屋の花見』と『蜘蛛駕籠』は、どちらも師匠の五代目小さんが得意にしていた落語だ。しかも『蜘蛛駕籠』は談志が二ツ目の「柳家小ゑん」時代に安藤鶴夫《あんどうつるお》（評論家）に誉められた、思い出深い演目。1956年の第1回「東横落語会」の開口一番は小ゑんの『蜘蛛駕籠』だった。

談志は、最後に落語家としての原点に戻ったのだろう。

談志の死は、マスコミで大々的に報じられた。その取り上げられ方は、あの衝撃的な「志ん朝の死」を遥かに凌駕《りようが》した。志の輔や談春、作家でもある談四楼といった発信力のある弟子の存在も大きかったが、何といっても「立川談志」の一般的な知名度は圧倒的だった。

だが、「談志の死」は、単なる「有名人の死」では終わらなかった。

当初は談志ならではの破天荒なエピソードばかりがマスコミに取り上げられる傾向があった。それはまさに「大物タレント」としての扱いだった。だが亡くなって月日が経つにつれ、次第にその強烈なキャラクターの向こう側に隠れていた「談志の落語」そのものが注目されるようになっていくのである。

「天才落語家」談志の存在感は、亡くなってなお一向に衰えなかった。むしろ「談志の落語」に対する世間の注目度は、亡くなってからのほうが大きいとさえ言える。生前、その強烈な言動ゆえ毀誉褒貶《きよほうへん》相半ばした「落語界の風雲児」は、死後ようやく正当な評価を受けるようになったのだ。

今なお新たな発掘音源の商品化や書籍の文庫化などが続き、テレビで特番が組まれる「伝説の落語家」立川談志。彼の主張した「落語は作品を語るのではなく、己をさらけ出すものだ」というあり方は、今の落語界の主流となっている。若き日に危惧した「落語が能のようになる」という事態を全力で阻止した、見事な人生だった。

第九章　圓楽党と「七代目圓生問題」

五代目三遊亭圓楽の死と「七代目圓生問題」

立川談志の逝去より2年前に、五代目三遊亭圓楽が亡くなっている。

僕は五代目圓楽が好きで、全盛期の80年代にはかなり追いかけたが、21世紀に入ってからは一度も彼の落語をナマで観ていない。

圓楽は1985年、自ら率いる「落語圓楽党」（1990年に「圓楽一門会」と改称／現在は「五代目圓楽一門会」）の弟子たちのため、私財を投じ巨額の借金をして東京都江東区東陽町に「若竹」という寄席を建てたが、経営難などを理由に1989年11月25日をもって閉鎖。圓楽の自伝『圓楽　芸談　しゃれ噺』（白夜書房／2006年）によれば、寄席の建築費は6億円。閉鎖の段階で3億円の借金が残っていたという。

80年代に落語家として大きく花開いた圓楽は、その借金返済のために90年代のほとんどを日本全国を廻っての講演活動に費やし、落語の高座からは遠ざかることになった。

持ち前の話術を活かした講演『戦争と平和』は大人気だったというが、1932年12月29日生まれの圓楽にとって90年代とは50代の終わりから60代。談志が「黄金時代」を迎えた年代だ。その時期を圓楽が講演に明け暮れて過ごしたことは、彼自身にとって残念なことだっただけでなく、落語界にとって大きな損失だったと言える。

ようやく借金返済のメドが立った1999年、圓楽は腎不全を発症して、週3回の人工透析を続ける身体となる。講演に奔走せず落語をやれる見込みが出てきたら、今度は体調の問題で、思うように落語が出来なくなったのである。それでも地方では独演会をやってはいたが、21世紀に入ってから東京で圓楽の落語を観る機会は滅多になかった。(2004年11月11日に「東西落語研鑽会」で『浜野矩随』を、2005年5月31日には新宿末廣亭の余一会《よいちかい》で『中村仲蔵』を演じたが、僕はどちらも観ていない)

腎不全を患ってからも『笑点』の司会は続けていた圓楽だが、2005年10月に脳梗塞の症状が出たために番組を休養。その後、一時的に復帰したものの、結局2006年5月14日放送分をもって正式に大喜利の司会から勇退することになる。

さらに2007年2月25日、「国立名人会」で久々の高座復帰を果たした圓楽は『芝浜』

を演じ、「もう思うように落語をしゃべれない」と、終演後に引退を表明した。

これによって圓楽は表舞台から姿を消す。

もっとも、圓楽党の総帥としての重みは失われていなかった。

２００７年11月に胃ガン、２００８年３月に肺ガンの手術を受けた圓楽は、朝日新聞の取材に応えて「師匠圓生の名跡を鳳楽に継がせ、楽太郎に圓楽の名を譲るつもりだ」と発言した。（２００８年５月２日付朝日新聞掲載）

これが「七代目圓生問題」の発端である。

圓楽から楽太郎への名跡継承には何の異論も出ず、２０１０年春に六代目圓楽が誕生することは五代目存命中に決まったが、七代目圓生は、そうはいかなかった。（詳しくは後述する）

圓楽は２００９年５月に肺ガンと脳梗塞が再発。その後闘病生活を送り、同年10月29日、逝去。享年76。

圓楽は、21世紀の落語界においては「圓楽党のトップ」としての重みはあっても、談志のように落語そのもので存在感を発揮することはなかった。世間での知名度は圧倒的に高かったが、それは専ら『笑点』の司会者としてのもので、没後の取り上げられ方も『笑点』に傾きがちだった。

「志ん朝、談志らとともに四天王と呼ばれた」という報道もあったが、大々的な「追悼特集」が組まれることはなかった。

80年代まで圓楽とは一種の盟友関係にあった談志も、21世紀になるとごく稀に「どうして圓楽はあんな風になっちゃったのか」「圓楽の失敗は俺と離れたこと」などと言うことはあっても、もはや現役の落語家と見なしてはいないように見えた。没後の反応も、ごくあっさりとしたものだったし、そもそも「志ん朝の死」のときのように談志のコメントを求めるメディアもなかった。(もっともその時期は談志も長期休養中だったが)

だが80年代までの圓楽は、間違いなく志ん朝、談志と並んで落語界をリードする存在だった。好事家《こうずか》の間では評価が低かったが、「昭和の名人」の弟子の世代を代表する存在として、志ん朝や談志と共に「現代に通用する古典落語」の確立に貢献した圓楽の功績は実に大きい。

今、改めて圓楽の音源や映像に触れてみると、その豪快で骨太の芸風がいかに貴重な存在だったか、よくわかる。志ん朝や談志とは異なる大衆性で落語の魅力をアピールし続けた圓楽は、唯一無二の存在だった。志ん朝や談志がそうであったように、もうああいう落語家は出てこないだろう。

2009年11月27日から29日までの3日間、国立演芸場で開かれた「圓楽一門落語会」は圓楽のトーク出演も予定されていたが、結果的に圓楽追悼の会となり、翌年春に六代目を襲名することが決まっていた楽太郎は、初日のトリで五代目の十八番『浜野矩随』を演じている。

「七代目圓生問題」はなぜこじれたのか？

五代目圓楽は生前、自ら率いる「圓楽一門会」の組織図を明確化し、鳳楽・好楽・圓橘・楽太郎を「幹部」とした。圓楽没後は総領弟子の鳳楽が会長職を継ぎ、新たに楽之介《らくのすけ》が幹部に昇進。現在は鳳楽が顧問となって好楽が会長を継ぎ、圓橘は相談役、六代目圓楽が幹事長、楽之介が副会長である。この「幹部制」が確立されていたからこそ、圓楽亡き後も一門会はそのまま「五代目圓楽一門会」という団体として機能し続けた。

五代目圓楽が「圓楽の名は楽太郎に継がせ、鳳楽には七代目圓生を継がせる」と公言したのも、組織のトップとしての責任感からだろう。その時点で圓楽は落語家としての引退を表明しており、楽太郎の六代目圓楽襲名は自分の存命中に行なうつもりだった。実際に楽太郎が六代目圓楽を襲名したのは五代目没後の２０１０年3月1日だったが、この日程は圓楽存命中に決められていたものだ。

問題となったのは、「総領弟子の鳳楽には七代目圓生を継がせる」という、もうひとつの「遺言」である。

僕は当時、鳳楽の出る落語会にはよく通っていた。メインは日暮里サニーホール・コンサートサロンで開かれる「三遊亭鳳楽独演会」。２００８年6月20日、そこで配布されたプログラムには、演目についての薀蓄《うんちく》の他に「鳳楽の七代目圓生襲名について」という項目があり、次のように書かれていた。

「5月2日付朝日新聞夕刊に、鳳楽の師匠である圓楽師匠の元気な近況が掲載された。その中で『師匠圓生の名跡と自らの名前について弟子に襲名させる決心をした』との記事で『林家正蔵、林家三平と大きな襲名が続いている。これらが一段落したら、圓生を鳳楽に、あたしの名前を楽太郎に譲ろうと思っています』と圓楽師匠の談話として載りました。いよいよ現実味をおびてきた鳳楽の七代目圓生襲名、これからも皆様のご贔屓をよろしくお願いいたします」

それは、僕から見ると、ごく自然な流れだった。

鳳楽は国立演芸場で「圓生百席に挑戦」と題した独演会を継続的に開いていたし、横浜にぎわい座ではその名もズバリ「七代目三遊亭圓生への道」という独演会もやっていた。圓楽一門会の拠点である「両国寄席」で「六代目の遺産　鳳楽、圓生を語る」と題した特別プログラムを観たこともある。出囃子《でばやし》も六代目圓生と同じ「正札付《しょうふだつき》」だ。

圓楽の一番弟子として入門した彼の前座名は「楽松《らくまつ》」。名付け親は圓楽の師匠である六代目圓生で、「松」は圓生の本名「山﨑松尾」から取ったもの。当時の圓楽が「星の王子様」で売れて多忙だったこともあり、楽松は圓生の許《もと》に毎日通って前座修業をしている。実質的には「圓生最後の弟子」に近かった。

初の孫弟子である楽松を圓生は可愛がった、と聞く。鳳楽の著書『隠居の重し』（かや書房／1998年）によれば、入門早々圓楽をしくじって「クビだ！」と言われた楽松が、それを圓生に告げると、圓生は圓楽に電話して「楽松をクビにしたのなら、私の弟子にしようと思う」と言ったほどだという。（ちなみに同著の副題は「はるかなる円生への旅」だ）

楽松のまま二ツ目となり、1979年には圓生が設立した「落語三遊協会」初の真打として鳳楽を襲名している。「真打に相応しい芸の持ち主だけを昇進させるべきだ」という圓生が、大量真打を誕生させようとする五代目小さんと対立した結果生まれたのが三遊協会であるだけに、鳳楽の真打昇進は「これが私の認める真打だ」と圓生が宣言したことになる。

その鳳楽が、七代目圓生を継ぐという。「遂にその時が来たのだな」というのが率直な感想だった。持ちネタといい風格ある高座といい、圓生直系の一門の誰かが名乗るなら、少なくとも現時点では鳳楽しかいないのだろうと思えたし、何より当人がその気満々なのはそれまでの経緯から明らかだった。

だが、その後しばらく、具体的な襲名への道筋が示されることはなかった。

鳳楽が自ら七代目襲名の意志を表明したのは、２００９年10月末に亡くなった圓楽の「お別れの会」でのことだ。

そこで明かされたのは、圓楽の病状が悪化した２００９年春に圓楽一門会の幹部が「六代目圓生三十三回忌の２０１１年をメドに鳳楽が七代目圓生を襲名する」という方針を固めたこと、それに対して既に圓生の孫１名の賛同を得ているということだった。

その孫というのは圓生の次男でマネージャーだった人物の長男だという。

だが「襲名」には、門外漢にはわからない様々な問題が絡んでくる。三遊亭圓丈の１９８６年の著書『御乱心』には、圓生夫人と五代目圓楽との間に確執があったように書かれており、圓生夫人は「三遊協会の名も圓生の名も、誰にも使わせない」と宣言した、とある。実際、圓楽以外の圓生一門が落語協会に復帰した後に圓楽一門が名乗ったのは「大日本落語すみれ会」（5年後に「落語圓楽党」と改称）であって、圓生が設立した三遊協会を継いだわけではなかった。

この、圓生夫人の「圓生の名は誰にも継がせない」という意向が、七代目圓生問題を徹底的にこじらせた。

五代目圓楽一門と、それ以外の圓生一門との確執

「三遊亭圓生」という名跡は、六代目没後に関係者5人の連名で「止め名」（もう誰にも継がせない名跡、との意）としたのだという。

これは、２００８年5月2日付の朝日新聞に圓楽の「鳳楽を七代目圓生に」とする談話が掲載されたことを知った三遊亭圓窓が、当日のブログで明かしたことだ。

それによると、圓生を「止め名」とした5人とは六代目圓生夫人、稲葉《いなば》修《おさむ》（元法務大臣）、京須《きようす》偕充《ともみつ》氏（ソニー）、山本《やまもと》進《すすむ》氏（演芸研究家）、そして五代目圓楽。２００８年5月の時点で圓生夫人と稲葉元法相は他界しているが、京須氏と山本氏は健在。「存命の２人に無断で談話を発表した圓楽は横暴だ」と圓窓は憤った。

だが、五代目圓楽の存命中に正面切って鳳楽の七代目圓生襲名に「待った」を掛ける動きはなかった。引退していたとはいえ、やはり圓楽の存在は大きかったということだろう。「七代目圓生問題」が世間を騒がせることになったのは２００９年10月29日に圓楽が亡くなって以降のことである。

口火を切ったのは三遊亭圓丈だった。圓丈は２０１０年2月1日発売の雑誌『正論』3月号誌上での塚越孝《つかごしたかし》氏（フジテレビ）との対談で「名跡は孫弟子ではなく圓生の直弟子が継ぐべき」と発言、公に鳳楽の七代目襲名に異を唱えると、自ら七代目襲名に立候補。鳳楽と

芸での直接対決を謳った「緊急!! 圓生争奪杯」を3月17日に浅草・東洋館で実施した。

もっとも、そのイベントは単なる落語会に過ぎず、何事も進展していない。僕自身は銀座ブロッサム中央会館の「立川志らく独演会〝志らく、百年目を語る〟」に行っていて「圓生争奪杯」は観ていないのだが、報道によれば当日は塚越孝氏、大友浩《おおともひろし》氏（演芸プロデューサー）、高信太郎《こうしんたろう》氏（漫画家）、鳳楽、圓丈による討論会（圓生の二番弟子川柳川柳も飛び入り）が行なわれ、鳳楽が『妾馬』、圓丈が『居残り佐平次』を演じたが、観客による投票のようなことは行なわれず、勝敗を決めることなくお開きとなったという。

すると今度は圓窓が七代目圓生襲名に名乗りを上げた。圓窓は2010年5月17日の落語協会理事会で「遺族から襲名を要請された」と襲名の意欲を明かしたのである。

新聞報道によると、4月6日に六代目圓生の長男と圓窓、圓丈らが話し合い、そこで長男から七代目襲名許可を得た圓窓は5月7日付で長男の署名入り「七代目三遊亭圓生の襲名確認書」なる文書を圓丈、鳳楽に届けたという。

「兄弟子が名乗りを上げたのだから」と圓丈は七代目襲名の棄権を表明するものの、圓窓が「師匠の八代目春風亭柳枝が亡くなってから圓生一門に移ってきた」外様なので納得していないと公言していた。

この件について落語協会は「一門で解決すべき問題だ」としながらも「圓窓による七代目

圓生襲名の可能性」を示唆した。

だが圓窓は2011年9月6日のブログで「9月3日の圓生三十三回忌の折、圓生の名跡は夫人の遺言どおり、留名として六代目圓生の長男が管理することになった」と表明。「留名」は圓窓のブログにあった表記だが、「夫人の遺言どおり」と言うからには「止め名」（誰にも継がせない）の意と思われる。だが2010年の段階で圓窓は「止め名解除のお墨付き」を得て行動を起こしたとも言われているので、真意は不明なところがある。

そもそも、江戸以来の大名跡を六代目で終わらせる権利など、誰にあるのだろう。五代目圓生は六代目の義父だが、四代目までの圓生は六代目と無関係だ。この大名跡を六代目の夫人の意向で「誰も名乗れなくなる」のは筋が通らない。

連名で「止め名」とした中の一人である京須氏は、2015年8月28日のブログで「とめ名に署名した立場ではっきり申し上げれば、とめ名は粗悪な圓生誕生の抑止効果までが役割で、拘束力などない」と書いた。これが妥当な解釈だろう。

その6日後の9月3日、圓窓・圓丈・鳳楽の3人が揃って七代目襲名を撤回して問題は収束した。六代目圓生三十七回忌のことである。

一連の七代目圓生問題とは結局「五代目圓楽が決めた〝鳳楽の七代目襲名〟を阻止したい人たちが、圓楽没後に行動を起こした」ということに尽きる。圓丈も圓窓も、鳳楽が七代目襲名に動かなければ自ら名乗りを上げることはなかっただろう。

それを複雑化させたのが、法的拘束力のない「止め名」の署名であり、また遺族の意志の不統一も大きな要因だ。だが問題の根本が「五代目圓楽一門と、それ以外の圓生一門との確執」にあったのは間違いない。

この確執にピリオドを打つべく動いたのが、六代目を継いだ当代の圓楽だ。六代目圓楽は、2013年10月に圓丈が出版した『落語家の通信簿』（祥伝社新書）の中に「お囃子さんがいないので五代目圓楽一門会の若手は寄席の太鼓が叩けない」という誤まった記述があるのを発見、圓丈に直接連絡を取り「お囃子さんはいる」と抗議をした。

この連絡がきっかけとなって生まれたのが、六代目圓生一門合同の「三遊ゆきどけの会」という落語会。第1回は2014年3月15日に国立演芸場で開催され、第2回は2015年7月31日に浅草演芸ホールの余一会として行なわれた。この六代目圓生一門合同による浅草演芸ホールでの7月の余一会は、翌2016年には「三遊落語祭」と名を変え、2017年7月31日にも引き続き行なわれた。2018年の開催はなかったが、2019年には「六代目圓生没後40年 三遊落語まつり」として開催されている。

六代目圓楽襲名

三遊亭楽太郎は2010年2月28日放送の『笑点』で六代目圓楽襲名披露口上を行ない、3月1日から正式に六代目となった。

1950年2月8日生まれの楽太郎が五代目圓楽に入門したのは1970年4月。入門40年で還暦を迎える2010年春に襲名が行なわれることは2008年8月8日にマスコミ発表されている。この日程は五代目と相談して決めたものだ。本来は五代目も披露口上に並ぶ予定で、襲名後は「五代目と六代目の2人の圓楽がいる」という形になるはずだったが、五代目が前年に亡くなったため、それは叶わなかった。

六代目襲名披露興行は、3月3日の高知県立県民文化ホールを皮切りに、12月まで全国で80ヵ所以上を廻る大々的な規模で行なわれた。東京では3月15日に新橋演舞場において桂歌丸、三遊亭小遊三、笑福亭鶴瓶、立川志の輔、春風亭小朝らを迎えての襲名披露落語会が開かれている。(僕自身は同日に東京芸術劇場中ホールで開かれた「柳家喬太郎独演会」に行ったので観ていない)

『笑点』メンバーである六代目圓楽がホール規模で大々的に全国を廻るのは当然だが、特筆すべきは東京の寄席の定席でも襲名披露興行が行なわれたこと。通常、圓楽一門会は寄席の定席には出られないが、『東京かわら版』2010年3月号のインタビューによると、六代目圓楽は「寄席で披露目をやらせてほしい」と鈴々舎馬風（落語協会会長）及び桂歌丸（落語芸術協会会長）に掛け合い、両会長が理事会に諮《はか》ったところ、芸協では満場一致で賛同を得たということで、芸協の興行の中での圓楽襲名披露が行なわれた。（つまり落語協会では却下されたということだ）

上野鈴本演芸場には芸協は出演できないため、寄席での六代目圓楽襲名披露興行は3月下席の新宿末廣亭（夜の部）、4月上席の浅草演芸ホール（昼の部）、4月中席の池袋演芸場（夜の部）で行なわれた他、国立演芸場では4月中席前半5日間での変則興行となった。（国立の定席は昼のみ）

その中で僕が足を運んだのは3月24日の新宿末廣亭。平日の夜にもかかわらず大盛況だった。いずれにしても披露目というのは楽しいものだが、普段は寄席に出ない圓楽が出演するという「特別興行」感が、ひときわ心浮き立つお祭りムードを盛り上げていた。当日の出演者と演目は以下のとおり。

柳亭小痴楽《りゅうていこちらく》『浮世床（将棋）』
ぴろき（ギタレレ漫談）
三遊亭竜楽《さんゆうていりゅうらく》『手紙無筆』

桂枝太郎《かつらえだたろう》『自家用車』
Wモアモア（漫才）
桂歌春《かつらうたはる》（漫談）
三笑亭夢之助（漫談）
北見伸《きたみしん》&ココア（マジック）
三遊亭鳳楽『町内の若い衆』
桂歌丸『粗忽長屋』
〜仲入り〜
六代目三遊亭圓楽襲名披露口上（桂歌丸・三遊亭小遊三・三遊亭鳳楽・桂歌春／司会・桂米助）
東京ボーイズ（歌謡漫談）
三遊亭小遊三『やかん』
桂米助『猫と金魚』
ボンボンブラザース（曲芸）
三遊亭圓楽『藪入り』

あの強烈な個性を持つ五代目圓楽の後だけに、通常ならば先代の印象が強く残り、なかなか「新しい圓楽」には馴染みにくいところだが、何しろ毎週『笑点』で「圓楽さん」と連呼されるのだから、あっという間にその名は浸透した。これほどスムーズな襲名も珍しい。

寄席での披露目を大成功させた圓楽は、それから7年後の2017年6月、五代目圓楽一門会に所属しながら客員として落語芸術協会に入会、寄席の高座に上がるようになった。この入会は圓楽個人としてのもので、弟子たちは圓楽一門会所属のままだ。

ちなみに芸協は2017年11月から新宿末廣亭での興行に圓楽党や上方、立川流などからのゲストを入れるようになった。これは2011年に末廣亭の社長に就任した真山由光氏が芸協に要請してきたことがようやく聞き入れられたもので、圓楽の芸協入りと直接の因果関係はないが、「芸協のあり方」として捉えると、同じ流れにあるのかもしれない。

「大銀座落語祭」の項でも触れたが、圓楽は自らプロデュースする「博多・天神落語まつり」を2007年に開始、規模を拡大しながら毎年開催している。この功績は大きい。

派手に打ち上げて落語ブームに火をつけた小朝の「大銀座落語祭」とは異なり、「博多・天神落語まつり」はマスコミ向けにアピールする性格のものではない。あくまで地元に密着したご当地イベントだ。それでいて、出演者の顔ぶれを見ると「よくぞこれだけ集めたものだ」というくらい、東西の人気者が一堂に会している。肝心なのは、それを「毎年続けている」ということだ。これが出来るのは圓楽だけだろう。

2019年5月末には圓楽プロデュースによる初の「さっぽろ落語まつり」も開催。これまた志の輔、鶴瓶、花緑、米團治等々、東西の人気者が顔を揃えたラインナップだ。

協会の壁を超えたイベントを着実に続けている当代圓楽は、「現代に通用する古典落語」を確立した五代目とはまた別の形で、落語界に大きく貢献している。

圓楽党の逸材・兼好、萬橘《まんきつ》

六代目の圓楽が誕生する頃からメキメキと頭角を現わした「圓楽党の逸材」が、三遊亭兼好だ。

1998年に三遊亭好楽に入門し、2008年に真打。二ツ目の「好二郎」時代から既にその達者な語り口が高く評価されていたが、圓楽党にいるとどうしても一般の落語ファンから注目されにくい。だが兼好は、持ち前の明るく楽しい高座の魅力で着実にファン層を広げていった。

僕自身が兼好を意識的に追いかけるようになったのは2009年。2010年頃から俄然、僕の中での兼好のプライオリティが高くなり、2012年には完全に僕の「イチ推しの演者」となった。僕自身がインタビュアーとして出演する企画落語会「この落語家を聴け!」

（北沢タウンホール）に兼好が初出演したのは２０１２年10月。この時点で、兼好は僕にとって白酒や一之輔に匹敵する「大好きな落語家」となっていた。

落語ファンの間で兼好の認知度が高まったのも、僕の中での兼好のプライオリティが高くなった２０１０年あたりからだ。象徴的なのは２０１０年３月に第１回が開かれた「我らの時代　落語アルデンテ」。桃月庵白酒、春風亭百栄、春風亭一之輔（当時はまだ二ツ目）と共に兼好がレギュラー・メンバーを務めるホール落語で、第２回は同年10月、そして２０１１年７月と10月に第３回、第４回が開かれている。主催は夢空間だが、企画制作は目利きとして知られる演芸プロデューサー木村万里《きむらまり》氏の渦《うず》産業。明らかに「次の時代を担う期待の若手」を集めた、という人選だ。この手の落語会に圓楽党の落語家が選ばれること自体、兼好以前にはなかったことである。

２０１２年４月にはよみうりホールの「よってたかって春らくご」に初出演。この「よってたかって」シリーズも「アルデンテ」と同じく主催・夢空間／企画制作・渦産業で、市馬、喬太郎、白鳥、白酒、三三、一之輔といった人気者が顔を揃える豪華な企画だが、兼好はこれ以降レギュラー陣の一人となる。

独演会への観客動員力も上がった。２００９年４月から日本橋社会教育会館（座席数２０４）で始めた兼好主催の月例独演会「人形町噺し問屋」はもともと常連客で賑わっていたが、

２０１４年あたりから新規参入の客層が増えてチケット完売が当たり前になっていく。２０１５年から国立演芸場（座席数３００）で年2回のペースで開催されている兼好独演会「けんこう一番！」も1回目から常に完売。さらに２０１７年からは座席数５０１のよみうり大手町ホールで春と秋に「けんこう一番！スペシャル」も開催されるようになった。

もちろん、それ以外にも各地で独演会を行なっているし、二人会や三人会など様々な落語会で一年中引っ張りだこ。今や兼好は押しも押されもせぬ東京落語の「顔」だ。２００５年頃の落語ブーム当時は「志の輔、談春、志らくのいる立川流はメジャー、圓楽党はマイナー」みたいな言い方をされることが多かったが、兼好が現代落語の最前線で売れっ子になったことで、圓楽党のイメージも大いにアップした。

その兼好の後を追う「圓楽党のホープ」が三遊亭萬橘だ。

２００３年に三遊亭圓橘に入門し、２００６年「きつつき」で二ツ目、２０１３年に真打昇進して四代目萬橘を襲名している。

僕が三遊亭きつつきの途轍もない面白さを知ったのは２０１1年5月5日、高円寺の「ノラや」という居酒屋での「天どん・きつつき二人会」でのこと。そこで聴いた『長短』『棒鱈』の二席はどちらもオリジナリティ満点の独創的な演出が施されており、演者きつつきの型に嵌まらないエネルギッシュな芸風が実に印象的だった。

以来、新宿二丁目の落語バー「道楽亭」での独演会などに積極的に足を運ぶようになり、彼の「逸材」ぶりを確信。2012年7月に僕が成城ホールで「こしら・一之輔」に代わる定例会を立ち上げることになったとき、真っ先に決めたのがきつつきの起用だった。(そして「こしら・きつつき」と組ませる相手として白羽の矢を立てたのが当時まだ二ツ目の「落語協会の爆笑改作派」鈴々舎馬るこである)

2013年3月、きつつきは四代目三遊亭萬橘を襲名して真打となった。萬橘の真打昇進は、馬るこの計算によれば東京落語界全体で見ると「66人抜き」だったらしい。当時の二ツ目としては「きつつき」の知名度は高かったが、その後の活躍ですぐに「萬橘」の名は浸透した。最近ではホール落語に顔付けされることも増え、夢空間が大ホールで開催する「気になる三人かい」シリーズに喬太郎、白酒、三三、一之輔らとの組み合わせで起用されるほど有望視されている。今後ますます東京落語界の中で存在感が増すだろう。

他に圓楽党で期待されるのは2009年に真打昇進した三遊亭王楽。好楽の長男にして五代目圓楽最後の弟子である。スター性があるだけに、化けたら大きい。

「七代目圓生問題」が勃発する以前の鳳楽独演会に通っていた頃、当時まだ二ツ目の鳳志《ほうし》の上手さに感心したのだが、2009年の真打昇進後も圓楽党の枠内での活動が多く、なかなか一般の落語ファンの目に触れる機会が少ないのが残念だ。

２０１８年5月の真打昇進の際、師匠の好楽がかつて自分の名乗っていた「林家九蔵」を襲名させようとして落語協会側からストップが掛かった三遊亭好《こう》の助《すけ》は、その一件で集めた世間的な注目を、今後どう活かしていくか期待したい。

なお「九蔵襲名中止」騒動は、「落語家の襲名とは」というテーマにスポットを当てたということでは大きな意味があったが、詳細な経緯に関しては、門外漢が迂闊《うかつ》に口を挟めない事情があったと推察されるので、ここでは深入りせず「そういう事件があった」と言及するに留めておく。

第十章　柳家小三治が小さんを継がなかった理由

志ん朝とは異なるタイプの「噺の達人」柳家小三治

21世紀、志ん朝の死によって俄然存在感が大きくなったのが、柳家小三治だ。

志ん朝存命中に「志ん朝の不幸はライバルがいないこと」と言い、談志のことを「志ん生になったつもりの自称天才」と揶揄した作家がいたことは、以前書いた。

その「志ん朝ファンでアンチ談志」の作家は、志ん朝の死の直後「東京の落語は終わった」と嘆いたが、それから1年も経たないうちに、「もう柳家小三治しかいない」と、小三治を持ち上げてみせた。以前は志ん朝以外の落語家を「一山いくらの芸人」と言っていたのに。

突然「もう小三治しかいない」と言われても当人は迷惑だろうが、志ん朝不在という大きな欠落を埋めるべき「古典落語の名手」として、それまで以上に小三治の存在がクローズアップされたのは事実だ。

１９３９年生まれの小三治は、年齢で言えば談志より３歳、志ん朝より１歳若いだけだが、真打昇進は談志よりも6年、志ん朝よりも7年遅く、70年代までは「志ん朝、談志、圓楽」のグループよりひとつ下の世代と捉えるのが普通だった。だが、１９８３年に談志が落語協会を脱退して寄席に出なくなって以降、小三治を「志ん朝に次ぐ存在」と見る傾向が強まってきたように思う。

個人的にそれを感じたのはＴＢＳの「落語研究会」での小三治の位置付けだ。もともと談志は１９８０年以降ここには一度も出たことがないし、大ネタを度々掛けていた五代目圓楽も１９８８年の出演が最後。90年代になると完全に「志ん朝・小三治」が二枚看板の扱いとなった。そして、それがそのまま落語ファンにとって、東京落語界における「格付け」として定着することになる。談志と圓楽が寄席に出なくなって久しい90年代、いつしか「四天王」という言葉は消え失せて、「志ん朝・小三治」がツートップとなったのである。

もっとも、そんな落語ファンの想いを知ってか知らずか、90年代も終わりに近づくにつれ、小三治は「マクラの人」として知られるようになっていく。

志ん朝が落語協会副会長に就任した１９９６年、「もう一方の古典落語の雄」であるはずの小三治は、「メリケン留学奮戦記」「ニューヨークひとりある記」「玉子かけ御飯」と3枚の随談CDをソニーよりリリースして評判となり、1998年にはマクラだけを集めた書籍『ま・く・ら』（講談社文庫）が大ヒット、すっかり「マクラの小三治」のイメージが定着する。21世紀に入ったばかりの2001年5月には続編『もひとつ　ま・く・ら』（講談社文庫）も出版された。

自身でもよく言うことだが、若い頃の小三治は余計なマクラは振らずに作品をきっちりと演じるタイプ、談志言うところの「作品派」だった。それが「マクラの小三治」となっていったのは、「落語は作品を演じるのではなく、登場人物の了見になるべきもの」「落語は〝おはなし〟なんだ」という小三治の「芸の開眼」と軌を同じくしていた、と僕は思う。「上手い落語を聴かせて唸らせるのではなく、お客さんとおはなしをするために高座に出る」という姿勢が、そのまま「自然体のマクラ」へと繋がったのである。

「作品を演じない」境地に至った小三治は、志ん朝とは異なるタイプの「噺の達人」としての道を歩むようになる。談志と志ん朝が「己派と作品派」という対比で語られるとするならば、志ん朝と小三治はいわば「作品派と了見派」という対比で語ることが出来る存在になっていた。

そして、「作品派の頂点」たる志ん朝を失った21世紀、小三治は「了見になる」落語の真髄を極めていく。演者自身が落語の登場人物と同じく、そこで起こる物事に初めて遭遇するように感じ、「それからどうなるの?」と引き込まれる……それが落語の理想であると小三治は言い、自らの高座でそれを実践していくのである。

僕が、自分が観た落語の記録を残すようになったのは、ナマの高座を観に行く頻度が格段に増えた2002年のことだった。その時点で僕は2001年9月まで遡って「高座演目一覧」を作り始めたのだが、そこに記された「21世紀に観た小三治の高座」は、2001年9月22日の「朝日名人会」(有楽町朝日ホール)から始まる。

この日の「朝日名人会」は本来、志ん朝がトリを務めるはずだったが、体調不良で休演。小三治はその代演である。

「朝日名人会」はネタ出しの会だが、当日プログラムを見ると小三治は「おたのしみ」とあり、実際に演じた落語は『備前徳利《びぜんどつくり》』。といっても『備前徳利』はむしろオマケのようなもので、聞きものは35分に及ぶマクラだった。

このときのライヴ録音は「ドリアン騒動~備前徳利」と題してソニーよりCD化されており、長いマクラはタイトルどおり「シンガポールでドリアン(臭いことで有名な果物)を買ってみた」という話題がメインなのだが、その前の「入船亭扇橋と2人で桂文朝の家に行ったらあまりに綺麗なので疲れた」という話も抱腹絶倒モノだった。

この高座でドリアンの話をしたのは、有楽町駅前の果物店でドリアンを売ってるのをたまたま見たから。文朝の家の話をしたのは、この日の出演者に文朝がいたから。そういう偶然が、二度と聞けない傑作マクラを生んだ。これこそが、小三治のナマの高座を追いかける醍醐味だ。観客は皆、小三治が「志ん朝の代演」であることを忘れたはずだ。僕自身、この高座に触れたことで、それまで以上に熱心に小三治を追いかけることになった。

ちなみに『備前徳利』は三代目小さんの速記から小三治が掘り起こした、15分程度の噺。マクラが長くなって残り時間が少ない時に重宝なネタとして当時はよく演っていたが、２００４年以降聴いたことがない。

「お客さんはつい笑ってしまうものなんだ」

小三治を追いかけてきた中で、強烈な印象を残した独演会が幾つかある。そのひとつが２００６年10月31日・上野鈴本演芸場の独演会だ。

寄席の定席では10日間ごとの番組とは別に、31日には「余一会」として特別興行が組まれる。上野鈴本では１９８６年５月から、余一会での「柳家小三治独演会」が行なわれるようになった。当初は年５回のペースだったが、後に５月と10月の「年２回開催」となっていく。

この独演会では、配布されるプログラムに小三治の演目がネタ出しされるのが恒例で、２

006年10月は一席目が『長短《ちょうたん》』、トリネタが『道具屋《どうぐや》』となっていた。柳亭《りゅうてい》こみち『やかん』、柳家禽太夫《やなぎやきんだゆう》『片棒』に続き小三治が『長短』を演じて仲入り。柳家はん治『ぼやき酒屋』の後は「お尋ね下さい　お答えします」のコーナー。開演前に配られたアンケート用紙に観客が小三治への質問を記入し、仲入りで回収されて小三治が答えるという仕組みだったが、そのアンケートに「独演会で『長短』と『道具屋』はないでしょう」と書いた人がいた。それを取り上げた小三治は「あるんです」と、語り始めた。

「四代目の小さんという人は、トリで『道具屋』を演って、客を半分くらい帰しちゃったそうです。で、その残った半分の客は、それはそれはいい思いをした……そう師匠に聞いたことがあります。私もいつか、『道具屋』でトリを取れる噺家になりたいと思った。『道具屋』の小三治と呼ばれるようになりたい、と」

「前座噺は難しい。大ネタは、ある意味やさしい。噺そのものが面白いから。前座噺は、そうはいかない。今日ここで『道具屋』を演るために随分稽古しました。稽古すればするほど、『道具屋』という噺は難しい。これを難しいと思うというのは、つまり、それだけものが見えてきたっていうことです」

そして『道灌』の冒頭、ご隠居と八五郎の会話の話になる。

「この2人の関係はどうなのか、距離は、家の広さは……そういったことを、ちゃんとイメージして話さないといけない。お客さんはいちいちそんなことを考える必要はないけれど、噺家がちゃんとイメージしていれば伝わる。それがなければ面白くも何ともない」

「何気なく会話している2人の関係がおのずと浮かび上がってくる、そういう生活感みたいなものが落語の魅力だと、私は思っています。落語は、笑い話じゃない。笑わせればいいってもんじゃない」

「小さん一門では最初に『道灌』を覚えさせられます。私も、かなり得意になって演っていました。ある時、ここ（鈴本）の席亭に、今日の『道灌』凄かったねぇと誉めて頂いて……『道灌』が凄かった、なんてことは普通言えることじゃありません。そうしたら、その同じ『道灌』を私の師匠が観て、おめぇの『道灌』はダメだな、と言ったんです」

「私は『師匠の言われるように、ご隠居の年齢や家の広さ、八っつぁんの年恰好、すべて考えてやってますよ、何でダメなんですか？』と訊きました。そうしたら師匠は『おめぇは、この2人が仲がいいってことを忘れてる』と。それ以来、落語をやる上での考え方がガラッと変わりました」

「今の若い噺家を見て私が思うのは、『客に向かって話すな』ということ。客に向かって話すのはマクラだけで充分。あくまでも、中に出てくる人同士が会話をしなくてはいけない。でも今、みんな客に向かって話してる。ウケようとしている」

そうすると、こういう話し方になる……とやってみせる小三治。そのとき僕が思い出したのは、1ヵ月ちょっと前の「ひとり会」で談志が、「今の落語家は笑わせよう、ウケようとして、とんでもないトーンで会話を表現してる連中ばっかりだ」と嘆いていたこと。やはり同じ「小さんの弟子」ということだろうか。

小三治は続けた。

「客に向かって話すのをクサい芸という。そういうクサい芸で笑わせて喜ぶのは本当の落語じゃない。お客さんを笑わせるんじゃない、お客さんはつい笑ってしまうものなんだ。ウケ狙いは良くない……と判っていても、私もついそれはやりそうになるので、自ら戒めています。光景をイメージすることが基本、それが落語というもの。うわべだけで台詞を言ってもダメ」

さらに、この鈴本での独演会をやめようと思っていること、最初の数年はTBS「落語特選会」のプロデューサーだった故・白井良幹氏にこの会のプロデュースをしてもらったことを語り「白井さんが『いつか、軽い噺だけで会やりたいねぇ』と話していた、ということもあって、今日は『道具屋』でトリを取ろうと思ったんです」と説明した。

「本当は、今日でこの独演会を終わりにするところだったんだけど、そんなに突然やめられたらお客さんも困るでしょう、と説得されて『それもそうだろう』と。なので、来年でこの

会を終わるのだ、ということをこのコーナーでさらりと触れようと思ったんですが、たっぷり話してしまいました」（笑）

さらに幾つかの質問が出たが、タイムリーだったのが「小さん襲名辞退」の件だった。

小三治が六代目小さんを継がなかった理由

２００６年９月、五代目小さんの実子である柳家三語楼が、六代目小さんを襲名した。五代目が亡くなったのは２００２年５月16日。孫の花緑が売れてきていたこともあり、当時から「将来は花緑が六代目小さんを継ぐのではないか」という声はあった。五代目が花緑を可愛がっていたことは周知の事実だったからである。

さらに２００５年、小朝の「六人の会」の全面バックアップで九代目正蔵襲名イベントが大々的に行なわれると、花緑がその「六人の会」の一員でもあったことから、一層「花緑が小さんになる」という見方は強まった。

だが２００６年９月発売の著書『ぜいたくな落語家』（うなぎ書房）で当代小さんが明かしたことによると、実はその正蔵襲名イベントが行なわれた２００５年春、三語楼の六代目襲名は既に決まっていた。

同書によれば、五代目没後に鈴々舎《れいれいしゃ》馬風《ばふう》門下に入っていた三語楼は、馬風から「小さんはどうするんだ？」と訊かれ、「世間では六代目を小三治、七代目を花緑が継ぐと思っていて、三語楼の名は挙がらない。ならば立候補するしかない」という結論に達して「小さんを継ぎたい」と意思表示をしたところ、馬風が小三治を訪ねて小さん襲名の意向の有無を問い質し、次いで小三治が三語楼を呼び出して「協力しよう」と言ったのだという。

僕は小三治の小さん襲名はないと思っていたが、花緑ではなく三語楼が継ぐとは意外だった。単に落語ファンとして「花緑が小さんを継げば盛り上がる」と思っていたからだ。

だが『ぜいたくな落語家』によれば、馬風と小三治は花緑の母（五代目の娘）を訪ねて「三語楼が小さんを継ぎたいと言っている」と相談し、すぐに決まったという。三語楼の六代目小さん襲名記者会見は２００５年６月７日、池袋演芸場で三遊亭圓歌（落語協会会長／当時）、馬風、小三治、三語楼の４人が同席して行なわれている。

六代目小さん襲名披露興行は２００６年９月下席（夜）の上野鈴本演芸場、10月上席（夜）の新宿末廣亭、中席（昼）の浅草演芸ホール、下席の池袋演芸場と都内４軒の寄席で行なわれた後、11月には３日の京都・南座を皮切りに全国を廻っている。

鈴本での余一会「第57回柳家小三治独演会」が行なわれた10月31日は、都内での大千秋楽の翌日。まさに旬の話題とあって、この日の「お尋ね下さい　お答えします」のコーナーでは、小三治が六代目小さん襲名を断わった経緯についての質問が出た。

質問者が「馬風師匠が色々言ってますけど真相を教えてください」という言い方をしてるのに対し、小三治は「馬風が何を言ってるのか私は知りませんが、それはたぶん本当です」と答えると、「小三治」という名跡について語り始めた。

「私が小三治になって37年ぐらいになりますが、小三治は私で十代目です。初代から100年くらいの間で、空白期間もある中で私以外に9人いて、私は37年も名乗っている。ということは他の人たちは皆、短かった。私の師匠も小三治を名乗っていたのは2年くらいでしょうか。つまり、落語の歴史で『小三治』といえばもう、私のことなんです」

そして、「小三治は小さんになる名前と言いますが、本当に小三治から小さんになったのは3人だけなんです」と話をした後、年齢について語った。

「私はもう67歳です。私がこの先も元気でいると思ってくれるのはありがたいことですが、現実にはそうじゃない。そんな私が今さら小さんになってどうするんですか」

つまり、それが真相だということだろう。

この「お尋ね下さい　お答えします」で明かされたように、長年続いた上野鈴本演芸場での「柳家小三治独演会」は、翌2007年をもって終了となった。最終回は10月31日の第59回。プログラムには小三治の一席目が『百川』、そして二席目は『おはなし』としてあった。

『百川』は圓生十八番だが師匠小さんが小三治の口演を聴いて「圓生さんより面白ぇ」と言

ったという演目だ。

では、最後を飾る演目は……？

三遊亭圓朝作『鰍沢《かじかざわ》』だった。

歴代の名人が手がけたこのサスペンス落語を、小三治は1986年2月に本牧亭「三人ばなし」（入船亭扇橋、桂文朝との三人会）でネタおろしして以来、一度も演じていなかったという。

この日、僕は真ん中ブロック・前から二列目の至近距離で観ていた。トリの高座に登場した小三治は、独演会が終わることには一切触れず、「宗論はどちらが勝っても釈迦の恥」と、宗教の話題に入った。それが「日蓮宗はお題目、浄土真宗はお念仏……」と続き、「身延山久遠寺、あのあたりは山また山で」から「夏はまだしも、冬などは雪深く、その中を進むのは、それは難儀だったことでしょう」と進む流れはどう考えても『鰍沢』へと導いている。だが小三治は近年、意図的にこの手の噺は避けていた。「まさかね」と思いながら期待が膨らむ。

そして遂に『鰍沢』に入ったとき、僕は心の中で特大のガッツポーズを取ったのだった。

この年の12月、小三治は都内4ヵ所で立て続けに『鰍沢』を演じ、僕はそのうちの三席を観た。観るたびに、物語にグイグイと引き込まれた。登場人物の描写は実にリアルで、目の前でドラマが展開されているようだ。毒を飲まされた旅人が必死に逃げ、それを女が追う場面は、雪の中のスリリングな光景が映像として迫ってくる。小三治の情景描写の上手さを堪能させる名演だった。

だがそれ以降、小三治は『鰍沢』を一度も演じていない。

小三治の「伝説の高座」

小三治の高座が「マクラだけ」で終わることが、たまにある。ほとんどは独演会で二席やるときだ。独演会なら一席目のマクラが長くなり過ぎたら「いったん休憩を」と高座を下り、二席目で落語をみっちり演る、ということが可能だし、また一席目に落語をたっぷり演った後の二席目のマクラに興が乗って終演時間になってしまう、ということもある。

後者の例で記憶に残るのは2002年3月31日、松戸市民会館での独演会。一席目に『宿屋の富』を演った小三治は、再び高座に登場すると「楽屋のネタ帳を見ると、志ん朝さんもよくここで会をやっていたようですね」と言ってから、「昔、志ん朝さんと一緒にイタリアに行ったことがありました」と、1982年に志ん朝と行ったイタリアでの珍道中について語り始め、結局それだけで二席目を終えた。志ん朝の死から半年後という時期だけに観客も大満足だったし、小三治も「あえて」そうしたのかもしれない。（このイタリア旅行につい

ては大友浩氏の著書『花は志ん朝』の河出文庫版巻末の小三治インタビューでも触れられている）

だが一度だけ、まったく違う理由で小三治が落語を演らなかった高座を観た。２００８年3月29日、三鷹市公会堂での独演会だ。この日、小三治は「一席目があまりに良すぎて、もう落語を演る気がしない」という理由で、二席目をマクラだけで終えた。

三鷹駅からこの会場に来るまでの間には見事な桜並木がある。折りしも桜が満開で、花見日和。一席目に登場した小三治は「ここへ来る道々、とても綺麗な桜を見ることが出来ました。桜を見ると、日本だなぁって思います」と桜の話題から入り、すぐに『千早ふる』へ。知ったかぶりの先生の作り話の中に「頃しも弥生、竜田川は御贔屓衆に夜桜を見ようと誘われて吉原へ行った。不夜城のごとき吉原で見る夜桜はまことに絶景」というフレーズが出てくる、という意味で桜のマクラとリンクしている。

この『千早ふる』が、絶品だった。

小三治は「金さん」が先生に歌のわけを訊きに行くという設定で『千早ふる』を演る。十八番と言ってもいい演目で、いつ聴いても実に面白いが、この日はまた格別で、金さんと先生の2人が高座の上でリアルに会話をしている。それがもう、堪らなく可笑しい。全編アドリブで進行する縦横無尽の口演で、これまで観た中でも間違いなく最高の『千早ふる』だと、僕は興奮した。

休憩を挟んで二席目。高座に上がった小三治は「今日はこの場を借りて皆さんにお礼を言いたいことがあります」と切り出した。「さっきの『千早ふる』という噺は、わりとよく演る噺ですが、今まで演った中で、さっきのが一番良かったかもしれない」

そして、そういう風に演らせてくれた皆さんに感謝したい、と言う。

「どうかすると、言葉をポーンと投げ出してそっちで勝手に受け止めろ、わからなきゃ仕方ねぇ、と……そうならないように、とは思ってるんですが、そんな風に思ってしまうときもある。それが、さっきはまったくなかった。初心に戻るっていうんですか。この会場は隅々まで私の声がお客さんに届いて、きちんと受け止めてくれている。だから一人一人にちゃんと届けようと、そういう気持ちになった」

その後の一言が凄かった。

「演ってて、2人の会話を聞いてて『この噺は、こんな噺なんだ、おもしれぇなあ、こりゃ』って……」

演者自身が「面白いなぁ、そのあとどうなるの?」と感じながら演じる。小三治が「かくあるべき」とする、究極の境地である。

出てきたばかりで「今日は本当にありがとうございました。いい一日でした」と言う小三治に会場から笑いが起こる。

「こんな風に思えることは、そうあるもんじゃない。年に一度、こんなことがあれば幸せだと、そういう気持ちでやってます。ですから今日はありがたかった」

そこから小三治は音楽にまつわる思い出話を始め、やがて「古い歌ですが、去年好きになった歌です」と、『青葉《あおば》の笛《ふえ》』の話題へ。2007〜2008年当時の小三治は、一番の歌詞で平敦盛《たいらのあつもり》の最期を描いたこの唱歌について、好んで語っていた。

「もう今日はこのまま最後まで行きますね。だって、『千早ふる』があんなに上手く出来たのに、もう一席やってそれが何なんだと……今日は、私がとてもいい落語が出来た。それで、私がそう思った、ということを理解してください。あとは付け足しです」

『青葉の笛』について楽しそうに語り続けた小三治は、こう締めくくった。

「五十くらいまでは歯を食いしばって頑張ってきましたが、五十を越して、頑張ってもしかたねぇって気づきました。楽しくないことはやってちゃいけない。仕事だからって、楽しくなきゃ意味がない。来世でどんな苦労してもいいから今が楽しいほうが断然いい！　またお会いしましょう」

2010年12月、僕は小三治に一時間以上に及ぶ単独インタビューを行なったが、その中で僕が「さっきの『千早ふる』が良すぎて今日はもう落語は出来ません、とおっしゃったことが」と切り出すと、小三治は即座に「三鷹です、それは」と言った。やはり小三治自身にとっても「特別な高座」だったのである。

「どうしてああいう世界が出来ちゃうんですかねぇ。それで一席終わってみるとね、あともう一席やることないんじゃないか、っていう。もう一席やっても、それはただ言葉を羅列するだけでしょ。あと何やったって、あの境地まで行くわけないんですよ」

あの客席にいてよかった、とつくづく思う。間違いなく、小三治の「伝説の高座」のひとつである。

小三治、落語協会会長就任

柳家小三治が鈴々舎馬風の後を受けて落語協会の会長に就任すると報じられたのは2010年1月のことだった。

24年間落語協会の会長職を務めた五代目柳家小さんが勇退、三代目三遊亭圓歌にバトンタッチしたのは1996年8月。このとき副会長に就任した古今亭志ん朝がいずれ会長となることは、誰もが認める既定路線だった。

だが志ん朝は会長となることなく2001年10月に逝去。後任として副会長に就任したのが馬風だった。

馬風は当時、『会長への道』というネタをさかんに高座に掛けていた。要は楽屋の裏話をネタにした漫談で、最後は必ず「圓歌の会長は長くない。次は志ん朝、あとは圓蔵、圓菊、小三治……」と協会の有力者の名を挙げて「みんな長くは務まらない、もうじき俺に順番が回ってくる」というオチ。もちろんシャレだ。

だが志ん朝が亡くなったことで、馬風は本当に会長への道を歩んだ。２００６年６月、10年間会長を務めた圓歌が勇退し、副会長の馬風が会長に昇格したのである。

その馬風が２期４年間にわたり会長職を務めた後、後任に指名したのが小三治だった。

馬風が会長を退き、後任は小三治になる、ということは、マスコミで報じられる前から噂されてはいた。だが僕はなんとなく「それはないだろう」と思った。「そういう面倒なことはやりたくない」と、小三治なら言いそうだ。

だから２０１０年１月21日の落語協会の理事会で小三治が次期会長に内定したと聞いたときには驚いた。３月の総会で正式決定、６月から就任だという。もちろん小三治が落語協会の頂点に立つのは順当だが、どういう経緯だったのかが気になる。

なので僕はその年の暮れ、小三治にインタビューする機会を得たとき「会長なんて引き受けたくないんじゃないかと思ってました」と言った。すると小三治は「そりゃもう、イヤに決まってますよ」と答えた後、こう続けた。

「会長はプレッシャーじゃないかと思う人は、きっと会長が何か特別職だとか、名誉なことだとか思ってるんじゃないですか。私は名誉だとも何とも思ってないし、イヤならすぐにでも辞めてやると思った。たまたまそういう場面に出っくわして、他に誰かいねぇのかな、っていうことで、じゃあ……と。落語協会にはずっと身を置いてきたわけだから、ふっとそういう気持ちになった」

小三治が会長をやりたがらないだろう、ということは馬風も感じていたようで、馬風から打診を受けたときの言葉は「やっぱりダメか?」だったという。

「総会で『やっぱりダメか?』って。『何が?』『だからよ、俺のあと』『ええ〜?』で、しばらく考えて、急に『いいよ』って言っちゃった。それだけです。これがもし、さんざっぱら口説かれて、ってことだったら、どうだったでしょうねぇ……引き受けなかったかもしれないね」

結局、小三治は馬風と同じく2期4年間会長を務め、2014年6月に勇退。後任には2011年6月から副会長を務めている柳亭市馬が指名された。

文部科学省文化審議会が小三治を重要無形文化財保持者、いわゆる「人間国宝」に認定するよう文科相に答申したのはその直後、7月18日のことである。

落語家の人間国宝は五代目小さん、桂米朝に続き3人目。小三治は答申に先立ち7月16日に東京會舘で内定会見を開き、心境を語った。司会を務めたのは弟子の柳家三三。この会見で小三治は前日に師匠小さん宅を訪ね、仏壇に線香をあげて報告してきたと明かしている。

「右手が思うように上がらないので、出来ない噺がある」と小三治が高座で口にするようになったのは2017年6月だった。観客の立場からは特に異変は感じられなかったが、そう言われると確かにそうも見える。

それでも今までどおり高座に上がっていた小三治だったが、8月6日に「今月下旬に頸椎の手術を受けて療養する」と発表された。それに伴い9月6日めぐろパーシモンホールでの一門会と9月9日松戸市民会館での独演会は中止。9月13日、岐阜県多治見市の「小三治・三三親子会」での高座復帰を目指すという。

その発表の1週間後（8月13日）、僕は有楽町よみうりホールの「小三治一門会」を観た。三三、〆治《しめじ》、三之助《さんのすけ》らが高座を務めた後、トリの小三治は病気の話題に一切触れることなく『死神』をみっちりと演じた。飄々《ひょうひょう》とした死神のキャラが特徴的な小三治版『死神』の楽しさはいつもどおり。体調不良の影響は感じられなかった。

正式な病名は「変形性頸椎症」。8月21日に頸椎の手術を受けた小三治は、3週間のリハビリを経て予定どおり多治見市での親子会に出演、『粗忽長屋』を演じた。

手術後の小三治が最初に東京の高座に上がったのは9月19日の大田区民ホールアプリコ。僕がチケットを買った時点では小三治の独演会だったが、復帰して間もないということで一門会に変更となった。

小八《こはち》、〆治、一琴に続き、トリで登場した小三治は「頸椎の手術で3週間ちょっと入院しまして」と報告、入院したのは京都の病院だったと明かすと、リハビリのために京都を歩き回ったという話題へ。大原三千院や鞍馬山に行ってみたという話から、「とらやはもともと京都だった」「仙台・白松がモナカの栗羊羹が美味しい」といった話題に跳び、さらにエノケンが飼っていたトラ、修学旅行での渡月橋の思い出、森鷗外の『高瀬川』等々「マクラの小三治」ならではの40分近い随談を経て、『転宅』へ。人間国宝完全復帰を証明する、見事な一席だった。

以来、小三治は再び手術前と同様のペースで高座を務めている。

第十一章　「二ツ目ブーム」の源流——白酒（喜助）・三三

二ツ目だけの落語会に客が来る

２０１６年から２０１７年にかけて、マスコミが「今、落語が来てる！」みたいな取り上げ方をすることが増えた。

僕にすれば、２００５年の「落語ブーム」以降の落語界の活況が連続しているだけであって、落語会が都内でたくさん開かれていようが渋谷の落語会に若い女性客が足を運ぼうが、特に驚くことではなかった。

ただ、わかりやすい「きっかけ」はあった。それは雲田《くもた》はるこ氏の人気漫画『昭和元禄落語心中』がテレビアニメ化され、２０１６年１月に放映開始されたこと。２００５年のドラマ『タイガー&ドラゴン』のような大きな話題になったわけではないが、落語にあまり縁のない生き方をしてきた人たちにとっては、「落語を題材にした漫画が人気」ということ自体が驚きだったのかもしれない。

そして、その『昭和元禄落語心中』テレビアニメ化をきっかけに落語に縁のないマスコミ人が「落語」で検索してみると、彼らにとっては驚くべきことに、「若者の街」渋谷に「落語のライヴスペース」があり、そこに「若い女性が足を運んでいる」という現象がヒットする。2014年11月から渋谷区円山町の「ユーロライブ」という178席のライヴスペースで開催されている「渋谷らくご」(通称「シブラク」)だ。「なんだこれは⁉」ということで、「今、落語が来てる」ということになる……。

この2016年以降の「プチ落語ブーム」については改めて後に詳述するが、ひとつ重要なファクターとして「シブラク」の出演者には二ツ目が多かった、という事実がある。

もちろん、「二ツ目ならギャラの単価が安くて済む」というのがその最大の理由だろう。だが、二ツ目ながら観客を充分に楽しませてくれる演者が結構いたのも確かで、彼らは「シブラク」を足掛かりにファンを獲得していった。(SNSによる情報拡散効果も大きい)

かつては「二ツ目が落語だけで食っていくのは難しい」と言われたものだったが、いつしか「二ツ目だけの落語会に客が来る」のが当たり前になっていく。従来の落語ファン層とは異なる「シブラク」由来の新規参入組にとっては、「二ツ目の会に行く」ことが当たり前、いやむしろ演者が若い分、「身近な存在に感じられる」からこそ得られる独特の楽しさがあるのかもしれない。それは、ブレイク前のバンドを追いかけて小さなライヴハウスに通い詰める音楽ファンの感覚に通じるものがある。

「二ツ目ブーム」ではなく「落語ファン層の裾野の広がり」

そして、こういう現象について「二ツ目ブーム」と呼ぶ人たちが現われた。彼らは決して落語に疎くない。落語界のことをある程度知っていて、「二ツ目の会に客が集まる」ことが不思議に思えるからこそ「ブーム」と解釈したのだろう。

だが、本当に二ツ目の「ブーム」だったのだろうか。

もちろん、個々に人気のある二ツ目は出てきた。だが、２０１１年頃の春風亭一之輔のような、単独で売れっ子の真打と互角に渡り合えるような演者は出てきたのか？

一人、出現した。だがそれは落語家ではなく、講談師だった。神田松之丞《かんだまつのじょう》である。彼は２０１４年12月に「シブラク」に初出演、以来人気はグングンと上昇していき、２０１６年に座席数３８１の銀座・博品館劇場で行なった独演会のチケットは即完売。２０１７年には紀伊國屋ホール（４１８席）、なかのZERO小ホール（５０７席）、イイノホール（５００席）といった会場に進出していき、「チケットの取れない講談師」として脚光を浴びることになる。

松之丞は落語芸術協会の二ツ目ユニット「成金」に、唯一の講談師として参加していた。そのため「シブラク」に彼が出演することに人々は違和感を抱かなかった。

そして、そこで観客は「講談」という芸能に出会った。

2005年の「落語ブーム」は「落語というエンターテインメントの発見」だったが、2015年以降、新旧の落語ファンが松之丞を通じて「講談というエンターテインメントを発見」することになる。

だが、2005年に人々が「発見」した落語の世界には、立川談志を筆頭に多士済々の演者たちが存在していたのに対し、その10年後に人々が発見したのは「松之丞という講談師」だった。つまり、すべての「講談への新規参入ファン」はイコール「松之丞のファン」だった、と断言してもいい。

もちろん松之丞をきっかけに他の講釈師に興味を持って足を運ぶようになった人たちもいるだろうし、「落語以外にも伝統芸能はある」という事実に目覚めて浪曲を聴きに行く落語ファンも出てきた。だが、そのきっかけが「チケットの取れない講談師」松之丞の存在であることは間違いない。

僕個人としては大好きな「売れている二ツ目落語家」は何人もいるし、彼らは将来の落語界を背負って立つ存在になると信じている。だからこそ、あえて言おう。この状況は「二ツ目ブーム」ではなく「落語ファン層の裾野の広がり」である。そして、もしブームという言葉を用いるのであれば、それは間違いなく「松之丞ブーム」である。

今「売れている」二ツ目の落語家たちが真打になるとき、２０１２年の一之輔の抜擢昇進のような注目のされ方をするとは思えない。それは彼らの問題ではなく、「一之輔という現象」が特別すぎたからだ。

二ツ目でそれなりに売れていても、真打になると「真打の一番下」からのスタートになる。競争する相手は二ツ目ではなく、それこそ小三治であり、昇太であり、喬太郎なのだ。

二ツ目集団の中で目立っていた噺家が、真打集団の中でもそのまま抜きん出た存在になっていくのは、容易なことではない。

後年の一之輔ほどの「現象」にはならなかったけれども、「真打昇進と同時に先頭集団の仲間入り」というロケットスタートを切った例が、２００５～２００６年の落語ブーム当時に存在した。

２００５年９月に真打昇進した五街道喜助改め桃月庵白酒、そして２００６年３月に真打昇進した柳家三三である。

20世紀末の2000年3月に林家たい平・柳家喬太郎の2人が抜擢昇進して即座に人気真打として活躍して以降、21世紀に入ってから白酒と三三ほどのロケットスタートを切った新真打は(もちろん一之輔を除いてだが)他にいない。

そこで、2016年以降の「プチ落語ブーム」について詳しく見ていく前に、改めて白酒と三三の真打昇進前後を振り返ってみたい。

真打昇進で一気に花開いた白酒(喜助)

1995年6月に二ツ目に昇進した五街道喜助(後の桃月庵白酒)と1996年5月に二ツ目に昇進した柳家三三。この2人が「近日真打」という月例の二人会を始めたのは2003年12月のことだった。当初は落語協会の2階での勉強会の形を取っていたが、後に新宿末廣亭の深夜枠に移っている。白酒の著書『白酒ひとり壺中の天』(白夜書房)によれば、これは「三三と二人会をやりませんか」と落語協会が持ちかけてきた企画だという。

会のタイトルが示すように、この時期彼らは近々真打になるだろうと見られていた。実際に喜助が桃月庵白酒と改名して真打になるのは2005年9月、三三の真打昇進は2006年3月で、2人とも特に「抜擢」されることなく香盤順に何人かまとめて二ツ目を真打にしていく協会の通例に則って「5人同時真打昇進」に組み込まれたが、例えば2000年3月に林家たい平と柳家喬太郎の2人が抜擢で真打になったように、2004年あたりに「2人抜擢昇進」となっていてもおかしくなかった。

もっとも、三三が既に二ツ目としては異例なほどの人気を得ていたのに比べ、当時の喜助は人気という面では三三に遠く及ばなかった。三三は既に「客を呼べる落語家」で、白酒は当時を振り返り「二人会の客はみんな三三のファンだった」と言う。

若手の勉強会などをマメにチェックする落語通からの評価は高かった喜助だが、僕自身が喜助の高座を意識して観るようになったのは遅く、2004年から2005年に掛けての頃だったと思う。当時、僕は柳家一琴を追いかける中で、彼が出演する「五人廻しの会」という落語会に通うようになっていた。定員100人の日暮里サニーホール・コンサートサロンで隔月のペースで開かれるレギュラー制の定例会で、当時の出演者は入船亭扇好、三遊亭萬窓、柳家一琴、五街道喜助、柳家三三。喜助と三三のみ二ツ目だが、2人ともすでに真打で通用するレベルの演者だったと記憶している。

ただ、僕は喜助時代の高座で特に強烈な印象を受けた演目というのはない。それは、喜助が日頃の寄席でウケていたネタに、たまたま僕が遭遇する機会がなかったからなのかもしれない。だが真打昇進と同時にいきなり人気真打としてロケットスタートを切った白酒の目覚ましい活躍ぶりを見ると、やはり彼は真打昇進で「化けた」のだという気がする。

今となっては信じられないことだが、二ツ目時代の前半の喜助の高座は「暗い」と言われたそうだ。そんな喜助が大きく変化したのは「二ツ目勉強会」で志ん朝に「面白さがお客様に伝わるように努力しなきゃプロじゃない」とアドバイスされたからだ、と前掲の著作に書かれている。今の白酒の芸風はそこが出発点だった、と。

以降、「自分の落語」を練り上げていく中で、喜助は「上手くて面白い二ツ目」としてのポジションを獲得する。だが彼は「今は二ツ目だから使ってもらえる。でも真打になってから使ってもらうためには、噺をもっと鍛えないと」と自覚していたという。ここが一番大きなポイントではないだろうか。二ツ目としての評価に甘えることなく「真打になってから」のことを考えて努力を続けた喜助時代の蓄積が、いざ真打となったときに大きく物を言ったのだろう。白酒になってから遭遇した高座はすべてケタ外れに面白く、僕は「こんな凄い演者だったのか！」と衝撃を受けた。本人の意識の中では何ひとつ変わっていないのかもしれないが、「二ツ目」から「真打」へと立場が変化したことが、彼の中の何かを解放して、一気に花開いたのだと僕には思える。

真打昇進後の数ヵ月で、白酒は僕の中で柳亭市馬、柳家喜多八、橘家文左衛門（現・文蔵）らと並ぶ、「寄席で追いかけたい落語家」になった。そして実際、白酒は寄席に出ずっぱりで、トリもよく取った。

２００５年以降の落語ブームの波の中で、白酒は独自の演出による「新鮮な古典」の演者として脚光を浴びた。だがそれは独演会によってではなく、寄席の定席がメインだった。今でこそ白酒は大きな会場での独演会やホール落語に頻繁に出演する落語家として認識されているが、２００８年頃までの白酒は、決してそうではなかった。もちろん各種落語会に引っ張りだこではあったし、自主公演の勉強会「白酒ひとり」（お江戸日本橋亭で開始／２００９年に内幸町ホール、２０１１年に国立演芸場に移転）も常に満員ではあったが、白酒はあくまで「とにかく寄席にいつも出ている」落語家だった。そして実は、ここに大きな意味があある。

当時、古典の世界に現代のギャグを大胆に取り入れる白酒のような演者は、立川流以外の「寄席の世界」にはほとんどいなかった。あえて言うなら、柳家喬太郎と林家たい平には時にそれがあったが、喬太郎は新作と古典の二刀流、たい平は「林家だから」と自虐的に口にするなど、２人ともかなり特殊な立ち位置にあり、古典の中の現代ギャグの「違和感」を、あえて前面に出していた。

だが白酒は見た目も語り口もすべて「バリバリの古典派」。なのにマクラは尖ってるし、古典に現代語は入れるし、ギャグはブッ飛んでる。そして、それは何の違和感もなく寄席の雰囲気に馴染んでいる。「新しい古典」が立川流のような特殊な落語会で提供されるのではなく、寄席という日常的な空間で当たり前に提供される。この影響力は実に大きかった。「こういう落語は特殊じゃない、ごく当たり前なんだ」という認識が、白酒の「日常的な高座」により、ごく普通の落語ファンの間に根付いたのである。後に春風亭一之輔も「現代のギャグを取り入れた古典」で人気を博すが、その土壌は白酒が耕したと言っていい。志らくや談春といった立川流の演者による「新しい古典」はそれぞれの演者のファンを増加させ、それぞれの独演会に人を集めたが、白酒が何食わぬ顔で飄々と提供する「新しい古典」は、寄席の常識を変えた。「大銀座落語祭」が2008年に終了し、「落語ブーム」という言葉が使われなくなっていく中で、白酒が示した「落語の面白さ」は日常的に提供され続け、落語ファンを飽きさせなかった。

2005年頃に起こった「落語ブーム」以降、落語界の活況が衰えることなく今に至っている要因のひとつが、先鋭的な「新しい古典」を肩ひじ張らず当たり前に提供する白酒の活躍だったと僕は見ている。

二ツ目時代から上手かった柳家三三

二ツ目時代の柳家三三は、既に正統派の演者としての「上手さ」に定評があった。テクニックという面では、もう完成していたと言っていいだろう。その点では、二ツ目時代に「今と同じくらい上手かった」と橘家文蔵が評する立川談春と似ている。

2006年10月の「談春七夜」の第六夜〈蛍〉で三三と『乳房榎』のリレーを演ったとき、談春は「そもそも三三を最初に上手いなと思ったのは『鰍沢』を聴いたときでした」と語った。その『鰍沢』とはおそらく2004年の第1回「大銀座落語祭」の7月19日・ソミドホールでの「圓朝寄席2」で演じたものだろう。この会では三三が『鰍沢』を、立川ぜん馬が『死神』を、そして談春が『札所《ふだしょ》の霊験《れいげん》』を披露している。二ツ目がこういう起用のされ方をすることは異例としか思えないのが普通だが、三三に限ってはそれがまったく自然だった。真打昇進の2年も前に、既に三三は談春と同じ土俵に立って『鰍沢』を演っても不思議がないポジションにいたのである。

後年、二ツ目時代の春風亭一之輔が大活躍したのは、テクニックがどうこうではなく、何はさておきその圧倒的な面白さゆえだ。「面白いから客が来る」ことが彼を「スーパー二ツ目」たらしめた。

だが三三の場合、うるさ型の落語通や業界人、そして談春のような同業者からの「上手さに対する高い評価」が先にあった。21世紀に入って以降、現在に至るまで三三ほど話芸としての「上手さ」を高く評価された二ツ目は、他に一人もいない。

そして、三三が評価された「上手さ」とは、主にその端正な語り口そのものであったため、落語初心者にも高評価の理由がわかりやすかった。いわゆる「伝統芸能としての古典落語」に対して初心者が抱きがちな「格調の高さ」のようなものが、三三の語り口には確かにあった。高座態度は落ち着いていて風情があり、ルックスもスマート。この「スマート」という要素は彼の大きな武器でもあり、三三は落語ブームの高まりの中、女性ファンも数多く獲得していく。

２００６年３月に５人同時の真打昇進を果たした三三の、寄席の定席での披露目に僕が足を運んだのは、３月29日の上野鈴本演芸場。このとき口上に並んだ師匠の柳家小三治は、こう言った。

「三三は、うちの一門でも期待されております。末が楽しみです。でも、まだまだこれからです。お客様のご贔屓が何よりの力になります。ご贔屓と言っても、ご祝儀をくれたり着物を作ったりとか、そういうことをお願いするわけでは……まあ出来る方だけやっていただいて（笑）、高座に三三が出てきたら、少しでも大きな拍手をいただいたり、『お、こいつの真打昇進披露は居合わせたぞ』と縁を感じて注目してくださったり、そういうことが何より励みになります。『俺一人の拍手が大きくたって関係ねぇだろう』と、そんなことはないんです。必ず伝わるものです」

「真打になったということは『認められた』ということで、私自身も、入門したときは、何とか真打になりたいと目標にしたものです。でも、何もこれで終わりじゃない。確かに三三は期待されています。でも、ここまでは評判が良かったとしても、そのままずっと順調に行くかというと、そう甘いもんじゃない。ここから先が、実は色々あるんです。真打になったというのは甲子園に出場したというだけで、そこからさらに勝ち抜いて準々決勝、準決勝と進んでいくには、まだまだ大変なことが待っているわけです。ここから先、行く末いかに、見事なものになっていくか。それを後押ししてくださるのは、一にも二にも、お客様です」

愛情に溢れた、素敵な口上である。

小三治の言うとおり、二ツ目で評判が良くても、そのまま順調にいくとは限らない。だが、三三は快進撃を続けた。

三三が日暮里サニーホール・コンサートサロンで「月例三三独演」を開始したのは、既に翌年の真打昇進が決まっていた二ツ目時代の2005年5月。この月例独演会は2006年にお江戸日本橋亭、2007年には内幸町ホールへと会場を移し、2008年7月・8月・9月の紀尾井小ホール（座席数250）を経て2009年から国立演芸場（座席数300）に移転。さらに2012年8月から座席数500のイイノホールに移り、今に至るまで毎月

チケット完売が続いている。（2009年8月・9月・10月・11月のみ座席数424の日本橋公会堂で行なわれた）

三三が昇進と同時に「人気真打」としてのロケットスタートを切ることが出来たのは、「上手い落語家」としての評価が固まっていたからである。折からの落語ブームの中で「正統派のホープ」としてあらゆるホール落語に顔付けされるようになった三三は、「将来の落語界を背負って立つ逸材」として誰もが認める存在になった。

二ツ目時代から順調に固定ファンも増え続け、業界での評価も高い三三は、真打昇進と同時に「上手い落語家」の代名詞にすらなった。まさに順風満帆である。

だが、そんな三三にあえて苦言を呈したのが、上野鈴本での昇進披露興行で愛情溢れる口上を述べた、師匠の小三治だった。

三三に対する小三治の「公開小言」

2006年、寄席での披露目が一通り終わった三三は、6月10日・11日と二夜連続の「柳家三三真打昇進記念公演」を紀尾井小ホールで行なった。これは、三三が個人での昇進披露パーティーを開かない代わりに催した特別興行で、披露目のパーティーには必須の「口上書き・手拭・扇子」の3点セットが付いて1公演8000円、2日通しで1万2000円。初日には春風亭小朝と立川談春、2日目は師匠の小三治と柳亭市馬がゲスト出演し、前半は彼らの落語、仲入り後にゲストと一門の兄弟子たちが居並ぶ真打昇進披露口上があり、色物を挟んで三三が落語を披露する。僕は通し券を買って2日間とも足を運んだ。配布された公演プログラムには三三からの挨拶文と山本進・京須偕充両氏からの祝いの言葉、三三が二ツ目時代に高座に掛けた数ベスト100演目一覧等が掲載されている。三三がこの公演で演じたのは初日が『らくだ』、2日目が『茶金《ちゃきん》』だった。

小三治が三三に対して「公開小言」を行なったのは、2日目の口上でのことである。パーティー代わりということで、この公演では大勢のご贔屓筋の名前がズラリと並んだ後ろ幕が飾られていた。それを見ても僕などは「やっぱり三三は凄い、二ツ目なのにこんなにご贔屓筋がいるんだ」と思ったくらいだったが、口上で小三治はこの後ろ幕についてこう述べた。

「こんなに大勢の名前が入った幕は初めて見た。もちろん、ここに名前を載せている人達には感謝をします。でも、ここまで名前を全部ズラリと入れてしまう、そういう幕を飾ってしまう三三の了見は間違っている。それを見れば噺家は誰だっておかしいと思うけれども、それをそのまま当人に言う奴はいない。それを本人に教えるのは師匠の役目だ。なので言います。三三の、こういう了見が問題だ」
「三三は落語には真面目に取り組んでいるし、そこそこ出来る。でも、そんなことより、三三がどんな人間かということが噺に出てこなければいけない。人間としての深みがあってこその落語であり、そこが三三には欠けている」

厳しい指摘である。
もっともその後には「こんなことは口上で言うべきことではなくて、ただ『こいつは見どころがあるので宜しくお願いします』ということを……なので宜しくお願いします」と笑顔を見せたのだが、めでたい席での、この「公開小言」には驚かされた。

「人間として人間を語れ」

三三とすれば、後援会がこの会のために作った後ろ幕を飾らないわけにはいかないだろう。つまり、これはむしろ小三治から後援会に対する「贔屓の引き倒しをしないでくれ」というクレームなのだが、あえて三三に対する苦言という形を取ったのは、師匠としての「持ち上げられて天狗になるなよ」という戒めだったのかもしれない。
手拭・扇子と共に渡された口上書きには、いわゆる「披露目の口上」の他に、小三治が長文を寄せている。ここに、当時の小三治の三三に対する想いが集約されていると言ってもいい。以下、引用しておこう。

《三三が小田原の高校を出て、私の門を叩いたのは十三年前のことでございました。中学二年の時に、噺家になりたいと親共々のアプローチがありましたが、きちんと高校を出てからと申し渡しました。なにせまだ子供のこと、学校に行ってる間に気が変わるだろうと突き放したつもりでしたが、効き目はありませんでした。(中略)

時々ぽかをやらかしますが、根は珍しいほど生真面目几帳面な性格でございます。

しかし、今ひとつこの男の性格性分というものが、ずーっと見てきた私にも分かり兼ねるところがございます。こと自分のことになると口数が少ないと言いますか、普段もきちんと物事のけじめは付けるのですが何を考えているのか本心が見えて来ないのです。ひとには知られたくないことがあるのか、もともとそういう性分なのか、私の取り越し苦労でしょうか。心配なところです。

高座の上のことは、種々な賞を受けてきたという実績が示すとおり、話術に於いては一頭抜き出た演技者であるのは皆様御承知の通りでございます。話術、技芸の素質が良いとなると、三三をもっともっと大きくしてやりたいと私としては思ってしまいます。真打になるということは、いずれ一方の旗頭、もっと言えば城の主になるためのスタート台に立ったということです。人の心を動かす、納得させるということは術や技でなく人間性そのものです。それは君主としての城主も、高座ぶとんの上の噺家も同じことです。術や技は、初めはひと様は感心してくれますが、繰り返し続けていると飽きてしまいます。噺家の真の高座は人間性です。お客様は噺を聞いているのではなく、実はその人間を聞いてくれているのです。

前座として高座に上がった三三は、蚊の鳴く様な声だったのを憶えています。その時、最初に教えたのは「大きな声を出せ」でした。隠居さんも八っつぁんも大家さんもない。人物なんかどうでもいい。何でもかんでも大きな声を出せ、ということでした。翌る日から耳を聾するばかりの大声が始まりました。来る日も来る日も高座の大声は見事に続きました。一年も経った頃、次の注文を出しました。「大きな声はもうやめろ。そしてあとは落語らしくやれ」でした。どうしたら落語らしくやれるのかは教えない。それは自分で考えろ、でした。以後この男には何も教えていません。そしてここまで来ました。私はおどろいています。一方ならぬ思考や努力をして来たのでしょう。どうか皆さん、喝采をしてやって下さい。

申し上げました通り、三三には今迄二つのことを教えました。免許皆伝です。

免許皆伝の剣士は古来多勢居りました。しかし一角の剣士となるには、とどの詰まりは人間です。三三に教える三つ目はこれしかありません。

「落語らしくやれ」はもういい。あとは「人間として人間を語れ」です。が、どうすれば豊かな人間になれるか、魅力溢れる人間になれるか、残念ながら教えてやることは私には出来ません。何故なら私自身がいまだに分からずに毎日毎日もがいているのですから。

柳家三三、これから先、どうなるのでしょう。

楽しみでございます。　　柳家小三治》

こうした想いが、あの厳しくも愛情に満ちた「公開小言」に繋がったのである。

高座で演じる三三は消えてしまっていい

「公開小言」から1年後、再び小三治が観客を前にして三三の芸について言及する場面があった。2007年7月27日、両国・江戸東京博物館ホールでの「柳家小三治一門会」だ。この日、三三は仲入り前に『笠碁』を演じた。

トリの高座に上がった小三治はマクラで「師匠と弟子」についてあれこれ語った。主に自分の師匠である五代目小さんとの話だったが、「小さん師匠は、弟子が失敗しようがどうしようが、まったく心配しない人だった。私は、なかなかそうはいきません。弟子の高座を観るのは楽しいものですが、私はどうしても、いろんな心配をしてしまう」と言って、三三に触れた。

「三三が最近評判がいいのは嬉しいんですが、私は『この程度でいいのか？』と思ってしまう。でも……改めます。あの程度でいいです。あとはお客さんにいろんなことを言われる中で、自分で考えればいい。私はお客さんの意見はよく聞きます。正直、取るに足りない意見ばかり。（笑）でも、その取るに足りない意見が逆に何かの引っ掛かりになって、役立つことがある。ですから、三三には何か言ってやってください」

ちょっと突き放したような、でも温かいトーンでの物言いだった。鍵は「自分で考えればいい」という一言。小三治が見たところ、「噺の中に三三という人間が出てこない」というのは、おそらく変わっていなかった。「それでいいのか、自分で考えろ」ということなのだろう。

三三が「自分で考えて」変わったのは、それから数年後のことだった。2012年8月に僕は北沢タウンホールでの「この落語家を聴け！」という落語会で三三にインタビューを行なったのだが、そこで僕が紀尾井小ホールでの「公開小言」について尋ねると、彼はこう言った。

「落語をきちんと、一生懸命やろうとしているのはわかるけど、その中に人間が出てこないんだよ、と言われて、正直な話をすると、その頃の自分には、師匠が何を言ってるんだかよくわからなかった。落語の中に三三が出てきたってしょうがねえだろ、それぞれの登場人物、八っつぁんは八っつぁん、熊さんは熊さん、ご隠居さんはご隠居さんがきちんと出てこなくちゃ、っていう風に、そのときは思ってました」

当時の三三は「情景をきちんと浮かび上がらせて、噺の構造を観客にちゃんと伝えよう」ということだけを考えていたという。

「だから『三三は一生懸命きちんとやってるんだけど』っていう、その〝けど〟って言われることが、よくわからなかった。つい最近まで」

だがその後、考えが変わった。自分が思い描いた情景を言葉で正確に表現するなんて出来ないし、それを聴いた側に自分が描いたとおりに受け取って想像してもらおうというのは思い上がりだ、と。

「なので、自分は最大限、誠意をもってしゃべりますけど、そこから先はどう想像してもお客様次第。僕のしゃべった言葉を素材にして面白いと思ってくださったらそれでいい。この2～3年、そう思って演るようになりました」

小三治の指摘についての解釈はこうだ。

「噺の中に三三が出てこなくちゃいけないっていうのは、登場人物がみんな三三の感覚で動け、っていうのとは違うと思うんです。自分を登場人物に投影するとか、落語を使って自己表現するとかではなく、自分がその落語をこう面白いと思ったのを、素直にそうしゃべってみる、ということ。『自分はこう面白いと思った』という時点で、それはオリジナルなんですよ。それをそのまま素直に、自分の感覚じゃなくて、その登場人物がたまたまこういう風にしゃべってしまいました、こっちの人はそれに対してたまたまこういう風に答えてしまいました、それでこういう風に続いていったら、たまたま今日はこういう噺になりました、っていう感覚」

それはまさに小三治が常々言っていることである。落語の登場人物は、その日の出来事に初めて遭遇する。だから演者も、そのつもりにならなければいけない。演じながら「それからどうなるの？」と思えたら最高だ、と。

三三は夏目漱石の『三四郎』での有名な「三代目小さん礼賛」に触れた。

「夏目漱石が言いましたね。圓遊が演るとどの登場人物も圓遊になるが、小さんが演ると小さんが消えて噺だけがそこにあるのだ、って。それを聞いた時に、以前の僕は、それじゃあその人が演ってる意味がないんじゃないかと思ったんですけど、今はその感覚がよくわかります。落語を演ってる僕のことは忘れていただいて、その噺が起こっている空間に、お客さまも一緒に、隅の方にいるっていう錯覚に陥ってもらえたらいいな、と今は思います」

小三治の言わんとしたのは、これだろう。「噺に三三という人間が出てくる」とは「高座に三三が見える」ことではない。むしろ演じる三三は消えてしまっていい。その考えに三三は「自分で」到達した。

「正統派のホープ」の『豚次伝』

三遊亭圓朝と同時代にライバルとして活躍した柳派の頭取・談洲楼燕枝《だんしゅうろうえんし》の長編人情噺『嶋鵆沖白浪《しまちどりおきつしらなみ》』を三夜連続口演でネタおろしする「三三談洲楼三夜」が紀尾井小ホールで開かれたのは2010年11月のこと。このインタビューで言う「2〜3年前」とは、その少し前くらいだろうか。当時、三三が「一皮むけた」という印象を受けたのを思い出す。

その後、三三は2013年3月から4月にかけて「47日間で47都道府県を廻る」全国ツアーを敢行、翌年にも47都道府県を廻った他、不惑（40歳）になったのを記念して「男、四十にして…惑う」と題した二夜連続独演会（7月26・27日）を東京グローブ座で行ない、初日は柳家喬太郎の『ハワイの雪』、二日目は三遊亭白鳥の『任侠流山動物園』を披露した。

『任侠流山動物園』は渡世ブタの豚次など動物たちが活躍する噺で、三三は白鳥との二人会「両極端の会」で2010年10月にネタおろししている。白鳥は2013年、この『任侠流山動物園』を核とする豚次シリーズの連作を、全十話の長編『任侠流れの豚次伝』として完成させ、2014年9月中席の池袋演芸場で十日間通し口演を行なった。

自作の続き物で寄席のトリを取るとは三遊亭圓朝ばりの偉業だが、翌2015年9月、今度は白鳥がトリを取るだけでなく、10人の日替わりゲスト（市馬、歌武蔵、一琴、喬太郎、扇辰、彦いち、白酒、三三、百栄、一之輔）を招いて全話をリレーするという企画興行が、同じく池袋演芸場で行なわれた。

このリレー公演をきっかけに三三は自ら『豚次伝』全十話の通しに挑戦しようと思い立ち、2017年に横浜にぎわい座での『豚次伝』全十話の10ヵ月連続口演を敢行。2018年には「またたびさんざ四都市五ヶ月連続独演会」と題して『豚次伝』全十話を名古屋・大阪・広島・福岡で1回2話ずつ5ヵ月連続で口演した。

三三はこの前年、大阪・名古屋・福岡の3都市で『嶋衢沖白浪』を6ヵ月連続口演している。まさか、あの「正統派のホープ」三三が、『豚次伝』を『嶋衢沖白浪』と並ぶ十八番にするとは……。

でもこれがまた、実によく似合っているのである。

第十二章　プチ落語ブーム――『昭和元禄落語心中』・シブラク・成金

2016年以降の「プチ落語ブーム」はなぜ生まれた？

2016年～2017年頃になって、突然マスコミが「落語」をテーマに取り上げることが増えた。2005年の「落語ブーム」以降の落語界を連続的に見てきた僕は当初「何を今さら？」と驚いたが、考えてみるとあの『タイガー&ドラゴン』から10年以上経つわけで、落語という「それなりの活況は呈しているが決してメジャーではない」エンターテインメントにまったく縁がない人たちが10年分増えたとしても当然だろう。

2005年に勃発した「落語ブーム」の余韻は、わりと早く冷めていった。2011年頃になると「落語ブーム」という言葉はすっかり色褪せ、マスコミが「落語」を取り上げることはほとんどなくなっていた。もちろん立川志の輔や立川談春といった人気落語家はどんどんリピーターを増やしていたし、桃月庵白酒、柳家三三、三遊亭兼好といった逸材が落語界を大いに盛り上げ、2012年に真打昇進した春風亭一之輔は新たなファン層の拡大に大きく寄与した。だが、それはあくまでも「実力のある落語家がそれに相応しい観客を呼んでいる」ということ。落語に興味のない層を、別の角度から巻き込んでいく外的要因（例えば『タイガー&ドラゴン』のような）は、しばらく出てこなかった。

であるがゆえに、2010年代前半の落語界には「二極分化」のようなものが起こっていた。つまり、「客を大勢呼ぶ落語会」は確かにあるけれど、「客の入らない落語会」も目立ってきた、ということだ。

これは、落語ファンの総数が増えていない、ということでもある。新たに落語ファンになる絶対数が、2010年代前半にはそれほど多くなかった。一方で、落語熱が冷めていく人たちもいた。僕個人の実感では、談志が亡くなった2011年を境に、「熱心な落語ファン」の世代交代が始まったように思える。（ここで言う「世代」とは必ずしも実年齢のことではなく、いわば「落語ファン歴」を指す）

「志ん朝の死」で「落語は終わった」と言う志ん朝ファンはいたとしても、「だから熱心な寄席通いをやめた」という落語通の絶対数は少なかっただろう。そもそも、寄席に通う落語ファン自体が少なかった時代である。「志ん朝の死」が打撃を与えたのは観客動員ではなく、落語界のあり方そのものだった。「希望が消えた」と衝撃を受けたのは落語界にいる人間だった。

では、「談志の死」はどうか。それが直接的な理由で落語熱が冷めていったファンの絶対数も、そんなに多くはないだろう。だが、「談志の死」は落語界全体を包む空気を変えた気がする。「談志がいた落語界」と「談志がいない落語界」とでは、やはり何かが違う。傲岸不遜とも言える態度で刺激的な発言を繰り返してきた絶対的なカリスマが落語界から去ったことで、ひとつの時代が終わった。その気分は徐々に、だが確実に、落語界と落語ファンの双方に浸透していった。

それが、落語ファン層の部分的な世代交代を促したのだと、僕は見ている。

「自分にとって面白い」を求めて

2016年以降の「プチ落語ブーム」で新たに落語ファンになった人たちとは、即ち「談志を知らない世代」である。

もっとも、談志が亡くなって以降テレビなどで談志の特集を組むことが増え、「立川談志という天才落語家」の存在は生前よりも広く認知されたと言っていい。立川談志その人をリアルに知っている世代の「アンチ談志」にとっては反感の対象でしかなかった刺激的な発言の数々も、それを後追いで知る層にはむしろ「武勇伝」だ。何より、当人がいなくなったことで「立川談志の落語」そのものに焦点が当たったのは大きい。談志は亡くなって初めて、過大にでも過小にでもなく真っ当に評価されることになった。

だから2016年以降の新規ファン層も談志の存在は知っているだろうが、彼らにとって談志とはもはや「歴史上の人物」であり、(当たり前のことだが)今の落語界の頂点に君臨する存在ではない。

リアルに生きた談志は演者であると共に「評論家」でもあり、晩年まで「いい芸」「上手い落語」とは何かを追究した人でもあった。もっと言うと「あんな芸は、俺は認めねぇ」と口にしてしまう人だった。

談志亡き後の落語界の空気はとても穏やかだ。現代のギャグを古典に入れることも、奇想天外な新作落語や改作も、2000年代のうちに当然のこととして受け入れられ、「面白ければそれでいい」という空気が定着した。「あんな落語、俺は認めねぇ」と言う談志も、もういない。「重石が取れた」のである。

そして重要なのは、現代社会においては、「面白ければそれでいい」の前に「自分にとって」という言葉が付く、ということだ。

「伝統芸能だからってハードルは高くない、面白い落語がいい落語なんだ」というのは僕自身よく言うことだが、それが行き過ぎるのを憂えていた晩年の談志は「面白ければいいってもんじゃない」という意味を込めて「落語は江戸の風が吹く中で演じられるもの」と規定した。だが、それももはや書物の中でのこと。談志が志ん朝のビデオを観て「これがいい芸なんだ、上手い落語なんだ」と涙したという、その価値観を共有するかどうかは、現代の観客にとってはあまり意味がない。(もちろん、志ん朝の「上手さ」を否定する人間がいるとは思えないが)

落語界全体を、伝統の中での「上手さ」を強要することのない寛容な空気が覆う中、「自分にとって面白い」ものを求めて新たなファン層が落語の世界に入ってくるようになった。彼らにとっては、その演者が二ツ目か真打か、落語通の基準から見て上手いかどうかは問題ではない。ただ「自分が面白い」と思えればそれでいい。

二ツ目の会にファンが集まる「二ツ目ブーム」的な状況は、そうやって生まれた。

では、「自分にとって面白い落語」を知りたい人たちは、どうして落語に興味を持ち、どこが入口になったのか。

キーワードは3つある。『昭和元禄落語心中』「渋谷らくご」「成金」である。

「プチ落語ブーム」を支えた二ツ目の活躍

ビジネス誌から女性誌に至るまで、様々な雑誌からの「落語特集」のための原稿を依頼されることが急に増えたのが２０１６年～２０１７年頃だった。ジャニーズのアイドルグループＨｅｙ！Ｓａｙ！ＪＵＭＰが出演するバラエティ番組『スクール革命！』（日本テレビ系）の２０１６年11月20日放送分では「今ブームの落語が見られる　寄席の楽しみ方」なる特集が組まれ、僕も八乙女《やおとめ》光《ひかる》に寄席鑑賞の手ほどきをするガイドとして出演した。

ちなみに、この『スクール革命！』出演時に驚いたのは、打ち合わせで制作スタッフの一人に「寄席に行くには服装は自由なんですか？」と真面目に訊かれたこと。「落語って、一般的にはまだそんな程度の認識なんだ」と愕然としたのもさることながら、「これくらい落語に興味がない人も巻き込む状況が来てるのか」という新発見でもあった。もっとも、本当に「ブーム」が来てるのであればこういう質問が出てくることもないはずで、「一部でジワジワ来てる」という程度の「プチ落語ブーム」だったわけだが。

マスメディアを巻き込む形になったのは２０１６年だったが、その少し前から「落語界に新しい風が吹き始めている」という空気を感じている関係者はいた。２０１６年１月発行の書籍『らくごころ～落語心～』（ぴあ）の背には「今、演芸が面白い！」というタタキ文句が躍り、編集部による「まえがき」の冒頭にはこう書かれていた。

「首都圏を中心に、演芸界に新しい風が吹き始めている。2015年現在で噺家の数は全国で800名を超えて、過去最高の人数となった。若手たちは多くのライバルたちとしのぎを削りながら芸を磨いている」

ここで「落語界」ではなく「演芸界」という書き方をしているのは、間違いなく「講談師・神田松之丞の台頭」を念頭に置いているからだ。この本の企画には演芸写真の第一人者として知られ芸人たちから信頼の厚い橘蓮二《たちばなれんじ》氏が関わっており、橘氏の撮影した高座写真が豊富に掲載されているが、巻頭のカラーグラビアには立川志の輔、春風亭昇太、笑福亭鶴瓶といった全国区の人気者と並んで神田松之丞の写真が大きくフィーチャーされている。つまり、2015年の企画段階で既に松之丞人気はそこまで高まっていたということだ。

ちなみにこの本の副題は「十人のキーパーソンに訊く演芸最前線」。鈴本演芸場の席亭・鈴木寧《すずきやすし》氏や演芸プロデューサーの木村万里氏、らくごカフェ主宰・青木伸広《あおきのぶひろ》氏、「渋谷らくご」キュレーターのサンキュータツオ氏、北沢タウンホールや成城ホールで様々な企画を提供し続けていた統括兼プロデューサー（当時）の野際恒寿氏といった関係者へのインタビューで構成された内容で、全体を貫くトーンは「若手の台頭で新しい波が来ている」というものだった。（『この落語家を聴け！』の著者として僕もインタビューされている）

「プチ落語ブーム」前後の動き

「プチ落語ブーム」前後の動きをまとめてみると、次のようになる。

●2013年9月、芸協の二ツ目ユニット「成金」発足、11月正式スタート。メンバーは柳亭小痴楽、瀧川鯉八《たきがわこいはち》、桂宮治《かつらみやじ》、春風亭昇々《しゅんぷうていしょうしょう》、春風亭昇也《しゅんぷうていしょうや》、春雨《はるさめ》や雷太《らいた》（現・桂伸三《かつらしんざ》）、神田松之丞他。

●2014年4月〜9月、フジテレビ系列で深夜バラエティ『噺家が闇夜にコソコソ』放送。（司会）立川談春、今田耕司《いまだこうじ》、壇蜜《だんみつ》。（出演）桃月庵白酒、春風亭一之輔、立川談笑、林家彦いち、春風亭ぴっかり☆他。
※このレギュラー化に先立ちパイロット版が2013年12月29日深夜に放送されている。

●2014年11月、渋谷区円山町のライヴスペース「ユーロライブ」で「渋谷らくご」（シブラク）スタート。落語初心者の若者でも気軽に足を運べる落語会を標榜し、キュレーターにサンキュータツオ氏を起用。

●２０１５年12月28日、ＴＢＳが立川談春『赤めだか』テレビドラマ版を放送。談春の入門から二ツ目昇進までを描き、談春役で二宮和也、談志役でビートたけし、志の輔役で香川照之《かがわてるゆき》、志らく役で濱田岳《はまだがく》が出演。

●２０１６年１月、雲田はるこ氏が『ＩＴＡＮ』（講談社）で連載中（当時）の女性漫画『昭和元禄落語心中』がテレビアニメ化。ＭＢＳ他『アニメイズム』Ｂ２枠での放送で、同年４月まで第１期放送、第２期は２０１７年１月〜３月。テレビアニメ化が発表されたのは２０１４年12月のこと。２０１０年に連載開始した原作は『ＩＴＡＮ』２０１６年６月７日発売号で完結している。

●２０１６年３月、ＮＨＫ総合テレビで特番『超入門！　落語　ＴＨＥ　ＭＯＶＩＥ』初放映。落語家の口演に合わせて役者が登場人物を口パクで演じるバラエティ番組。同年７月、二度目の特番放送があり、10月から週一のレギュラーとして２０１７年２月まで放送。番組ナビゲーターは濱田岳。２０１７年10月に再開し、２０１８年３月まで放送された。

●2016年4月30日、桂歌丸が『笑点』を5月22日の放送をもって勇退することを発表。次期司会者、新加入メンバーが誰かマスコミで話題に。

●2016年5月22日、春風亭昇太が『笑点』新司会者に。5月29日、林家三平が『笑点』新メンバーとして初登場。

●2016年10月より立川志らくがTBS系『ひるおび』のレギュラーコメンテーター(月〜金:午前の部)として出演開始。2017年上半期テレビ番組出演本数ランキングの「ブレイクタレント」部門で1位に輝く。

●2017年1月、『ビッグコミックスピリッツ』(小学館)で2010年より連載していた尾瀬《おぜ》あきら氏の落語漫画『どうらく息子』が完結、コミックス最終巻は6月発売。

●2017年6月、書籍『落語の入り口』(フィルムアート社)出版。表紙イラストは雲田はるこ氏。雑誌の落語入門特集を拡大したような方向性の書籍で、雲田はるこ氏のインタビューも収録。

●2018年10月12日から12月14日までNHK総合テレビでドラマ版『昭和元禄落語心中』放送。岡田将生《おかだまさき》、竜星涼《りゅうせいりょう》、山崎育三郎《やまざきいくさぶろう》、成海璃子《なるみりこ》他が出演。

この中で、『どうらく息子』というのは26歳で落語の世界に入門した若者が主人公の青年漫画で、徹底した取材に基づき極めてリアルに「落語の世界の現実」を描いた作品。その本格的な内容は落語ファンに好評だった。完結の段階で主人公はまだ二ツ目。

『どうらく息子』は2014年9月発売の第1集から2015年3月発売の第7集まで、コンビニ用の廉価版が毎月発売され、そこには僕が二ツ目をインタビューで紹介する「この二ツ目も聴け！」というコーナーが連載された。紹介したラインナップは次のとおり。

第1回：鈴々舎馬るこ
第2回：三遊亭粋歌《さんゆうていすいか》
第3回：立川笑二《たてかわしょうじ》
第4回：柳亭こみち

第5回：林家《はやしや》たけ平《へい》
第6回：立川《たてかわ》志《し》の春《はる》
第7回：古今亭駒次（現・駒治《こまじ》）
第8回：春風亭ぴっかり☆
第9回：桂宮治

「この二ツ目も聴け！」は、『どうらく息子』の主人公が前座から二ツ目に昇進したことを記念する企画だったが、こういう企画が成立するくらい、２０１４年の時点で既に「二ツ目の活躍」は顕著になっていたということだ。

「一段落した」落語界に起きた新潮流

２０１６年１月から『昭和元禄落語心中』がテレビアニメ化されたことは、「プチ落語ブーム」状況を大きく加速した。それは、実際にアニメを観た人数の問題以上に、「マスコミで落語が話題になった」ことが大きい。マスメディアにとっては、「落語を題材にした女性漫画が人気でテレビアニメとなる」という現象そのものが理解しがたい。だからこそネタにしやすかったのだろう。

WEB上でのインタビューを読むと、雲田はるこ氏が落語に惹かれたきっかけのひとつは2004年の大河ドラマ『新選組！』に桂吉弥が出演していたこと。大河ドラマを観て江戸文化に興味が湧く中で、『タイガー&ドラゴン』(2005年)や『ちりとてちん』(2007年)の「落語ブーム」状況を実体験し、「落語をもっと知りたいから落語のマンガを描きたいなと思うようになった」(「好書好日《こうしょこうじつ》」2018年11月9日)のだという。

そして興味深いのは、2010年に始めた『昭和元禄落語心中』の連載について、雲田氏は「ちょうど描きはじめの頃は落語ブームが一段落していたので、描きながら『今更落語ものとか、これ絶対売れないな』って」(「このマンガがすごい！WEB」2016年1月30日)思いつつ、「まあでも自分の好きなものを描ければいいや」(同)という気持ちだった、ということ。あの2005年から数年間の「落語ブーム」をリアルに体験した人にとって、2010年頃は「一段落していた」状況だったのである。

その「一段落した」落語界に新たな波を起こしたのは、二ツ目時代の春風亭一之輔だった。2010年から2011年の一之輔の快進撃は落語ファンに「二ツ目の落語を楽しむ」ということを教えた。もちろんそれまでも、二ツ目時代から柳家三三を応援していたような一部の落語通は二ツ目の会に足を運んでいたけれども、ごく普通の落語ファンは人気者や実力派真打を追いかけるのに忙しく、二ツ目の落語を意識的に観に行く層はごく限られていた。その流れを変えたのは間違いなく「真打より面白い二ツ目」一之輔の登場である。

僕が２０１１年７月から成城ホールで〝二ツ目の二人会〟として始めた「こしら・一之輔ニッポンの話芸」が、一之輔の真打昇進に伴い２０１２年７月から「新ニッポンの話芸」として新装スタートする際、統括兼プロデューサー野際恒寿氏と僕の間では、一之輔の代わりに「三遊亭きつつき、鈴々舎馬るこ」という2人の二ツ目をこしらと組ませる、という結論が、ほぼ即決で出ていた。つまり、その時点で野際氏も僕も「魅力的な二ツ目を追いかける」姿勢になっていたからこそ、「きつつき・馬るこ」という2人の名前がすぐに出てきた、ということだ。

『昭和元禄落語心中』と神保町「らくごカフェ」

当時、二ツ目の落語を聴く上で個人的に最も便利だったのは、神保町の「らくごカフェ」の存在だった。

らくごカフェは高座が常設された落語専門ライヴハウスで、50人ほど収容。フリーライターの青木伸広氏が「落語ファンが集まれる場所が欲しい」という夢を叶えようと、生まれ育った神保町に開店したもので、２００８年12月に喫茶店としてプレオープン、２００９年１月31日にこけら落とし公演として「立川談春一門会」が開かれ、2月から本格始動。若手を中心に昼夜で落語会が行なわれている。

らくごカフェ主催の企画として開店当初から続いているのが、毎週火曜夜の「らくごカフェに火曜会」。「二ツ目の会をやりたい」と青木氏が旧知の柳家三之助《やなぎやさんのすけ》（当時二ツ目）に相談し、三之助と同じ落語協会に所属する有望な二ツ目に声を掛けてスタートしたレギュラーメンバー制の二人会で、真打になると卒業し、新たなレギュラーが参加するシステム。三之助の他に一之輔、鈴々舎わか馬（現・柳家小せん）、五街道弥助《ごかいどうやすけ》（現・蜃気楼龍玉《しんきろうりゅうぎょく》）、三遊亭天どん、柳亭こみち等が発足時のレギュラーだった。

今でこそ「二ツ目の会」は当たり前だが、らくごカフェ開店当時はかなりチャレンジングな企画だったと思う。だが、一之輔がグングン台頭していく中で、「二ツ目を観る」ことは次第に当たり前になっていく。

２０１２年４月から桃月庵白酒、柳家三三に加えて新真打の春風亭一之輔がレギュラー入りした虎ノ門・ＪＴアートホールでの月替わり独演会「Ｊ亭落語会」では、月ごとの主役が三席演じる他にゲスト枠で二ツ目が高座に上がるのが常だったが、一之輔独演会でゲスト出演した女性二ツ目の三遊亭粋歌が『影の人事課』を演じて大ウケしたのが２０１３年６月。それまでも粋歌の「女性ならではの新作」が好きだった僕は、この一席を観て「行ける！」と確信し、終演後の打ち上げで「Ｊ亭落語会」のプロデューサーに「粋歌さんの独演会をやりましょう」と提案した。その企画はすぐに通り、内幸町ホールで第1回の「粋歌の新作コレクション」が行なわれたのは2013年12月。毎回人気真打をゲストに呼んではいるけれども（初回は一之輔）、あくまで二ツ目が主役のこの会が1回目から大盛況だったのは、既に「二ツ目の落語を聴く」ことが普通になっていたからだ。

とはいえ、それ自体は「新しいファン層の開拓」には結びつかない。既存の落語ファンが新たな興味の対象を見つけ、足を運ぶ落語会の予定を書き込んだスケジュール帳に二ツ目の名前が少し増える程度のことである。

その「新しいファン層の開拓」に、『昭和元禄落語心中』が大きく寄与したことは間違いない。以下は、アニメではなく原作漫画についてである。

『昭和元禄落語心中』は、「落語の世界を漫画にした」のではなく、「落語家という存在である主人公の生き方を描く」人間ドラマとして、非常に優れていた。特に、原作の単行本2巻から5巻までに収録された「八雲と助六編」が秀逸で、個人的には単行本1～2巻の「助六放浪編」にはあまり入り込めなかったものの、戦前から戦後の時代に遡って因縁を語る「八雲と助六編」に突入するや否や、俄然その世界に熱中させられた。

若き日の八雲（菊比古）と助六という対照的な2人の青春を描く「八雲と助六編」において、この2人が「落語家として生きる」ことは、テーマそのものである。職業としての落語家ではなく、生き方の問題なのだ。そして、時代背景を昭和にしたことは偶然ではなく、作者にとって「必然」であることがよくわかる。落語界の表層をなぞるのではなく、落語という芸能の本質に迫ることが出来たのは、この「時代設定に対するこだわり」があったからこそだ。

「落語という素材」の扱いも丁寧だ。作者は落語をきちんと理解しているがゆえに、作中で「落語を演じるシーン」を描く際の心配りが実に行き届いている。作品をきっかけに「現実の落語」に興味を持つか否かは、この「落語の描き方」に掛かっていると言っていい。そして雲田氏はそれを見事にやってのけた。

そして最も重要なのは、『昭和元禄落語心中』という作品が訴えているのが「落語は演者によって変わるもの」という真実であり、「時代と共に落語は生きていく」という結論を提示して完結した、ということである。

この作品の本質を理解するならば、昭和を描いた（平成初期までで完結する）作品でありながらも、そこで初めて落語に興味を持った読者が向かうべきは、「昭和の名人」ではなく今を生きる「落語家という存在」であるのが必然だ。

だからこそ『昭和元禄落語心中』は、「一段落していた」落語界にとって、新たな起爆剤となり得たのである。

「シブラク」が成功した理由

『昭和元禄落語心中』などをきっかけに、2016年頃に「リアルな落語」に興味を持った初心者にとっては、「初心者でも楽しめる」というキャッチフレーズを前面に打ち出している「渋谷らくご」(略称「シブラク」)は便利だったに違いない。実は『昭和元禄落語心中』のコミックス最終巻(第10巻)の巻末には「渋谷に来ないか」という番外編マンガが掲載され、「シブラク」をわかりやすく紹介していたりもする。

2014年11月から渋谷のライヴスペース「ユーロライブ」で始まった「シブラク」は、毎月第2金曜から5日間開催される定例落語会で、1日2公演。主な公演形態は(1)2時間で4人が約30分ずつ高座を務める「渋谷らくご」、(2)1時間で2人が30分ずつ演じる「ふたりらくご」、(3)1時間を1人が受け持つ「ひとりらくご」の3種で、平日は18時〜19時の「ひとりらくご」または「ふたりらくご」と20時〜22時の「渋谷らくご」、休日は14時〜16時と17時〜19時の「渋谷らくご」2本。予約料金は「渋谷らくご」が大人2300円/学生1700円/高校生・落研1000円、「ふたりらくご」「ひとりらくご」が大人1000円/学生700円/高校生・落研400円で、当日料金は各200円増し。

その他に「創作らくご」や「しゃべっちゃいなよ」(サブタイトルが「林家彦いちプレゼンツ 創作らくごネタおろしの会」)、「まくら王」(5人の噺家がマクラだけ語り、トリの演者がそれらを受けて落語を一席）といった特別プログラムが入ることもある。

客席はゆったりしていて座りやすく（これは重要だ）、居心地はいい。チケット代も手ごろだし、渋谷は若者にとって身近な場所であるだけでなく、どこから行ってどこに帰るにしても便利だ。一度行って気に入ったら、「通う」という習慣は付きやすい。平日2公演を昼夜でなく夜の「1時間と2時間」の組み合わせ、というのは新しい発想だ。

「シブラク」のプログラムの特徴は、若手中心であること。二ツ目も多く出演し、むしろ主力とさえ言える。178席の会場でチケット代を安く設定するため出演料は安く抑えたいから、という身も蓋もない言い方も可能ではあるにせよ、この顔付けは新鮮で、若い観客を惹きつける要因になった。

二ツ目には未熟な演者も多い。当たり外れも大きいはずだ。だが、「まだ若手だから」という要素は大きなプラスになる。若い観客ならその未熟さもひっくるめての親近感となるだろうし、落語通なら「誰が有望かを先取りする愉しみ」がそこにある。小さなライヴハウスでインディーズのバンドをチェックするようなものだ。

「とにかく寄席に行ってみよう」というスローガンが甚《はなは》だ危険なのは、寄席の定席に出ているのは年配の演者が多い、ということだ。もちろん面白ければ年齢は問題ではないけれども、寄席には必ずしも面白い人ばかり出ているわけではない。若い人が初めて寄席に入ってみたときに、もしも年配の噺家の退屈な落語を聴き続けたら、「落語って年寄りの娯楽なのかな」と思ってしまうに違いない。

だがそれが若手ばかりだったらどうだろう。少なくとも「年寄りの娯楽」という発想は生まれにくい。また落語をよく知らないからこそ、若い演者の「未熟な落語」でも、その若々しさを純粋に楽しめるかもしれない。

「二ツ目を聴くのが当たり前になった」今の落語界を象徴する現象に「深夜寄席の人気」がある。深夜寄席とは新宿末廣亭で毎週土曜の夜21時30分〜23時に落語協会や落語芸術協会の二ツ目が４人出演する会で、昔は料金５００円で出演者が必死に呼び込みをしても閑古鳥が鳴いていたが、今では行列が出来て満員の大盛況。２０１７年5月から料金が１０００円となったが、値上げの影響はなさそうだ。つまり、ただ単に「安いから人気」なのではなく、「二ツ目だからこそ観る」という人たちが通っているのである。

いわゆる「お笑い」の世界では、「若手を追いかける」というライヴの愉しみ方が定着しているが、落語にもそれが起きている、ということだ。

だが「シブラク」は、ただ単に「二ツ目の落語を聴くのが当たり前になった」という現象に寄り掛かっていたわけではない。「シブラク」は自ら積極的にそういうムーブメントを生み出した。

それが可能だった最大の理由。それは、サンキュータツオ氏という「キュレーター」がいた、ということだ。

キュレーターという存在

「シブラク」の公式サイトでは、サンキュータツオ氏が各公演の見どころをわかりやすく解説している。「この演者はどんな人なのか」という情報が一切入ってこない寄席の定席と異なり、「シブラク」には色々と手ほどきをしてくれるキュレーターがいる。だから初心者は「安心して足を運べる」のである。

ここで効果的だったのは、耳慣れない「キュレーター」という言葉を持ってきたことだろう。

例えば、2017年9月から横浜で始まった「関内寄席ねくすと」という二ツ目の落語会では僕が出演者と演目を決めていて、「広瀬和生太鼓判！」という謳い文句が付いている。その謳い文句は、僕が落語評論家だと知る落語ファンに対してのメッセージだ。

だが「シブラク」がサンキュータツオ氏という「キュレーター」を売りにしたのは意味がまるで違う。「シブラク」のサイトに出ているサンキュータツオ氏のプロフィールはこうだ。

「学者芸人 漫才お笑いコンビ『米粒写経』のツッコミ担当。早稲田大学大学院文学研究科博士後期課程修了。お笑いの学術的研究をするとともに、アニメなどのユースカルチャーにも造詣が深い」

ここでは彼が落語に造詣が深いことはおろか、落研出身であることすら書かれていない。むしろそういった情報を排除して、落語を「お笑い」と並列化する意図が見える。実際、サンキュータツオ氏による「シブラクマニフェスト」には、「渋谷だからこそ若い人でも気軽に落語を楽しめる場所にする」という第一項、「新しい切り口の興行内容でトレンドを作り、初めてでもふらっと入って楽しめる落語会にする」という第二項に続き、第三項では「演劇、映画、お笑い…そんな文化と落語を並列化する」と明記している。つまり、若い人たちから「ハードルの高い落語という古典芸能」という概念を完全に取り除くことを第一義に考えているのである。

だからこそ、ありがちな「プロデュース」とかではなく、あえて「キュレーター」という言葉を選んだのではないだろうか。

「シブラク」のサイトにはサンキュータツオ氏のプレビューの他に、観客によるレビューも投稿されている。そうしたレビューを見ると、「落語という文化を知った喜び」がダイレクトに伝わってきて、実に清々しい。常連客同士の連帯感のようなものも生まれていて、一種のサークルのようになっている。

そして、そのサークルのような「シブラク」の楽しさは、SNSを通じてどんどん拡散していった。

当初から「サンキュータツオ＝シブラク」という構図を積極的にアピールしたことで、「シブラク」はひとつのブランドとなった。それゆえに、今までの落語ファンとは異なる「シブラクに通う若者たち」という新たなファン層を開拓することが出来たのである。その功績は、極めて大きい。

「成金」のブレイク

落語家における「二ツ目」という身分を広く世に知らしめることになったのが、芸協の二ツ目ユニット「成金」だ。

「成金」のメンバーは以下のとおり。（カッコ内は二ツ目昇進時期）

柳亭小痴楽（2009年11月）
昔昔亭《せきせきてい》A《えー》太郎《たろう》（2010年2月）
瀧川鯉八（2010年8月）

春雨や雷太（2010年8月）※現・桂伸三
三遊亭《さんゆうてい》小笑《こしょう》（2011年3月）
春風亭昇々（2011年4月）
笑福亭《しょうふくてい》羽光《うこう》（2011年5月）
桂宮治（2012年3月）
神田松之丞（2012年6月）※日本講談協会にも所属
春風亭《しゅんぷうてい》柳若《りゅうじゃく》（2012年9月）
春風亭《しゅんぷうてい》昇也《しょうや》（2013年1月）

入門時期は小痴楽の2005年10月から昇也の2008年7月まで。この間に入門している二ツ目も芸協は他に2人いるので、「リアルに仲がいいユニット」として結成されたのだろう。それによって「成金」は、二ツ目という「芸人にとっての青春時代」を共に過ごすに相応しい健全さを保つことが出来たのだと思う。

彼らは2013年、落語専門のCDショップ「ミュージック・テイト西新宿店」で9月と10月にプレリュード公演を行ない、11月から毎週金曜の夜にメンバーのうち4人が交代で出演する「成金」という名の落語会を始めた。毎週金曜だから「成金」。この端的なネーミングも成功の原動力となった。

ミュージック・テイト西新宿店は2011年9月から店舗内に高座と客席を設置して、定員30名の落語会「ぶら〜り寄席」を開始。第1回の出演は「柳亭こみち・三遊亭きつつき」、第2回は「柳家ほたる・柳家わさび」と、その規模に相応しく当初から二ツ目を積極的に出演させていた。二ツ目ユニット「成金」にはうってつけの会場だ。

スタート当初の「成金」を落語ファンの目から見ると、桂宮治だけ別格だった。何しろ宮治は前座の頃からそのエネルギッシュな高座が注目され、2012年に二ツ目に昇進するといきなり「NHK新人演芸大賞」落語部門で大賞を受賞。以後、ホール落語に起用されることも増え、国立演芸場で年4回の独演会が2014年4月から行なわれることも決まっていた。

個人的に宮治と同じくらい注目していたのが、小痴楽だ。2006年から神楽坂のシアターイワトで数年間開かれていた「いわと寄席」の古今亭志ん輔の独演会に毎回足を運んでいた僕は、そこで「桂ち太郎」といった前座時代の彼に出会い、その達者な口調と高座度胸に感心させられていた。「小痴楽はきっと芸協を引っ張る存在になる」と確信していたのである。（ちなみに2012年に北沢タウンホールで僕が始めた「この落語家を聴け！」は柳家喬太郎、桃月庵白酒、柳家三三、春風亭一之輔他の人気真打が登場したインタビュー付きの独演会シリーズだが、2015年10月の最終回スペシャルでは「二ツ目スペシャル」として小痴楽と三遊亭粋歌、立川笑二の3人に登場してもらった）

ユニットとしてアピールすることの新鮮さ、毎週金曜に同じ場所で開催するというわかりやすさにより、彼らは確実にファンを増やしていった。「成金」スタートからほぼ1年後の2014年10月に古今亭志ん輔プロデュースで神田須田町に開設された二ツ目専門の寄席「神田連雀亭」（2017年9月で志ん輔は運営から手を引き、以後はビルのオーナーと二ツ目の委員会による運営となった）は定員38名の小さな空間だが、ここも「成金」メンバー目当ての観客で賑わうようになっていく。

もちろん、その規模の会場に留まっていてはムーブメントにならない。「成金」メンバーにとって大きかったのは、正式スタートから1年後の2014年11月に「初心者向け」「若者向け」を謳った「シブラク」がスタートしたことだろう。成金メンバーの中でもユニークな新作派の瀧川鯉八や春風亭昇々あたりは「シブラク」の「落語とお笑いを並列させる」思想との親和性が高く、「シブラク」で新しいファンを掴んでいった。

だが「成金」が生んだ最大のスターは何と言っても神田松之丞だ。松之丞は始まったばかりの「シブラク」第2回興行、2014年12月に初出演。2015年5月にはトリを取って満員にしている。

当初、松之丞が「シブラク」で演じたのは『トメ』『グレーゾーン』といった新作講談。それらの新鮮さは、鯉八の新作にも通じる「こういうのってアリ⁉」という驚きを観客に与えただろう。だが、松之丞が人気を得た理由はそこではない。松之丞は落語を聴きに来た観客に「講談という新しいエンターテインメント」を教えたのだ。それはちょうど、２０００年代の落語ブームで多くの人々が「落語という新しいエンターテインメント」を知ったのと似ている。あるいは、20世紀の落語界の沈滞とは無関係に「自分だけの世界」を築いたことでリピーターを着実に増やしていた立川志の輔や春風亭昇太にたとえるべきかもしれない。

松之丞はワン・アンド・オンリー。だからこそ、２０１６年に新作講談を封印したことにまったく影響されることなく、松之丞はリピーターを増やしていった。

それにつれて「成金」のイメージも変化する。特に小痴楽・鯉八・昇々が２０１５年のＮＨＫ新人落語大賞の決勝に残って以来、「成金」のイメージはだんだんと「松之丞」プラス「小痴楽・鯉八・昇々」となり、地方に行く「旅成金」は「松之丞」&「小痴楽・鯉八」ということになった。落語界を俯瞰する視点から言わせてもらえば、「成金」最大の功績とは、ユニット構成員である松之丞の人気に引きずられる形で、小痴楽と鯉八という優れた才能が広く認知されたことに他ならない。

小痴楽が２０１９年９月に真打昇進して「成金」は解散し、松之丞は２０２０年２月に六代目神田伯山《かんだはくざん》を襲名して真打。２０２０年5月にはA太郎、鯉八、伸三も真打となり、ユニットとは無関係に落語ファンに支持されている宮治、女性に人気の昇々らも、それに続いていく。青春時代を「成金」で有意義に過ごした彼らの飛躍に期待したい。

女性落語家の活躍

二ツ目が元気な時代の到来と共に目立ってきたのが若手の女性落語家の活躍だ。

とはいっても、女性落語家の絶対数は少ない。大学の落研には上手くて面白い女子が大勢いるのに、彼女らはほとんどプロを目指さない。２０１９年9月に東京の女性落語家を数えたところ、「真打&二ツ目」で25人。その他に前座が６人、人数が把握できない「見習い」も数人いるはずだが、そんな程度だ。東京の落語家全体の数は約６００人と言われる中での三十数名だから、男性に比べて女性の落語家は圧倒的な少数派だ。

もっとも、この10年で女性落語家の数は徐々に増えてはいる。２００９年12月に調べたときには東京に４５０人以上いた落語家の中で女性は前座も含めて19人、「真打&二ツ目」は12人しかいなかった。

女性落語家が少ない理由としてまず考えられるのは、伝統的に「落語は男が演るもの」とされてきたということ。１９９３年に三遊亭歌る多と古今亭菊千代《ここんていきくちよ》が東京で初の女性真打になった際には「女流真打」という別枠を設けるべきではないかという議論があったほどだ。

その伝統の中で「老若男女を男性が一人で演じるもの」として磨き上げられてきた古典落語を女性が演じるのは無理がある、だから女性の落語家は女性のために作られた新作落語を演るべきだ、と提唱したのは三遊亭白鳥だ。白鳥は２０１０年、それを女性落語家たちが実践するきっかけを与えるために、自らプロデュースする「Ｔｈｅ Ｗｏｍａｎｓ'落語会」を立ち上げた。若手の女性落語家たちが白鳥に教わった噺を演じるこの会は２０１５年まで12回開催された後、２０１６年末に2夜のスペシャル企画として復活。２０１８年3月には「第14回」が内幸町ホールで開かれ、三遊亭粋歌、立川こはる、春風亭ぴっかり☆、林家つる子がそれぞれ白鳥作品を独自にアレンジして演じた。この4人はいずれも人気の女性二ツ目だ。

白鳥の言う「女性は女性向きの新作を演ればいい」という指摘は一面の真理である。ただ、プロの落語家になる女性はたいてい「古典が好きでこの世界に入った」と言う。そんな女性たちが、男性に交じってどのように個性を発揮していけばいいのか。

その「モデルケース」となるべき存在が、２０１７年に真打昇進した柳亭こみちだ。２００６年に二ツ目となったこみちは、当初から「まっすぐな古典」をきっちりと演じる女性落語家として着実に活動の基盤を広げていった。女性の着物で高座に上がり、ルックスも女性らしい可愛さを備えたこみちだが、持ち前の「古典の技量」の確かさゆえに「女性が古典を演ることの不自然さ」を感じさせなかった。

だがこみちは「まっすぐな古典」とは別に、『蚤《のみ》のかっぽれ』『植木のお化け』『虱《しらみ》茶屋』といった「音曲や踊りなどの〝飛び道具〟が入る噺」を積極的に覚え、これを自らの武器にしていった。

白鳥は、そんなこみちにも「女性のための新作」を教えた。最初は2008年9月、独演会のゲストとしてこみちを呼んで自作の『ナースコール』を演じさせたのである。さらに白鳥は「The Woman's落語会」を始めると、こみちに『白鳥版明烏』や『女泥棒』、『姫と鴨』等の作品を提供している。これらは古典の世界観を新作に持ち込んだもので、現代を舞台にする『ナースコール』とは異なり、「古典のこみち」を求めるファン層にも受け入れられやすかった。

さらにこみちは桂枝太郎が狂言を落語に作り替えた『附子《ぶす》』、古今亭駒治の『ガールズトーク』を江戸の長屋の女性たちに置き換えた『うわさ小町』といった作品も自分のレパートリーに加えている。

現在、こみちは「古典」「飛び道具の入る噺や珍品」「女性が活躍する、女性にしか出来ない噺」を自身の3本柱としている。そして、その柱のひとつである「古典」においても、かってのように「まっすぐに演る」だけではなく、『富久』で日本橋石町の旦那のお内儀《かみ》さんを登場させたり、死神が爺さんではなく婆さんの『死神』を演じたりと、「女性ならではの工夫」を重ねている。

　こうしたこみちの挑戦は、今後の女性落語家にとって、ひとつの指針となるのではないだろうか。

古典を演ってもちゃんと聴かせる腕がある

　現在の二ツ目では三遊亭粋歌、立川こはる、春風亭ぴっかり☆の3人が、それぞれの流儀で「女性落語家のあり方」を明確に示している。

　三遊亭粋歌はもともと古典の演者だが、「古典を深く知るには新作を創ってみるといい」との先輩からのアドバイスで創り始めた「女性ならではの新作」で人気に火が点いた。粋歌の新作は、単に女性の登場人物を前面に出して活躍させるだけではなく、「女性の視点で物事を捉える」からこそ面白い。つまり「男性にはない発想」の新作なのだ。粋歌は三遊亭白鳥作品も手掛けているが、それらは白鳥が女性のために書いたものではなく、白鳥が自ら演じている作品を「自身の視点で練り直した」もの。白鳥が示唆した「女性は新作をやるといい」という方法論を、粋歌は自らの才能で独自に発展させているのである。

男性の着物で高座に上がり、女性要素をほとんど感じさせない「男前な江戸落語」を演じるのが、立川こはる。彼女は「女性の声で古典を演じる」ことに不自然さを感じさせない技量の持ち主だ。「落語の上手さ」が「女性であるというハンデ」を跳ね返しているという点では二ツ目時代のこみちに通じるものがあるが、こはるは「男らしく演じる」点で徹底しており、そもそも彼女を「女性落語家」というカテゴリーに入れることの方が不自然に思える。

こはると正反対に、「女性であること」を前面に出して演じることが魅力となっているのが春風亭ぴっかり☆だ。彼女は師匠の小朝直伝の『元禄女太陽伝《げんろくおんなたいようでん》』のように女性主人公が活躍する新作落語も持っているが、『お見立て』の喜瀬川や『権助提灯《ごんすけちょうちん》』の妾といった、古典に登場する女性の「女らしさ」を強調することで、個性を発揮している。キュートなルックスでアイドル的な人気があることが却って正当な評価を妨げているきらいがあるが、ぴっかり☆は物語をきっちり表現する技量を備えている。「古典に自分の演出を大胆に持ち込む」ことが当たり前になっている現代落語界において、ぴっかり☆が試みている「古典の中の〝女らしさ〟を武器にする」方法論は効果的だ。

ぴっかり☆が講釈ネタの『徂徠豆腐』を見事に語るのを観たこともあるが、これも示唆に富んでいた。今、講釈師の約半数が女流だが、それは「地語り」主体の講談の形式が女性に合うからだろう。たまたまそのときは立川こはるとの二人会で、こはるは地噺『平家物語・

上』（談志十八番『源平盛衰記』の前段にあたる部分を独自にこしらえたもの）を演じてこれも素晴らしかったが、「地の語り中心の構成なら女性演者のハンデは小さい」ことも、今後の女性落語家がネタを独自にアレンジするうえで役立つかもしれない。

今挙げた４人に共通しているのは「当たり前に古典を演ってもちゃんと聴かせる腕がある」ということ。ここが重要なポイントだ。「女性には古典は無理だ」と思わせる演者は、女性云々の前に「落語がヘタ」なのである。

女子の割合が高い学生落語の大会などを観ていると、「女性は落語に向かない」なんて印象はまるで受けない。つまり「数の問題」でもあるのだ。これまで存在したプロの女性落語家の絶対数があまりにも少なかったからこそ、「上手い女性」「面白い女性」がなかなか出てこなかったのである。

「古典・飛び道具・女性ならではのネタ」の３本柱を武器とするこみち、「女性の視点による新作」を創り続ける粋歌、「女を感じさせない」こはる、「女らしさを武器にする」ぴっかり☆。彼女たちが道を切り開いてくれると、僕は期待している。

人気落語家にとって『笑点』に出ることはマイナス？

日本テレビ系列の長寿番組『笑点』の名物コーナー「大喜利」で司会を務めていた桂歌丸

が、放送開始50周年を迎えた２０１６年5月22日放送分をもって勇退し、後任司会者の座には春風亭昇太が就いた。

歌丸の勇退が発表されたのは4月30日のこと。その時点で後任に誰が起用されるのかが明かされなかったため、マスコミが「次の司会者は誰？」「新メンバーは？」と騒ぎ始めた。その騒ぎ方は一種異様に思えるほどだった。

当時、僕は新司会者となったばかりの昇太にインタビューを行なったのだが（『週刊現代』２０１６年８／20・27合併号掲載）、自身が新メンバーとして加入したときと比較し、こう言っている。

「40周年のときには、司会者だった先代の圓楽師匠が勇退されて歌丸師匠が司会になり、僕が新メンバーで入ったんですけど、あのときはこんな大騒ぎにはなりませんでしたよね。この10年で、テレビの世界の中ではなんか不思議な番組になってたってことですかね（笑）」

２０１６年に『笑点』を巡ってマスコミが騒いだ背景には、1月からアニメ放映開始した『昭和元禄落語心中』がきっかけで落語にマスコミの目が向いていたという事実がある。彼らはネタが欲しかった。だが彼らは落語に疎い。そんなとき、タイムリーな話題として『笑点』ネタが出てきたので、「これなら行ける！」と飛びついたのだろう。

それは2つのことを意味している。ひとつは、マスコミではいまだに「落語といえば『笑点』」という認識が存在しているということ。10年前の落語ブームで「大喜利は落語じゃない」と知れ渡ったはずだが、それから10年以上経ってもなお『笑点』はマスコミ的には大きな存在だった。いやむしろ、昇太が言うように「なんか不思議な番組」として『笑点』がテレビ界で目立ってきたのかもしれない。何しろ、ああいう昭和の匂いが強烈に漂う緩い内容で50年も続いているのだから。

そしてもうひとつは10年前の落語ブームがいかに熱かったか、ということだ。2006年の「五代目圓楽勇退／昇太新加入」がほとんど話題にならなかったのは、前年から続く落語ブームの中で「新たに発見されたエンターテインメント」としての落語それ自体が話題性を持ち、「大銀座落語祭」のように大きなイベントもあったため、新鮮味のない『笑点』はマスコミにとって「ネタとして美味しくなかった」からだろう。

勇退する歌丸の後任司会者にはタモリを筆頭とする大物タレントの名が取り沙汰され、新メンバー候補として何人もの人気落語家の名が挙がっていたが、どれも僕には「あり得ない」と思えた。新司会者として予想されていた中で唯一「あり得る」と思えたのは六代目圓楽の「昇格」で、これなら10年前の「五代目圓楽から歌丸へ」という流れに近い。

僕も「誰が司会になると思いますか?」という取材を幾つか受けた。僕が答えたのは「司会は現大喜利メンバーが継ぐ。外部からの招聘《しょうへい》はない」ということ。すると決まって「レギュラー回答者の座が一人分空きますが、誰が入ると思いますか?」と訊かれ、僕は「落語ファンに人気があるというよりタレント的な知名度がある人」と答えておいた。番組サイドは一般的な知名度を重視するだろうし、落語ファンに支持されている落語家にとって、『笑点』に出るということはむしろマイナスになりかねないからだ。

2017年12月27日に発売された月刊誌『男の隠れ家』2018年2月号の落語特集で六代目圓楽が「長年の落語ファンの多くは『笑点』メンバーが嫌い」と言っているが、確かに多くの落語ファンにとって『笑点』とは、「落語じゃない」のに「落語を代表する」みたいになっているのが苦々しく思える存在だったりする。そしてまた、あまりにも有名な番組であるだけに、〝『笑点』メンバー〟という属性がすべてになってしまいがちだ。

昇太は先述のインタビューで僕にこう言った。

「『笑点』の新メンバーになって言われたとき、『いや、ちょっと待ってください』っていうのはありました。『笑点』に出たら、必ずキャラクターみたいなものが付くわけで、落語をやるときにそれがマイナスに出るっていう可能性もある」

だが、それを昇太はプラスに転じた。

「『笑点』に出ると『笑点』だけの人になってしまう可能性があるから、逆に他の仕事をすごく頑張れたんです。『笑点』の持つ力がすごいから、その三倍ぐらい他のところでも頑張らないと、バランス取れないと思ったんですよ。それに認知度が上がったおかげで、やりたかった仕事がもっと来るようになったし。だから本当に、損なことはひとつもなかったです。『笑点』ファンと落語ファンは別なんですよね。『笑点』に出ている僕が好きな人は、必ずしも僕の落語を聴いてくれるわけじゃない。でも、『笑点』ファンの人が、たまさか『昇太の落語を聴きに行ってみようか』って来てくれたときに、その人たちを楽しませて帰す自信はあるし、実際、いろんなタイプのお客さんが落語を聴きに来てくれるようになった」

5月22日に「新司会者は昇太」と番組内で発表され、翌週5月29日には新レギュラー回答者として二代目林家三平が加入することが明らかになった。番組の視聴率は5月22日以来7週連続で20パーセント超えを記録。もはや『笑点』ブームと言ってもおかしくない状況だ。7月4日発売の『週刊ダイヤモンド』の落語特集で冒頭を飾ったのは「50周年『笑点』に見る落語の栄枯盛衰」なる記事であり、春風亭昇太と三遊亭小遊三のインタビューがそれに続いた。8月24日の日本テレビ系『24時間テレビ』でのチャリティマラソンでは林家たい平が「涙の完走」を成し遂げている。9月1日発売の『月刊テーミス』は日テレ絶好調を牽引するのが『笑点』であるという視点での記事が載り、僕もコメントを求められた。

だが、この『笑点』ブームは、2005年の『タイガー&ドラゴン』のように「新たな落語ファン」を生むことはなかった。『タイガー&ドラゴン』が若い視聴者に「落語って面白いかもしれない！」と思わせるドラマだったのに対し、『笑点』はあくまでも「お茶の間の娯楽」として完結していた。だからこそ『笑点』は50年を超す長寿番組になり得たとも言える。

つまるところ２０１６年の『笑点』ブームは、「落語の話題」を求めていたマスコミが「たまたま起きた『笑点』の人事異動」にスポットを当てた、というだけの現象だったのである。

第十三章　その後の立川流

談志亡き後の立川流

五代目圓楽が組織図を明確にしていた圓楽党と異なり、談志存命中の立川流は家元である談志の弟子がAコース（落語家）、Bコース（有名人）、Cコース（一般人）に分類されていただけだった。「顧問」はいたけれども、それは談志との個人的な繋がりによる名誉職のようなもの。つまるところ立川流は家元である談志の求心力で保たれていた団体であり、あらゆる決定権は「家元」談志が掌握していた。

その家元が亡くなった後の立川流はどうなったか。

2012年6月、落語立川流という団体における家元制度が撤廃され、新たに総領弟子の土橋亭里う馬《どきょうていりゅうば》が代表に就任することが報道機関に向けて発表された。

談志の弟子で香盤が一番上なのは桂《かつら》文字助《もじすけ》だったが、文字助は二ツ目の三升家勝松《みますやかつまつ》時代に師匠の六代目三升家小勝《みますやこかつ》が亡くなったため談志一門に移ってきた弟子。生え抜きでトップは里う馬だった。

同時に立川流は代表の下に理事会を置くことになり、立川左談次、立川談四楼、立川談幸、立川志の輔、立川志らく、立川雲水《たてかわうんすい》の6人が理事に就任した。

しかし、2018年の末に刊行された『東都寄席演芸家名鑑』（東京かわら版）の落語立川流の項を見ると、里う馬は「代表」となっているが、「理事」の肩書は誰にも付いていない。理事会そのものが撤廃されたのである。2015年の夏に刊行された『東西寄席演芸家名鑑』（東京かわら版）では談四楼、談幸、志の輔、志らく、雲水が理事となっており、左談次が理事から外れてはいるものの理事会自体は存続していた。つまり、撤廃されたのはそれ以降ということになる。

2014年から2015年にかけての時期、おそらくこの「理事会制の撤廃」にも何らかの関係があると思われるイベントがあった。「真打トライアル」だ。

真打トライアルで「全員合格」

談志が定めた立川流における真打の基準は「落語百席と歌舞音曲」。これを家元である談志が認めることで真打昇進となった。

談志没後、最初に真打になったのは２０１２年12月の立川こしら・立川志ら乃。彼らの昇進は２０１１年10月に志らくが一門のトライアルで決めた。

２０１３年４月には直弟子の立川談修が真打昇進。談修は２０１０年２月、入院中の談志を見舞った際「真打になっていい。口上に並んでやる」と言われており、以後談志は度々「談修は真打にする」と公言していたので、実質的には「談志存命中の昇進」に近い。

２０１３年12月には志の輔一門の総領弟子である志の吉が「晴の輔」で真打に昇進した。

２０１５年７月に談四楼が出版した著書『いつも心に立川談志』（講談社）は談志の晩年からその後の立川流について「亡き師匠への手紙」という形式で綴ったものだが、そこにはこうある。

「志の輔門下の志の吉はキャリア充分、一門こぞって賛成し、名を晴の輔と改め、立派な昇進披露をしました。さてそれからです。直弟子や孫弟子の二ツ目がわんさかいるのです。我らとしては何としても彼らを真打に押し上げなければなりません」

ちなみに談志が定めた立川流における二ツ目の基準は「落語五十席、歌舞音曲、講談の修羅場、寄席の太鼓」。２００２年５月に立川こしらと立川志ららが志らく一門でのトライアルで孫弟子初の二ツ目となったときに談志は彼らを見ていないが、それ以降は孫弟子に関しても談志が直接見るようになった。

２０１２年からの新体制では直弟子の前座はおらず、談志の孫弟子の「前座から二ツ目へ」は各師匠の裁量に任せられたが、２０１２年４月に談笑が一番弟子の吉笑（２０１０年11月入門）を入門１年５ヵ月で二ツ目とした際に「３年は前座をやらせるべき」との声があり、以降「前座は最低でも３年」がルールとなった。

前述の談四楼の著作によれば、理事会で「今後はトライアルで真打を決めたらどうか」と提案したのは志らく。既に一門でやっているのを立川流全体に適用しようというもので、基本は「観客による投票で決める」というシステム。投票の結果で誰か一人が飛び抜ければわかりやすいが、そうではないときに備え、代表と理事が彼らの噺を聴いて協議する。

トライアルに参加する資格は「二ツ目になって５年以上」。最初のトライアルは２０１４年10月、11月、12月、２月、３月と日暮里サニーホール・コンサートサロン（定員１００）で５回にわたりトリを廻り持ちする形で行なわれた後、４月４日に内幸町ホール（定員１８８）で決勝というスケジュールで、挑んだのは立川志らら、立川らく朝、立川談奈《たてかわだんな》、泉水亭《せんすいてい》錦魚《きんぎょ》、立川らく里の５人。談奈は左談次門下、錦魚は談志の直弟子で師匠没後は龍志門下。他の３人は志らく一門だ。

２０１５年４月の決勝で出た結果はというと……なんと全員が真打昇進！　談奈は左平次《さへいじ》、

らく里は志ら玉《したま》、泉水亭錦魚は立川小談志と改名した。

この「全員合格」という結果に、理事会でも一門の総会でも「このトライアルに意味はあるのか」という異論が出たようで、結局この「立川流としての真打トライアル」はこのとき限りで終了。以後は「それぞれの師匠が認めればいい」ということになり、二ツ目たちはそれぞれのやり方で師匠にアピールすることになった。

立川流という大きな枠組みで重大事項を決めるということは、これでほぼなくなった。ということは理事会も不要……そんな流れだったのかもしれない。

立川談幸の移籍

そしてもうひとつ大きかったのは、理事の一人である立川談幸の「立川流脱退～落語芸術協会への移籍」だ。

談幸の芸協移籍は2014年12月に代表の里う馬から理事会で報告され、談幸は「師匠の死から3年経ち、自分も還暦になった。これからは寄席の世界で生きたい」と移籍の理由を述べたという。

2015年1月から談幸が芸協に移籍する旨はまず真打全員に通達され、毎年恒例の1月2日の新年会の席上で正式発表された。

師の後を追って2015年4月から芸協入りした2人の弟子、吉幸《きつこう》と幸之進《こうのしん》は共に二ツ目から前座に逆戻り。ただし、立川流で18年のキャリアがあり真打も間近だった吉幸は翌2016年4月に二ツ目、2019年5月に真打に昇進した。幸之進も2017年3月に二ツ目に戻っている。談幸は芸協の重要な戦力として寄席の世界で活躍し、弟子も増えた。

立川流の定席である日暮里サニーホール・コンサートサロンや上野広小路亭での「立川流寄席」の事務一切を引き受けていた談幸の移籍も、理事撤廃に影響があったのではないだろうか。（立川流寄席の顔付けなどは当初雲水が引き継ぎ、その後は志ら乃が担当しているようだ）

今の立川流は、年に一度全員が顔を合わせる1月2日の新年会で「総会」を開き、それぞれの弟子の昇進や入門・破門などを報告するのが唯一の公式行事となった。談志の命日近辺によみうりホールで行なわれる「談志まつり」、国立演芸場や新宿末廣亭の余一会での「立川流一門会」などの重要なイベントは談志のマネージメントを行なっていた「談志役場」（代表は談志の長男・松岡慎太郎氏）が仕切っている。

「立川流」という括りは「組織」ではなく「談志一門」を意味する。そして談志亡き後、団体としての実態はないに等しい。

しかし、だからこそあえて「立川流」に意味を持たせようとする動きもある。

その中心にいるのは「談志の孫弟子」世代の若手たちだ。

「談志の孫弟子」世代が熱い

談志亡き後、志の輔、談春、志らくといった立川流の人気真打はますます存在感を強めていった。

渋谷・パルコ劇場での正月1ヵ月公演で2011年に究極の名作『大河への道』を発表した志の輔は、下北沢の本多劇場で『怪談牡丹灯籠』全編を語る公演、赤坂ACTシアターでの『忠臣蔵』全段を解説してから『中村仲蔵』を演じる公演などを定着させる一方、2013年オープンのEXシアター六本木、2017年オープンの銀座・観世能楽堂、2019年オープンの東京建物BrilliaHALLといった新たな会場で次々に企画公演を行なうなど、落語界のトップランナーとしての勢いは増すばかり。2015年には紫綬褒章《しじゅほうしょう》を受賞した。建物の改築で2016年をもって休止していたパルコ正月公演も2020年には復活している。

談春は『ルーズヴェルト・ゲーム』（TBS系／2014年）、『下町ロケット』（TBS系／2015年、2018年）といったテレビドラマや大野智《おおのさとし》（嵐）の主演映画『忍びの国』（東宝／2017年）への出演などで知名度をさらに高めたが、驚いたのは志らくの大ブレイク。昼のテレビ情報番組『ひるおび！』（TBS系）に2016年10月からレギュラーコメンテーターとなった志らくは月曜から金曜まで毎日出演、2017年度上半期テレビ出演本数ランキングの「ブレイクタレント」部門で1位に輝くと、様々なバラエティ番組に進出して「テレビで売れた芸能人」の仲間入り。2019年9月30日からは『ひるおび！』の他に朝の情報番組『グッとラック！』でMCを務めている。

今や志の輔、談春、志らくの存在は「立川流」という枠組みを超越している。それはある意味談笑にも当てはまることで、着実に新規ファン層を獲得してきた今の談笑からは、かつてのマニアックな色合いは完全に消えている。志らくは「談志のDNAを継ぐ者」という自負を前面に出しているが、それはあくまでも「志らく個人のキャラ」であって、立川流という団体とは無関係。むしろ志らくは談志の「あとは勝手にしろ」という生前のメッセージを受けて「それぞれが独立すべき」とする立場で、立川流解散説を唱えることさえある。

だが、そんな流れに逆らうようにあえて「立川流」という括りを前面に押し出す動きを見せているのが、談笑に入門してわずか1年5ヵ月で二ツ目となった立川吉笑だ。

談志亡き後の立川流は「談志の孫弟子」世代が熱い。吉笑はその象徴的な存在だ。彼の「論理を弄ぶ新作落語」は他に類を見ないタイプの斬新なものであり、そのアクロバティックな着想をきちんと観客に伝えて笑いに転換する技術を持っている。2015年以降の「二ツ目ブーム」的な状況の中で吉笑が頭角を現わしたのは当然と言えるだろう。

落語そのものの面白さ以外での吉笑の最大の特徴は、各種メディアへの積極的なアプローチだ。２０１７年からＮＨＫのＥテレで不定期で放送されている『落語ディーパー！～東出・一之輔の噺のはなし～』に柳家わさび・柳亭小痴楽と共にレギュラー出演している他、２０１８年10月から２０１９年３月には文化放送のナマワイド番組『ＳＨＩＢＡ－ＨＡＭＡラジオ』の水曜パーソナリティーを瀧川鯉八とのコンビで務め、雑誌では『中央公論』（中央公論新社）に「炎上するまくら」、『クイック・ジャパン』（太田出版）に「次世代落語家研究所」を連載。ニコ生配信のトーク番組『ＷＯＷＯＷぷらすと』のＭＣ陣の一人でもあり、水道橋博士《すいどうばしはかせ》のメールマガジン『メルマ旬報』での連載「立川吉笑の現在落語論」は大幅な加筆修正を経て毎日新聞出版社より『現在落語論』（２０１５年）として書籍化。他にも様々なメディアに出没している。このバイタリティは凄い。

ちなみに吉笑のモットーは、「立川流は『前代未聞メーカー』であるべき」だという。自分のモットーにあえて「立川流」を持ってきているところに吉笑らしさがある。

吉笑の『現在落語論』は、「落語とは何か」「落語には何が出来るか」を明解に論じた名著だ。落語を漫才やコントと同列の「笑いを表現する手法」と捉え、演者側からの技術論・方法論を軸にしているという点で非常にユニークであり、その論理展開にはまったく破綻がない。

その本のあとがきで、吉笑はこう書いた。

「寄席という絶対的な基盤がないにもかかわらず自分が帰属している場所としてたしかに存在する『立川流』というものに、どれだけ安心感を与えられているか。そして、そこに集う同志と呼ぶべき存在にどれほど助けられているか」

そうした吉笑の想いによって2017年1月に始まったのが、毎月17日に上野広小路亭で開催される「マゴデシ寄席」である。

「マゴデシ寄席」と「立川流が好きっ！」

2016年8月8日、当時「立川流」という括りで語られることも少なくなり、また立川流の落語家自身がそれを語ることも少なくなってきたと感じていた吉笑の音頭取りで「立川流が好きっ！」というトークイベントが新宿・LOFT／PLUS ONEで開かれた。出演はMCの吉笑の他に志ら乃（志らく門下）、こはる（談春門下）、談吉《だんきち》（左談次門下／当時）、志の太郎（志の輔門下）、寸志《すんし》（談四楼門下）。このメンバーで同年12月21日に深川江戸資料館で開かれた落語会が「立川流孫弟子の会 立川流が好きっ！」で、2017年からの「マゴデシ寄席」毎月開催がその場で発表された。

吉笑曰く、自分自身を含めて立川流は皆、いわば独演会至上主義なところがあり、「自分の会で自分の表現を追究して観客を増やしていく」ことに力を注いでいるけれども、せっかく個性豊かなメンバーがいるのだから、定期的に一緒にやる場所を確保できれば、改めて「立川流」という存在をアピールできるはずだ、と思ったのだという。「自分ができる範囲で立川流という括りを残していこう、広めていこうと思って立ち上げた」と。

「マゴデシ寄席」とは別にトークイベント「立川流が好きっ！」も引き続き2017年4月、11月、2018年1月に行なわれ、2017年8月16日には国立演芸場で「落語会『立川流が好きっ！』」が開かれた。出演は2016年と同じく志ら乃、こはる、談吉、志の太郎、吉笑、寸志。「マゴデシ寄席」の情報は「立川流が好きっ！」のサイトで発信される仕組みだ。

なお吉笑は立川流の枠組みとは別に春風亭昇々、瀧川鯉八、玉川太福《たまがわだいふく》（浪曲）らと2017年に「ソーゾーシー」というユニットを立ち上げた。こちらは昇々から「新作落語の凄さをもっと発信していきたい」と持ちかけられたもの。気鋭の若手学者などをゲストに迎えての「吉笑ゼミ。」を続けていることも含め、こういうハイブリッドな動きに積極的なところも吉笑らしい。

「マゴデシ寄席」「立川流が好きっ！」とは別に、吉笑は「立川流の飛び道具」こしらとの二人会「伝統芸能鑑賞会」を2019年に立ち上げ、年内に3回実施。会場を変えながらの変則的な定例会として続けていくようだ。同じく2019年には落語プロモーター「夢空間」が「談志役場」と組んで「Y．Tatekawa Blood〜江戸の新風〜」なる「談志の孫弟子世代」の落語会もスタート、この企画会議にも吉笑が参加し、顔付けは吉笑が決めているそうだ。

談志という求心力を失った立川流だが、吉笑を中心とした「談志の孫弟子世代」の動きによって、談志存命中とはまったく異なる形での「団体としての実態」を獲得することになるのかもしれない。

終章　落語界の未来予想図

「古典落語」と「昭和の名人」

２００１年の「志ん朝の死」は、「昭和の名人」との連続性を断ち切った。志ん朝のいない21世紀は、「昭和の名人の呪縛から解き放たれた時代」である。

江戸時代に発祥した「落語」という芸能の長い歴史は、２つに大きく分けられる。「古典落語」という言葉が生まれる前と、それ以降だ。

一人の演者が大勢を相手に面白い噺をする芸能は17世紀の終わりに京都、大阪、江戸で相次いで発祥し、上方落語と江戸落語という2つの流れとなっていく。江戸で初めて落語の興行を行なう「寄席」が常設されたのは18世紀の終わり。幕末から明治に掛けては２００軒近い寄席が江戸にあったという。

江戸から明治、大正、昭和と時代が移り変わる中で、落語は東京や大阪の「庶民の娯楽」として親しまれ、共有財産としての演目はそれぞれの時代の落語家によって磨かれ、洗練を重ねてきた。現在演じられている「古典落語」は基本的に明治以降の演出が原型となっている。

明治や大正の観客は、たとえ噺の舞台が江戸でも「東京をまだ江戸と言っていた時分の噺で」の一言でその世界にスッと溶け込めたし、また貨幣単位に「円」「銭」を用いる落語が少なくないように、噺の時代背景そのものを明治や大正、つまり当時における「現代」に設定しても、江戸落語の世界観を崩すことはなかった。

だが昭和に入ると、江戸以来の落語が描く庶民の暮らしと現代とのズレが目立ち始める。それでも戦前はまだ「明治時代から連続している日本」だったが、戦後の高度経済成長時代に突入する中で日本人の生活様式は大きく変わり、昔ながらの落語が古めかしく感じられるようになってくる。

その古めかしさをあえて「古き良き日本の文化」として称揚するために持ち出されたのが、「古典落語」という造語だった。

落語を「伝統芸能」と位置づけて地位向上を図る評論家や作家たちが用いた「古典落語」という目新しい言葉は、昭和30年代から40年代に掛けての「ホール落語」の定着と共に普及した。

ホール落語は、選りすぐりの演者がみっちりと「古典落語の名作」を語り、観客はそれをじっくりと鑑賞するという趣旨の落語会で、寄席やラジオ・テレビでは味わうことの出来ない「落語の真髄」を堪能させてくれる、というのが売りだった。

その「選りすぐりの演者」というのが八代目桂文楽、五代目古今亭志ん生、六代目三遊亭圓生、五代目柳家小さん等々、いわゆる「昭和の名人」たちである。彼らの活躍によって、時代に取り残されていこうとしていた落語という大衆芸能は、「古典落語」という言葉と共に見事に復活、戦後の時代に市民権を得ることが出来た。「昭和の名人」とは「古典落語」の象徴だったのである。

もっとも、「昭和の名人」の演じたものは、長い歴史を持つ落語の歴史の、「この時代」を切り取ったものに過ぎない。彼らはいずれも個性的な演者であり、それぞれ独自の落語を作り上げた。昔から伝わる噺をそのまま演った者は一人もいない。彼らの十八番は完全に彼ら一代の名人芸だった。

だが彼らの演じた音源や映像は、「古典落語の名演」として残されることになった。録音技術が発達する以前の、江戸から戦前に至る長い歴史を築いてきた名人たちの落語は、音源として残っていない。つまり、人々が「古典落語」としてイメージできるのは「昭和の名人」以降の口演だけだ。

落語とは同時代の観客に向かって語りかける芸能である。固定されたテキストがそのまま忠実に伝承されてきたわけではなく、歴代の名人たちはそれぞれの時代の観客に向けて語るための工夫を凝らした。「昭和の名人」も、上の世代から継承した演目をそれぞれの才覚で作り直し、彼らにとっての「現代の観客」に共感してもらえるように変えている。当然、それは完成形でも理想形でもない。あくまで「彼らの落語」である。

だが、時代が下ると、音源として残った「昭和の名人」の落語こそが完成形であり理想形であるかのような誤解が、演者側にも観客側にも生まれてくる。

もしも「昭和の名人」がゴールならば、もはや進歩はない。若き日の談志が「落語は能のようになる」と危惧したのは、まさにそれだ。だが談志自身を含め、「昭和の名人」の弟子の世代から新たに「自分の時代の観客」に向けて、「自分の落語」を提供する演者が出てきた。彼らは「昭和の名人」たちが確立した「古典落語」という世界観を継承しながら、自分の時代の観客に向けてリニューアルし、「新しい古典落語」として提供した。

その「新しい古典落語」の提供者の中で、最も濃厚に「昭和の名人」からの連続性を感じさせたのが、古今亭志ん朝だ。志ん朝は「作品派」の新たな旗手であり、「名人の系譜」を継ぐ存在と目された。

「作品派」「ポンチ絵派」そして「己派」

寄席の世界は、名人芸で落語通を唸らせる「作品派」と、大衆を爆笑させる「ポンチ絵派」とで成立してきた、と分析したのは立川談志だ。

明治維新で薩長土肥が東京に入ってきて、寄席の世界を「珍芸四天王」に代表される「爆笑派（＝ポンチ絵派）」が席巻した。「このままでは古き良き落語の伝統が滅びてしまう」と、初代圓右や四代目圓喬、三代目小さん等の「作品派」が文士の協力を得て第一次落語研究会を発足、芸術性のある「作品派」こそが正統なのだと宣言した。

だが実際に寄席の世界を支えてきたのは「作品派」ではなかった。むしろ文士が邪道と決めつけた「ポンチ絵派」こそが寄席の主流であり、彼らが見事に時代を活写したからこそ落語は大衆に支持された。そして実は、「昭和の名人」の一人とされる五代目古今亭志ん生も、当時は「ポンチ絵派」と見られていたのだという。

談志は志ん生を含む「ポンチ絵派」にこそ落語の本質があると感じていた。演者としての談志の資質は「作品を語る」ことに長けており、その力量には自負があったが、江戸以来の価値観が通用しなくなった現代において古い作品をそのまま語ることに、早くから疑問を持っていた。

そして談志が選んだ道は「己派」だった。「観客は作品ではなく演者を聴きに来る」という落語の本質に気づいた談志は、高座で「作品を聴かせる」のではなく「己をさらけ出す」ようになった。

ただ、そうなると今度は「落語という作品を演じることに意味はあるのか」という疑問に突き当たる。要するに「漫談だけでいいのではないか」ということ。1980年代、高座で談志は度々この疑問を口にした。

だがもちろん、誰よりも落語を愛する談志が「落語を捨てる」ことはあり得ない。そこで談志が行き着いたのが「落語にイリュージョンを入れること」だった。指針となったのは志ん生だ。

談志の言う「イリュージョン」とは何か。簡単に言えば「理屈では説明できない面白さ」のことである。

現代では通用しない世界観が支配する「古き良き落語」を語るという行為は、それだけではノスタルジーに過ぎない。だがそこに「落語だからこそ表現し得るもの」があり、それが人間の本質を突いていれば、初めて「現代で落語を演る意味」が出てくる。

その「落語だからこそ表現し得るもの」として談志が持ち出したのが「イリュージョン」だ。

落語には、「理屈を超えて面白い」フレーズが数多く存在する。それらは、あえて言うなら「ナンセンス」「論理の飛躍」「非常識」であり、それが面白いと感じるのはそこに人間の本質があるからだ。落語とは、人間の本質に迫る「なんだかわからないけど面白いもの」を見事に表現できるシステムであり、だからこそ自分は落語という形式を選ぶ。これが談志の結論であり、その「理屈を超えて面白いと落語ファンが感じるもの」を「イリュージョン」と名付けた。これはある意味「造語」と言っていい。

談志は伝統的な「落語リアリズム」や話芸としての「リズムとメロディ」の重要性を誰よりも深く認識していたし、言うまでもなくその点でも談志は名人だった。若き日の談志は堂々たる「作品派」である。

だが、落語協会を脱退して立川流を立ち上げてからの談志はあえて「イリュージョン」に偏った落語を披露することが多かった。

そこには、志ん朝の存在が大きかったように思う。

同じ時代に志ん朝が「作品派」の名人としての道を歩んでいる。早くに「作品派」に見切りをつけて「己派」の道を歩み始めた談志だが、落語評論家としての彼は志ん朝の芸を高く評価し、「俺が金を払って落語を聴くなら志ん朝しかいない」と言った。これは、「しかいない」より「金を払って」という部分に比重が掛かっている発言だ。

自分がいくら破天荒なことをやっても、古き良き落語の伝統は志ん朝が体現している。

「落語が上手いとはこういうことだ」と具体的に示す「作品派」志ん朝の存在あってこそ、「上手いだけじゃ落語は保たないんだ」という談志の主張が意味を持つ。いわば志ん朝と談志は落語の歴史に常に存在してきた「作品派とポンチ絵派」という両輪そのものだったのである。

だが2001年、志ん朝が死んだ。

志ん朝は、「昭和の名人」が体現した「古典落語の美学」を理想的な形で継承する、唯一無二の存在だった。それがなくなったということは、落語が「昭和の名人」との連続性を失うことを意味する。

談志は「昭和の名人」をリアルタイムで知り、彼らの落語をこよなく愛しながらも、その呪縛からの脱却を図り、それは21世紀の落語界にとっての重要な道標となっていた。だが、志ん朝の死によって、彼が体現した「上手い落語」が消えてしまうことの重大さに、談志は愕然としたのではないだろうか。

失われた連続性

晩年の談志は、死と向き合って『談志　最後の落語論』『談志　最後の根多帳』などの書籍を書き下ろした。そして、そこで登場したのが「江戸の風」というキーワードだ。

正確に引用してみよう。

「落語とは何だ。（略）寄席という、独特の空間で、昔からある作品を江戸っ子の了見で演る。己のギャグ、自我、反社会的なこと、それらを江戸の風の中で演じる。非常に抽象的だが、そうとしか言えまい。『江戸』という〝風〟〝匂い〟の中で演じるということだ」（『談志最後の落語論』）

そして、同著ではこうも言っている。

「きっちり演じている落語家でなければ、イリュージョンを理解することが出来ないだろう。伝統的な落語を、落語リアリズムをきっちり演れて、さらにイリュージョンが理解《わか》る才能もある、という両方がなければ、家元は評価しない。なぜならば、イリュージョンはあくまでも添え物であるからだ」

自分は葛藤の末にイリュージョンに辿り着いたけれども、本来の落語の伝統からは離れたくない。そういう談志の心情が「江戸の風」というキーワードを導き出したのだと僕は思っている。

談志にとっては「ちゃんとした落語が出来る」のは前提条件で、それがあっての「イリュージョン」だ。だが志ん朝亡き後、自分がその両方を示さなければ落語は保たない。２００1年10月31日西新井文化ホールでの「志ん朝の分も頑張るか」という談志の発言は、そういう意味を持っていたように思える。

志ん朝没後、それまでどおり「昭和の名人」の呪縛からの脱却は続けながらも、志ん朝の持っていた「昭和の名人」との連続性をも体現するという、完全に矛盾する行為に邁進することで、談志はより高い次元で落語を表現するようになり、全盛期を迎えた。

だがその談志も、２０１１年に亡くなってしまう。

これで、「昭和の名人」との連続性が完全に失われた。

志ん朝・談志亡き後に残った柳家小三治は、「目の前の観客に対して〝おはなし〟をする」という境地に達した孤高の自由人。「昭和の名人」との連続性を超越した存在だ。六代目圓生の芸に心酔した若き日の「作品派」小三治はもういない。

その下の年代の重鎮たちは「昭和の名人」から見ると「孫弟子」世代となる。例えば五街道雲助は志ん生の孫弟子、春風亭一朝は八代目正蔵の孫弟子。雲助や一朝と同年代のさん喬・権太楼は五代目小さん門下だが、彼らが入門した頃には既に小さんより25歳上の志ん生も23歳上の文楽も最晩年で、一門の高弟である談志のように志ん生・文楽と直接の接点があるわけではない。また権太楼について言えば最初の師匠は小さんの弟子の五代目柳家つばめだから、元は「小さんの孫弟子」でもある。

「志ん朝の死」によってほぼ断たれていた「昭和の名人」との連続性は、10年後の「談志の死」で完全に失われ、落語は新たな歴史を築いていくことになったのである。

江戸の風吹くエンターテインメント

2005年頃の「落語ブーム」、そして昨今の「プチ落語ブーム」を経て、落語は日本独自のエンターテインメントとして、それなりに市民権を得た。他のエンタメから見れば圧倒的にマイナーではあるけれども、一定数の落語ファンはいて、落語界は賑わっている。現在の中堅・若手の層の厚さから考えると、この活況はしばらく続くだろう。

例えば、1978年生まれの春風亭一之輔が還暦を迎えるのは2038年で、そのとき立川談春は72歳、桃月庵白酒が70歳、柳家三三が64歳。そう考えると、少なくともあと20年くらいは今の活況が続きそうな気がする。

とはいえ、21世紀はその先もまだまだ続く。将来、落語というエンターテインメントはどうなっていくのか。

キーワードは談志が言った「江戸の風」である。

「昭和の名人」との連続性が失われたということは、その呪縛から解放されたということでもある。型に嵌まった「ありきたりな落語」よりも「個性的な落語」を観客が好み、演者はその期待に応えようとする。エンターテインメントとしての落語は、いかに「昭和の名人」

に近づけるかを競うのではなく、それぞれの面白さを追究することが至上命題となる。

ただし、それはあくまで寄席の伝統の上に立脚した「落語としての面白さ」でなくてはいけない。

かつて「落語は能のようになる」と予言し、自らの活躍でそれを阻止した談志が、最後に残した「江戸の風」という言葉は、裏を返せば「面白ければ何でもいいってわけじゃない」ということになる。

談志は晩年、自分が惚れた志ん生の「イリュージョン」のルーツが、実は志ん生の師匠である初代柳家三語楼だったことを知り、「二代経てばわからなくなる」と言った。

談志は、寄席の伝統の中で脈々と受け継がれてきた落語の〝風〟が失われることを嫌った。自分を直接知っている志の輔、談春、志らくの世代はいい。だがその下の世代は……。

かつて「落語が能のようになる」ことを自らの活躍で阻止した談志は、「落語の〝風〟が忘れられる」ことを阻止するための遺言として「江戸の風」という言葉を残したのではないだろうか。

談志が「江戸の風」という言葉に込めた複雑なニュアンスを、あえて単純化して言い換えれば、「落語家は伝統の中に身を置いていなければいけない」ということだ。

その伝統とは、決して「作品派」が追究する洗練された芸、粋な江戸の美学には限らない。

なぜならば、寄席の伝統は「作品派」と「ポンチ絵派」の両輪で受け継がれてきたからだ。そして「ポンチ絵派」にも江戸の風は吹いていた、というのが談志の解釈である。

昨今「江戸の風」という言葉が独り歩きしているが、談志の言う「江戸の風」とは「作品派」が体現するような「江戸前の粋な芸」を指しているわけではない。三語楼の「モダン」や志ん生の「イリュージョン」にも江戸の風は吹いており、だからこそ談志は破天荒な爆笑落語を演じた八代目橘家圓蔵に「江戸の風を感じる」と言ったのだ。

三遊亭白鳥や立川こしらの芸風は、決して「江戸前」ではない。しかし六代目圓生の孫弟子である白鳥が「三遊派」、談志の孫弟子であるこしらが「(柳派をルーツとする)立川流」といった伝統の中に身を置いている自分、というものを意識している限り、彼らは「江戸の風」を吹かせることが出来る。つまり、彼らは現代の「ポンチ絵派」なのである。

20世紀初頭(1905年)の第一次落語研究会発足以来「作品派」こそが正統であるとされてきたが、21世紀最初の年に訪れた「志ん朝の死」によって、落語の世界に重大な転機が訪れようとしている。それに逸早く気付き、これからの落語界を生きる演者として強い危機感を覚えたのが、2004年のインタビューで「残す・伝える・途切れさせない、ということに本気の噺家って一体何人いるんだろうね」と言った立川談春だろう。

いつだったか、談志が高座で「いまに昇太みたいな落語ばっかりになっちゃうんだろうな」と言ったのを聞いたことがある。そして談志はこう付け加えた。「昇太が悪いって言ってるんじゃないけどね」

これは、今の落語界の状況を言い当てているように思える。

今、落語界は「面白い落語」に満ち溢れている。新作ばかりではなく古典においても「個性」が重視され、ファンはそれぞれの演者の魅力に惹かれて落語会に足を運ぶ。

もちろん、それは素晴らしいことだ。

ただし、それが「落語」である以上、「伝統」を踏まえた上での「個性」であるべきだ、ということが忘れられてはならない。つまりは「江戸の風」である。

リズムとメロディ

落語という芸能を、話芸としてのテクニカルな面で考えたとき、最も重要な「伝統」とは、落語本来の「正しいリズムとメロディ」ということになるだろう。

今、それを最も強く意識しているのは、立川談春かもしれない。

2019年8月27日から9月1日まで、談春は渋谷のシアターコクーンで「35周年記念公演 玉響」という公演を行なった。談春の落語に対して音楽ゲストがアンサーソングを披露する六夜連続のイベントで、第一夜はゴスペラーズ、第二夜は尾崎世界観《おざきせかいかん》、第三夜・第四夜はａｉｋｏ、第五夜は斉藤和義《さいとうかずよし》、第六夜はさだまさしが出演した。

ちなみに、この「落語へのアンサーソング」という趣向は6ヵ月前の2月25日に日本武道館で行なわれた「らくごカフェ10周年記念　平成最後の武道館落語公演」（観客数８０００）で、さだまさしが、談春の『紺屋高尾』に対して『いのちの理由』を、志の輔の『新・八五郎出世』に対して『親父の一番長い日』を、それぞれへのアンサーソングとして歌ったことに由来している。

談春の35周年を記念したシアターコクーンの「玉響」では、公演パンフレット代わりの文庫本『玉響 ―たまゆら―』が会場限定で販売され、各ゲストとの対談やエッセイ、歌詞などが載っていた。

注目すべきは、ゴスペラーズとの対談だ。ここで談春は、談志から「リズムとメロディでしゃべれ」と言われたと語り、「落語も歌詞もサウンドで出来ている」というゴスペラーズからの指摘を受け、「シンガーソングライターではなくジャストシンガーである自分がどうあるべきか」という命題を導き出している。

それは即ち「守破離《しゅはり》の教えを大切にしなくてはいけない」ことの再確認だったように思う。まず落語としての「リズムとメロディ」が出来ているということが基盤にあってこその「個性」であり「感情移入」である、ということだ。

現在の若手を観ていると、ともすればこの点が疎かにされがちなきらいがある。「若い客にウケたい」という欲求ばかりが先走っていて技術が伴わず、「まずはちゃんとしゃべれるようになってほしい」と思わずにはいられないような高座に出会うことが少なくない。落語とは、「リズムとメロディ」が出来ているだけで面白いものなのだ。そこが出発点であり、それが覚束なければ飛躍はあり得ない。

例えば春風亭一之輔。二ツ目時代にグングン売れて抜擢昇進、今や落語界のトップランナーである一之輔の高座は、ときに古典常識を覆すほどの破壊力に満ちているが、ある時期までは「教わった噺をちゃんと演って面白い」二ツ目だった。桃月庵白酒にしても、二ツ目の五街道喜助時代は純粋に「リズムとメロディが出来ている演者」で、今のイメージとはだいぶ異なる。

きちんと「守」を体得してこその「破」であり、「離」なのだ。

談春はゴスペラーズとの対談の終わりに「これからの時代に落語を語っていく若手たちに是非読んでもらいたい」と書いているが、まったく同感である。

伝統をバックに現代を入れて

志ん朝は「作品派」としての究極の理想形だった。

志ん朝は「上手くて面白い」古典落語を提供し、大衆に支持された。しかも、そこにはちゃんと「志ん朝ならではの個性」が貫かれている。だからこそ談志が「金を払って聴くなら志ん朝」と言ったのである。

「昭和の名人の呪縛」から解放された今、落語界は個性的な演者たちによって活況を呈している。これからも様々な「面白い落語」で楽しませてくれる演者が新たに登場し、時代に即した形で江戸以来の伝統を受け継いでいくだろう。そんな中、かつて究極の「作品派」としての輝きを放った志ん朝という存在の大きさは、残念ながら忘れられていくかもしれない。

だが、幸いなことに志ん朝は多くの音源・映像を残している。本人はそうした形で高座記録が残ることを好まなかったと聞くが、談志が言うように「二代過ぎればわからなくなる」のだとすれば、志ん朝の音源・映像は落語史の宝である。

落語は、ただ「きちんと作品を演じる」だけでは通用しないのは事実だ。音源や映像を分析すればわかるとおり、志ん朝も決して「きちんと演じた」だけではない。談志のように内容にまで踏み込むのではなく、あくまでも「言葉遣い」や「演出」という部分において、同時代の観客から「古臭い」「わからない」と言われないための工夫を凝らしてきた。

落語を「現代」に通用させるために談志は「伝統を現代に」をスローガンに掲げ、「業の肯定」「非常識の肯定」から「イリュージョン」に至る試行錯誤を続けた。それは彼が、「昭和の名人」との連続性を保っている世代だったからだ、とも言える。談志はその意味で、誰よりも強烈に「昭和の名人」の呪縛に囚われていた落語家だった。だが平成、そして令和と時代が移るうちに、明治・大正どころか昭和も遠い昔のことになった。談志が「現代」として生きた時代も既に終わっているのである。

2019年秋に真打昇進した柳家わさびは、柳家喬太郎の新作落語『純情日記横浜編』を持ちネタにして演じているが、あの噺は「携帯電話のない時代」の恋愛を描いたもの。「パソコンやスマホがない時代はどうやって仕事をしていたのですか」という質問が若者から提示されるような「現代」から見れば、明治・大正と同じく「昔の話」である。

そして、それを今演じるからこそ面白い。それが落語だ。

落語はノスタルジックなものである。現代を舞台に作られた新作であろうと、伝統の中に生きる落語家が着物で正座して演じる以上、どうしても「江戸の風」が吹いてしまう。

そう、「江戸の風」は「頑張って吹かせる」ものではなく、落語である以上「吹いてしまう」べきものなのだ。「伝統」のない落語は存在しない。そして、その「伝統」即ち「江戸の風」を面白がるという高度な愉しみが、落語という芸能なのである。

そう考えれば、談志その人が悪戦苦闘した「落語の本質についての考察」は、これからの時代にはもう必要ない。

落語とはノスタルジックな世界に生きる芸能である、ということを前提に志ん朝が「作品派」としてやったような「演出上の工夫を凝らす」という手法だけで、古典落語はいつまでも通用するはずだ。演劇の世界において、４００年以上も前にシェイクスピアが書いた戯曲を現代の演出家がアレンジして観客を楽しませることが当たり前であるように。

談志は『談志　最後の落語論』の中で弟子について「『伝統』だけを演っている」一派と『伝統』と『現代』の両方を演っている志の輔、『伝統』を主にしてそこに『現代』を入れようとしている談春、『伝統』よりも『現代』を優先してイリュージョンを演っている志らく」がいる、としたうえで、「一番いいのは『伝統』をバックに『現代』を入れた芸だろう」と述べている。

志ん朝は、ごく当たり前な顔をして、彼が生きた時代における「『伝統』をバックに『現代』を入れた芸」をやっていたと思う。その志ん朝の死を、「『伝統』を主にしてそこに『現代』を入れようとしている談春」が極めて重く受け止めたのは当然だろう。

今から何十年も先、志ん朝という「20世紀末の作品派の巨匠」を音源や映像で「発見」し、「これが落語のあるべき姿だ！」と興奮してその芸を学び、そこから自らの落語を築き上げて新たな時代の「作品派」の指針となるような天才落語家が出現することを、僕は密かに願っている。

本書はウェブサイト『本がすき。』連載の「21世紀落語史」（２０１８年３月22日～２０１９年９月26日）に加筆・修正を行ったものです。また「終章　落語界の未来予想図」は本書のための書き下ろしです。

広瀬和生（ひろせかずお）

1960年、埼玉県所沢市生まれ。東京大学工学部都市工学科卒。音楽誌「BURRN!」編集長。落語評論家。学生時代から寄席通いを続け、ほぼ毎日ナマの高座に接している。『この落語家を聴け！』（集英社文庫）、『噺家のはなし』（小学館）、『現代落語の基礎知識』（集英社）、『落語評論はなぜ役に立たないのか』（光文社新書）、『落語家という生き方』（講談社）、『談志は「これ」を聴け！』（光文社知恵の森文庫）、『なぜ「小三治」の落語は面白いのか？』（講談社+α文庫）、『僕らの落語』（淡交新書）、『噺は生きている』（毎日新聞出版）等々、落語関係の著書多数。近年では落語会プロデュースも。「新ニッポンの話芸 ポッドキャスト」配信中。

21世紀《せいき》落語史《らくごし》 すべては志《し》ん朝《ちょう》の死《し》から始《はじ》まった

2020年1月30日初版1刷発行

著　者 ── 広瀬和生
発行者 ── 田邉浩司
装　幀 ── アラン・チャン
印刷所 ── 萩原印刷
製本所 ── 榎本製本
発行所 ── 株式会社光文社
東京都文京区音羽1-16-6(〒112-8011)
https://www.kobunsha.com/
電　話 ── 編集部03(5395)8289 書籍販売部03(5395)8116
業務部03(5395)8125
メール ── sinsyo@kobunsha.com

 ISBN 978-4-334-04455-8

1022
不登校からメジャーへ
イチローを超えかけた男
喜瀬雅則

日大藤沢高校→不登校・引きこもり・留年・高校中退→渡米→新宿山吹高校（定時制）→法政大学→渡米――異色のベースボールプレーヤーのチャレンジし続ける生き様を活写！

978-4-334-04430-5

1023
掘り起こせ！ 中小企業の「稼ぐ力」
地域再生は「儲かる会社」作りから
小出宗昭

年間相談数4千超の富士市の企業支援拠点・エフビズ。そのモデルは今や全国に広がる普遍的方策だ。真の「強み」を見つけ、儲けに変えるノウハウを直伝。藻谷浩介氏との対談つき。

978-4-334-04423-7

1024
「マニュアル」をナメるな！
職場のミスの本当の原因
中田亨

ミスが多発する現場には、「駄目なマニュアル」があった！長年、人間のミスの研究を続ける著者が、マニュアル作りに悩む人のために、すぐに使える具体的なテクニックを紹介。

978-4-334-04431-2

1025
江戸の終活
遺言からみる庶民の日本史
夏目琢史

天下泰平の世に形成された「家」は肉親の死を身近にし、最期を悟った者は自らの教訓を込めて遺書を記した。近世人の言葉から当時の生き方と社会を読み取り、歴史学を体感する。

978-4-334-04433-6

1026
ビタミンDとケトン食 最強のがん治療
古川健司

末期がん患者さんの病勢コントロール率83%の「免疫栄養ケトン食」。そこにビタミンDの補給が加わることで、予想を超える効果が。学会も注目する臨床研究の結果を初公開！

978-4-334-04435-0

1027
死に至る病
あなたを蝕む愛着障害の脅威
岡田尊司

豊かになったはずの社会で、生きづらさを抱え、心も身体も苦しく、死にたいとさえ思う人が増え続ける理由は？　我々が直面する「生存を支える仕組みそのものの危機」を訴える。

978-4-334-04436-7

1028
自画像のゆくえ
森村泰昌

画家はなぜ自画像を描くのか。自撮り／セルフィー時代の「わたし」とは？　自画像的写真をつくりつづけてきた美術家が、約六〇〇年の歴史をふまえて綴る、「実践的自画像論」。

978-4-334-04437-4

1029
患者よ、医者から逃げろ
その手術、本当に必要ですか？
夏井睦

キズ・ヤケドの湿潤療法の創始者が、今も変わらない酷《ひど》い治療をメッタ斬り。豊富な症例写真を交えつつ、痛みや創感染、骨髄炎や院内感染の闇と真実に迫り、人体の進化史の新説も展開。

978-4-334-04438-1

1030
運気を磨く
心を浄化する三つの技法
田坂広志

あなたは、自分が「強運」であることに気がついているか／なぜ、志や使命感を持つ人は「良い運気」を引き寄せるのか
――最先端量子科学が解き明かす「運気」の本質。

978-4-334-04439-8

1031
あなたのメールは、なぜ相手を怒らせるのか？
仕事ができる人の文章術
中川路亜紀

何かをお願いするとき、逆に何かを断るとき、あるいはお詫びするとき、できるだけ「短くて気持ちのいいメール」を書くにはどうすればいいのか。その秘訣と文例を大公開する。

978-4-334-04440-4

1032
なぜ「つい買ってしまう」のか？
「人を動かす隠れた心理」の見つけ方
松本健太郎
どの商品・サービスも「大体同じ」な今の時代に、人々が心の底から「欲しい」と思うものをどうすれば作れるのか？ 気鋭のマーケターが「インサイト」に基づくアイデア開発を伝授。
978-4-334-04441-1

1033
データでよみとく 外国人〝依存〟ニッポン
NHK取材班
新宿区、新成人の2人に1人が外国人——。外国人の労働力、消費力に〝依存〟する日本社会の実態を豊富なデータと全国各地での取材を基に明らかにする。
978-4-334-04432-9

1034
売れる広告　7つの法則
九州発、テレビ通販が生んだ「勝ちパターン」
電通九州・香月勝行
妹尾武治
分部利紘
「作品」としての「広告」ではなく「売れる」広告を作るには？ 通販広告のプロと心理学者2名がタッグを組んで、「売れる」鉄板法則と「A・I・D・E・A（×3）」モデルを徹底解説。
978-4-334-04442-8

1035
生命保険の不都合な真実
柴田秀並
人の安心を守るために生まれた生命保険が、人の安心を奪う——。大手や外資、かんぽ生命などの相次ぐ不祥事の背景にある、顧客軽視の販売構造と企業文化を暴く。
978-4-334-04443-5

1036
恥ずかしながら、詩歌が好きです
近現代詩を味わい、学ぶ
長山靖生
詩を口ずさみたくなるのは若者だけではない。歳を重ねたからこそ心に沁みる詩歌がある——。時代を作ってきた近現代詩歌を引きつつ、詩人たちの実人生と共にしみじみと味わう。
978-4-334-04444-2

1037
宇宙は無限か有限か
松原隆彦
宇宙は無限に続いているのか、それとも有限に途切れているのか。「果て」はあるのかないのか。現代の科学では答えの出ていない〝未解決問題〟を、最新の宇宙論の成果を交えて考察。
978-4-334-04445-9

1038
バンクシー
アート・テロリスト
毛利嘉孝
21世紀のピカソ？ 詐欺師？ ビジネスマン？ 反体制のヒーロー？ いったい何者なのか？ 活動の全体像、文化的文脈とは？ 多くの謎に包まれたアーティストに迫る格好のガイドブック。
978-4-334-04446-6

1039
つつまし酒
懐と心にやさしい46の飲み方
パリッコ
人生は辛い。けれども、そんな日々にも「幸せ」は存在する。いつでもどこでも、美味しいお酒とつまみがあればいい。「飲酒」と「酒場」を愛するライターによる〝ほろ酔い〟幸福論。
978-4-334-04447-3

1040
美を見極める力
古美術に学ぶ
白洲信哉
いまブームの日本美術。西洋美術との大きな違いは、実際に使うことで「美」を育てていくところにある。目利きになるための最良の入門書にして「特異な美」の深みへといざなう一冊。
978-4-334-04449-7

1041
続・秘蔵カラー写真で味わう60年前の東京・日本
J・ウォーリー・ヒギンズ
もっと見たい！ の声に応え続編。蔵出しのプライベート・フィルムの傑作も加え、選りすぐりの544枚を惜しみなく公開。東京&全国各地の昭和30年代の人々と風景がカラーで蘇る。
978-4-334-04450-3

光文社新書

1042
東大医学部卒ママ医師が伝える 科学的に正しい子育て
森田麻里子

ママであり医師でもある著者が、医学論文約170本を徹底リサーチして生まれた、いま最も「使える」育児書。世界の最新研究を知るだけで、もう育児に迷わない！　楽になる！

978-4-334-04452-7

1043
アルゲリッチとポリーニ ショパン・コンクールが生んだ2人の「怪物」
本間ひろむ

「生きる伝説」2人はどんな人生を歩み、演奏スタイルを追求してきたのか。音楽的事象を軸に綴りながら、20世紀後半から現在までのクラシック音楽史を描き出す。【名盤紹介付き】

978-4-334-04453-4

1044
アイロニーはなぜ伝わるのか？
木原善彦

「言いたいことの逆」を言っているのに、なぜ相手に意図が伝わるのか？　人間が操る修辞の、技術的な結晶であるアイロニーの可能性を、古今東西の文学を通じて探っていく。

978-4-334-04454-1

1045
21世紀落語史 すべては志ん朝の死から始まった
広瀬和生

「志ん朝の死」で幕を開けた21世紀の落語界。その現在に至るまでの出来事を、落語ファンとして客席に足を運び続けた立場から振り返り綴る。「激動の時代」を後世に伝える一冊。

978-4-334-04455-8

1046
中学の知識でオイラーの公式がわかる
鈴木貫太郎

天才の数式は最低限の知識で誰でもわかる。数学0点で再生2200万回超のユーチューバーが保証。動画もあるから迷わない。目指すのは丸暗記ではなく真の理解。予習ナシで今出発！

978-4-334-04456-5